"十二五"国家重点图书出版规划项目

关学文库 总主编 刘学智 方光华

吕柟评传

米文科 著

西北大学出版社

总 序

张载(1020—1077),字子厚,宋凤翔府郿县(今陕西眉县)人,祖籍大梁,宋仁宗嘉祐二年(1057)进士。张载出身于官宦之家。祖父张复在宋真宗时官至给事中、集贤院学士,死后赠司空。父亲张迪在宋仁宗时官至殿中丞、知涪州事,赠尚书都官郎中。张迪死后,张载与全家遂侨居于凤翔府郿县横渠镇之南。因他曾在此聚徒讲学,世称"横渠先生"。他的学术思想在学术史上被称为"横渠之学",他所代表的学派被后人称为"关学"。张载与程颢、程颐同为北宋理学的创始人。可以说,关学是由张载创立并于宋元明清时期,一直在关中地区传衍的地域性理学学派,亦称关中理学。

关学基本文献整理与相关研究不仅是中国思想学术史的重要课题,也是体现中国思想文化传承与创新的重要举措。《关学文库》以继承、弘扬和创新中华文化为宗旨,以文献整理的系统性、学术研究的开拓性为特点,是我国第一部对上起于北宋、下迄于清末民初,绵延八百余年的关中理学的基本文献资料进行整理与研究的大型丛书。这项重点文化工程的完成,对于完整呈现关学的历史面貌、发展脉络和鲜明特色,彰显关学精神,推动传统文化创造性转化、创新性发展无疑具有重要意义。在《关学文库》即将出版发行之际,我仅就关学、关学与程朱理学的关系、关学的思想特质、《关学文库》的整体构成等谈几点意见,以供读者参考。

一、作为理学重要构成部分的关学

众所周知,宋明理学是中国儒学发展的新形态与新阶段,一般被称为新儒学。但在新儒学中,构成较为复杂。比较典型的则是程朱理学与陆王心学。南宋学者吕本中较早提到"关学"这一概念。南宋朱熹、吕祖谦编选的《近思录》较早地梳理了北宋理学发展的统绪,关学是作为理学的重要一支来作介绍的。朱熹在《伊洛渊源录》中,将张载的"关学"与周敦颐的"濂学"、二程(程颢、程颐)的"洛学"并列加以考察。明初宋濂、王祎等人纂修《元史》,将宋代理学概括为"濂洛关闽"四大派别,其中虽有地域文化的特色,但它们的思想内涵及其影响并不限于某个地域,而成为中华思想文化史上重要的一页,即宋代理学。

根据洛学代表人物程颢、程颐以及闽学代表人物朱熹对记载关学思想的理解、评价和吸收,张载创始的关学本质上当是理学,而且是影响全国的思想文化学派。过去,我们在编写《中国思想通史》第四卷、《宋明理学史》上册的时候,在关学学术旨归和历史作用上曾作过探讨,但是也不能不顾及古代学术史考镜源流的基本看法。

需要注意的是,张载后学,如蓝田吕氏等,在张载去世后多归二程门下,如果拘泥门户之见,似乎张载关学发展有所中断,但学术思想的传承往往较学者的理解和判断复杂得多。关学,如同其他学术形态一样,也是一个源远流长、不断推陈出新的形态。关学没有中断过,它不断与程朱理学、陆王心学融合。明清时期,关学的学术基本是朱子学、阳明学的传入及与张载关学的融会过程。因此,由宋至清的关学,实际是中国理学的重要组成部分,它是一个动态的且具有包容性和创新性的概念,它开启了清初王船山学术的先河。

《关学文库》所遴选的作品与人物,结合学术史已有研究成果,如《宋元学案》《明儒学案》《关学编》及《关学续编》《关学宗传》等,均是关中理学的典型代表,上起北宋张载,下至晚清的刘光蕡、民国时期的牛兆濂,能够反映关中理学的发展源流及其学术内容的丰富性、深刻性。与历史上的《关中丛书》相比,这套文库更加丰富醇纯,是对前贤整理文献思想与实践的进一步继承与发展,其学术意义不言而喻。

二、张载关学与程朱理学的关系

佛教传入中土后,有所谓"三教合一"说,主张儒、道、释融合渗透,或称三教"会通"。唐朝初期可以看到三教并举的文化现象。当历史演进到北宋时期,由于书院建立,学术思想有了更多自由交流的场所,从而促进了学人的独立思考,使他们对儒家经学笺注主义提出了怀疑,呼唤新思想的出现,于是理学应时而生。理学主体是儒学,兼采佛、道思想,研究如何将它们融合为一个整体,这是一个重要的课题。从理学产生时起,不同时代有不同的理学学派。

比如,在“三教融合”过程中,如何理解“气”与“理”(理的问题是回避不开的,华严宗的“事理说”早在唐代就有很大影响)的关系?理学如何捍卫儒学早期关于人性善恶的基本观点,又不致只在“善”与“恶”的对立中打圈子?如何理解宇宙?宇宙与社会及个人有何关系?君子、士大夫怎么做才能维护自身的价值和尊严,又能坚持修齐治平的准则?这些都是中国思想史中宇宙观与人生观的大问题。对这些问题的研究和认识,不可能一开始就有一个统一的看法,需要在思想文化演进的历史进程中逐步加以解决。宋代理学的产生及不同学派的存在,就是上述思想文化发展历史的写照,因而理学在实质上是中国思想文化的传承创新,具有重要的历史意义。

张载关学、二程洛学、南宋时朱熹闽学各有自己的特色。作为理学的创建者之一,张载胸怀“为天地立心,为生民立命,为往圣继绝学,为万世开太平”的学术抱负,在对儒学学说进行传承发展中做出了重要的理论贡献。北宋时期,学者们重视对《易》的研究。《易》富于哲理性,他通过对《易》的解说,阐述对宇宙和人生的见解,积极发挥《四书》义理,并融合佛、道,将儒家的思想提升到一个新的高度。

张载与洛学的代表人物程颢、程颐等人曾有过密切的学术交往,彼此或多或少在学术思想上相互产生过一定的影响。宋仁宗嘉祐元年(1056),张载来到京师汴京,讲授《易》学,曾与程颢一起终日切磋学术,探讨学问(参见《二程集·河南程氏遗书》卷二上)。张载是二程之父程珦的表弟,为二程表叔,二程对张载的人品和学术非常敬重。通过与二程的切磋与交流,张载对自成一家之言的学术思想充满自信:“吾道自足,何事旁求!”(吕大临《横渠先生行状》)

因为张载与程颢、程颐之间为亲属关系,在学术上有密切的交往,关学后传不拘门户,如吕氏三兄弟吕大忠、吕大钧、吕大临,苏昞、范育、薛昌朝以及种师道、游师雄、潘拯、李复、田腴、邵彦明、张舜民等,在张载去世后一些人投到二程门下,继续研究学术,也因此关学的学术地位在学术史上常常有意无意地受到贬低甚至质疑(包括程门弟子的贬低和质疑)。事实上,在理学发展史上,张载以其关学卓然成家,具有鲜明的特点和理论建树,这是不能否定的。反过来,张载的一些观点和思想也影响了二程的思想体系,对后来的程朱学说及闽学的形成也有重要的启迪意义,这也是客观的事实。

张载依据《易》建立自己的思想体系,但是,在基本点上和《易》的原有内容并不完全相同。他提出“太虚即气”的观点,认为没有超越“气”之上的“太极”或“理”世界,换言之,“气”不是被人创造出的产物。又由此推论出天下万物由“气”聚而成;物毁气散,复归于虚空(或“太虚”)。在气聚、气散即物成物毁的运行过程中,才显示出事物的条理性。张载说:“太虚不能无气,气不能不聚而为万物,万物不能不散而为太虚,循是出入,是皆不得已而然也。”(《正蒙》卷一)他用这个观点去看万物的成毁。这些观点极大地影响了清初大思想家王船山。

张载在《西铭》中说:“乾称父,坤称母。予兹藐焉,乃混然中处。故天地之塞,吾其体;天地之帅,吾其性。民,吾同胞;物,吾与也。”天地是万物和人的父母,人是天地间藐小的一物。天、地、人三者共处于宇宙之中。由于三者都是气聚之物,天地之性就是人之性,所以人类是我的同胞,万物是我的朋友,归根到底,万物与人类的本性是一致的。进而认为,人们“尊高年,所以长其长;慈孤弱,所以幼其幼。圣,其合德;贤,其秀也。凡天下疲癃残疾、茕独鳏寡,皆吾兄弟之颠连而无告者也”。这里所表述的是一种高尚的人道主义精神境界。

二程思想与张载有别,他们通过对张载气本论的取舍和改造,又吸收佛教的有关思想,建构了“万理归于一理”的理论体系。在人性论方面,二程在张载人性论的基础上进一步深化了孟子的性善论。二程赞同张载将人性分为“天地之性”和“气质之性”。但二程认为“天地之性”是天理在人性中的体现,未受任何损害和扭曲,因而是至善无瑕的;“气质之性”是气化而生的,也叫“才”,它由气禀决定,禀清气则为善,禀浊气则为恶,正因为气质之性不可避免地受到了“气”的侵蚀而出现“气之偏”,因而具有恶的因素。在二程看来,善与恶的对立,实际上是“天理”与“人欲”的对立。

朱熹将张载气本论进行改造,把有关“气”的学说纳入他的天理论体系中。朱熹接受“气”生万物的思想,但与张载的气本论不同,朱熹不再将“理”看成是“气”的属性,而是“气”的本原。天理与万事万物是一种怎样的关系?朱熹关于“理一分殊”的理论回答了这一问题。他认为:“太极只是个极好至善的道理。人人有一太极,物物有一太极。”又说:“太极非是别为一物,即阴阳而在阴阳,即五行而在五行,即万物而在万物,只是一个理而已。”(《朱子语类》卷九四)“理一分殊”理论包括一理摄万理与万理归一理两个方面,这与张载思想有别。

总之，宋明理学反映出儒、道、释三者融合所达到的理论高度。这一思想的融合完成于两宋时期。张载开创的关学为此做出了重要的学术贡献。正如清初思想家王船山所说："张子之学，上承孔孟之志，下救来兹之失，如皎日丽天，无幽不烛，圣人复起，未有能易焉者也。"(《张子正蒙注·序论》)船山之学继承发扬了张载学说，又有新的创造。

三、关学的特色

关学既有深邃的理论，又重视实用。这可以概括为以下几个方面：

首先，学风笃实，注重践履。黄宗羲指出："关学世有渊源，皆以躬行礼教为本。"(《明儒学案·师说》)躬行礼教，学风朴质是关学的显著特征。受张载的影响，其弟子蓝田"三吕"也"务为实践之学，取古礼，绎其义，陈其数，而力行之"(《宋元学案·吕范诸儒学案》)，特别是吕大临。明代吕柟其行亦"一准之以礼"(《关学编》)。即使清代的关学学者王心敬、李元春、贺瑞麟等人，依然守礼不辍。

其次，崇尚气节，敦善厚行。关学学者大都注意砥砺操行，敦厚士风，具有不阿权贵、不苟于世的特点。张载曾两次被荐入京，但当发现政治理想难以实现时，毅然辞官，回归乡里，教授弟子。明代杨爵、吕柟、冯从吾等均敢于仗义执言，即使触犯龙颜，被判入狱，依旧不改初衷，体现了大义凛然的独立人格和卓异的精神风貌。清代关学大儒李颙，在皇权面前铮铮铁骨，操志高洁。这些关学学者"穷则独善其身，达则兼善天下"，体现出"富贵不能淫，贫贱不能移，威武不能屈"的"大丈夫"气节。

最后，求真求实，开放会通。关学学者大多不主一家，具有比较宽广的学术胸怀。张载善于吸收新的自然科学成果，不断充实丰富自己的儒学理论。他注意对物理、气象、生物等自然现象做客观的观察和合理的解释，具有科学精神。后世关学学者韩邦奇、王徵等都重视自然科学。三原学派的代表人物王恕以治易入仕，晚年精研儒家经典，强调用心求学，求其"放心"，用心考证，求疏通之解，形成了有独立主见的治国理政观念。关学学者坚持传统，但并不拘泥传统，能够因时而化，不断地融合会通学术思想，具有鲜明的开放性和包容性特征。由张载到"三吕"、吕柟、冯从吾、李颙等，这种融会贯通的学术精神得到不断承传和弘扬。

四、《关学文库》的整体构成

关学文献遗存丰厚，但是长期以来没有得到应有的保护和整理，除少量著作如《正蒙》《泾野先生五经说》《少墟集》《元儒考略》等在清代收入《四库全书》之外，大量的著作仍散存于陕西、北京、上海等地的图书馆或民间，其中有的在大陆已成孤本（如韩邦奇的《禹贡详略》、李因笃的《受祺堂文集》家藏抄本），有的已残缺不全（如《南大吉集》收入的《瑞泉集》残本，现重庆图书馆存有原书，国家图书馆仅存胶片；收入的南大吉诗文，搜自西北大学图书馆藏《周雅续》）。即使晚近的刘光蕡、牛兆濂等人的著述，其流传亦稀世罕见。民国时期曾有宋联奎主持编纂《关中丛书》（邵力子题书名），但该丛书所收书籍涉及关中历史、地理、文学、艺术等诸多方面，内容驳杂，基本上不能算作是关学学术视野的文献整理。20 世纪 70 年代以来，中华书局将《张载集》《蓝田吕氏遗著辑校》《关学编（附续编）》《泾野子内篇》《二曲集》等收入《理学丛书》陆续出版，这些仅是关学文献的很少一部分。全方位系统梳理关学学术文献仍系空白。

关学典籍的收集与整理，是关学学术研究的重要基础，文献整理的严重滞后，直接影响到关学研究的深入和关学精神的弘扬，影响到对历史文化的传承和中国文化精神的发掘。

现在将要出版的《关学文库》由两部分内容组成，共 40 种，47 册，约 2300 余万字。

一是文献整理类，即对关学史上重要文献进行搜集、抢救和整理（标点、校勘），其中涉及关学重要学人 29 人，编订文献 26 部。这些文献分别是：《张子全书》《蓝田吕氏集》《李复集》《元代关学三家集》《王恕集》《薛敬之张舜典集》《马理集》《吕柟集·泾野经学文集》《吕柟集·泾野子内篇》《吕柟集·泾野先生文集》《韩邦奇集》《南大吉集》《杨爵集》《冯从吾集》《王徵集》《王建常集》《王弘撰集》《李颙集》《李柏集》《李因笃集》《王心敬集》《李元春集》《贺瑞麟集》《刘光蕡集》《牛兆濂集》以及《关学史文献辑校》。

二是学术研究类，其中一些以“评传”或年谱的形式，对关学重要学人进行个案研究，主要涉及眉县张载、蓝田吕大临、高陵吕柟、长安冯从吾、朝邑韩邦奇、周至李颙、眉县李柏、富平李因笃、户县王心敬、咸阳刘光蕡等学人，共 11 部。它们分别是：《张载思想研究》《张载年谱》《吕大临评传》《吕柟评传》

《韩邦奇评传》《冯从吾评传》《李颙评传》《李柏评传》《李因笃评传》《王心敬评传》《刘光蕡评传》等。此外,针对关学的主要理论问题与思想学术演变历程进行研究,共3部。这些著作分别是:《关学精神论》《关学思想史》《关学学术编年》等。

在这两部分内容中,文献整理是文库的重点内容和主体部分。

《关学文库》系"十二五"国家重点图书出版规划项目,国家出版基金项目、陕西出版资金资助项目,得到了中共陕西省委、陕西省人民政府和国家新闻出版广电总局的大力支持。本文库历时五年编撰完成,凝结着全体参与者的智慧和心血。总主编刘学智、方光华教授,项目总负责徐晔、马来同志统筹全书,精心组织,西北大学、陕西师范大学、中国人民大学、华东师范大学、郑州大学等十余所院校的数十位专家学者协力攻关,精益求精,体现出深沉厚重的历史使命感和复兴民族文化的责任感;他们孜孜矻矻,持之以恒,任劳任怨,乐于奉献,以古人为己之学相互勉励,在整理研究古代文献的同时,不断锤炼学识,砥砺德行,努力追求朴实的学风和严谨的学术品格。出版社组织专业编辑、外审专家通力合作,希望尽最大可能提高该文库的学术品质。我谨向大家卓有成效的工作表示衷心的感谢。由于时间紧迫、经验不足等原因,文库书稿中的疏漏差错难以完全避免。希望读者朋友们在阅读使用时加以批评指正,以便日后进一步修订,努力使该文库更加完善。

张岂之

2015年1月8日

于西北大学中国思想文化研究所

目 录

第七章　吕柟的讲学思想与关学特色

第一章　吕柟的生平

吕柟(1479—1542),字仲木,号泾野,陕西高陵县人,学者称之为“泾野先生”,是明代中期著名的理学家,黄宗羲在《明儒学案》中称其:“九载南都,与湛甘泉、邹东廓共主讲席,东南学者,尽出其门。”①而从明代关学的发展来看,吕柟也被视为是张载之后关学的“集大成”者②,与晚明长安的冯从吾(字仲好,号少墟,1557—1627)分别代表了明代关学发展的两个阶段,当时江右著名的王学学者邹元标就说:“横渠之后,明有仲木,今有仲好,可称鼎足。”③而清代关中学者更是把吕柟看作是关学在明代的标志性人物,晚清三原的贺瑞麟就说:“有明一代,吾关中理学所称,最纯者高陵泾野吕先生而已。”④吕柟在理学上以程朱为宗,强调格物穷理、知先行后,并继承张载关学读经重礼、重视气节的学风,将先秦孔孟的仁学与宋明理学的“万物一体”精神相结合,开创出一条“真知实践、甘贫改过”的学问之路。

第一节　吕柟的生平与著作

一、未仕前的求学与讲学

吕柟生于明成化十五年(1479),初字大栋,后更字为仲木。其家族据说出自西周初年的吕望(姜太公)之后,在南宋理宗时有名为吕世昌的定居于陕西高陵县,从此世代为高陵人。吕柟曾自述其家世曰:“柟亦齐吕之苗裔也,

---

① 黄宗羲:《河东学案下》,《明儒学案》(修订本)卷8,北京:中华书局,2008年版,第138页。

② 冯从吾说:“论者谓关中之学自横渠张子后,惟先生为集大成云。”见冯从吾:《泾野吕先生》,《关学编(附续编)》卷4,北京:中华书局,1987年版,第46页。

③ 邹元标:《少墟冯先生集序》,见冯从吾:《冯恭定公全书》,清光绪二十二年刻本。

④ 吕柟:《泾野子内篇》附录三,北京:中华书局,1992年版,第313页。

求其先止于宋理宗朝,其前无据也;访诸蓝田四吕氏之里,其族湮无闻也。"①其世系可考者如下:吕世昌……彬卿—八—兴—贵—鉴—溥。吕溥号渭阳,配宋氏,生吕柟及弟梓、栖。②

七岁左右时,吕柟跟随邑人周尚礼(节之,1436—1508)学习《小学》之教,十二岁时进入高陵县学,受学于教谕高�(龙湾,1449—1521)。在高傡的帮助和教导下,吕柟开始有志于圣贤之学。他常常在一矮屋中危坐诵读,即使是盛夏酷暑,也不迈出屋外一步。冬天时,如果脚太冷了,就在鞋子里垫上麦草,仍旧读书不倦,后又借住在高陵县城东郊的后土宫读书。十四岁时,补廪膳生。十七八岁时的某一天夜里,吕柟曾梦见宋代著名理学家程颢(明道,1032—1085)和吕祖谦(东莱,1137—1181),并向其就正所学,醒来后,更加勤奋向学,而学问也日益进步。十九岁时,吕柟受到当时陕西提学副使杨一清(邃庵,1454—1530)的赏识,进入西安正学书院读书,并继续跟随高傡和邑人孙昂(廷举,1467—1505)学习《尚书》。杨一清称:"康(康海)之文辞,马(马理)、吕(吕柟)之经学,皆天下士也!"③

弘治十一年(1498),时年二十岁的吕柟在长安开元寺遇到了刚从金华府同知任上致仕不久的薛敬之(思庵,1435—1508)。薛敬之是陕西渭南人,从学于秦州(在今天水)的周蕙(号小泉)而上溯河东薛瑄(敬轩,1389—1464),其具体传承如下:薛瑄—李昶、段坚(私淑)—周蕙—薛敬之—吕柟。④总之,从学于薛敬之是吕柟为学过程中最为重要的一件事,他从薛敬之那里继承了薛瑄的河东之学,从此在理学上形成了以程朱为宗的特点。《明史·吕柟传》就说:"柟受业渭南薛敬之,接河东薛瑄之传,学以穷理实践为主。"而《四库全书总目提要》亦曰:"柟之学出薛敬之,敬之之学出于薛瑄,授受有源,故大

① 吕柟:《新昌吕氏家乘序》,《泾野先生文集》卷13,明嘉靖三十四年于德昌刻本。此外,吕柟家族可能与北宋时著名的蓝田四吕(吕大忠、吕大防、吕大钧、吕大临)有一定关系,吕柟在《祭四吕文》中自称为"后学宗人吕柟致祭于……",并在文中说:"况在同姓之宗,益切寝食之想,爰入蓝田,恭谒遗容。"见吕懋勋、袁廷俊:《(光绪)蓝田县志》,《中国地方志集成》,南京:凤凰出版社,2007年版。

② 参见马理:《南京礼部右侍郎泾野吕先生墓志铭》,马汝骥:《通议大夫南京礼部右侍郎泾野吕公柟行状》,见吕柟:《泾野子内篇》附录三,第320、326页。

③ 冯从吾:《谿田马先生》,《关学编(附续编)》卷4,第47页。

④ 参见第二章第一节内容。

旨不失醇正。”[①]不久，吕柟便在高陵后土宫构筑云槐精舍进行讲学，而此时，吕柟重视经学、礼教、气节以及躬行实践的特色也已逐渐形成。

弘治十四年(1501)，二十三岁的吕柟考中举人，但在第二年的会试中却不幸落第，随即进入北京国子监读书。闲暇时，吕柟常与马理(谿田，1474—1555)、秦伟(字世观)、寇天叙(涂水，1480—1533)、张士隆(西渠，1475—1525)、崔铣(后渠，1478—1514)、马敬臣(字柳泉)等人在宝邛寺讲学，约定："文必载道，行必顾言，毋徒举业以要利禄，毋徒任重弗克有终。"[②]吕柟在《送谿田西还小序》中也记载了这一时期求学与讲学的情形，他说：

昔在弘治间，予与谿田马子伯循及四五友朋入太学，同舍居肄业。或共窗读书，或一寺习礼，或面规其过，或阴让其善，或求法于祖宗，或问学于舜、颜。冬出，不辞冱寒；夏行，不惮祁暑。访友或于深夜，论世或至千古，坐则联席，行则接影。若是者，盖四年也。[③]

弘治十八年(1505)，吕柟与好友马理一同回乡归省。回到高陵后，吕柟再次在云槐精舍讲学，从游者日众，这次的讲学一直持续到正德三年(1508)。

二、在北京为官和居家讲学

正德三年戊辰(1508)会试，吕柟以《尚书》得中第六名，本来根据其文章应为第一，但因为主考官王鏊欲取同为南方人的士子为第一，故屈居第六。杨九式曰："戊辰会试，以治《书》中第六名，据卷当居第一，主考欲取一《易》卷，本房力争不可得。……湛甘泉为同考，批其卷云：'卷虽佳，惜力微，不能首荐子，然子固已魁天下矣。'"[④]但在廷试中，吕柟之文受到武宗的嘉赏，遂

---

① "《泾野集》三十六卷"条，《四库全书总目提要》卷176，海口：海南出版社，1999年版，第943页。

② 马理：《泾野先生文集序》，见吕柟：《泾野先生文集》。

③ 吕柟：《送谿田西还小序》，《泾野先生文集》卷5。

④ 杨九式：《吕泾野先生续传》，见吕柟：《(嘉靖)高陵县志》附录，《中国地方志集成》，南京：凤凰出版社，2007年版。按：湛若水时为会试同考官(即副考官)，欲以吕柟为第一，洪垣在《湛甘泉先生墓志铭》亦曰："戊辰充会试同考试官，识高陵吕公柟，于文置第一。"(《湛甘泉先生文集》卷32)然而有些记载说是康海(当时亦为同考官)拟取吕柟为第一，如张治道的《翰林修撰对山康先生状》和李开先的《泾野吕亚卿传》。但根据吕柟在文章中每每自称为湛氏所取之士(如《泾野先生文集》卷17《五溪书屋记》)，可知应为湛若水。

赐状元及第，授翰林院修撰，不久又为经筵讲官。这一年与吕柟同中进士的还有陕西朝邑的韩邦奇（苑洛，1479—1555）与韩邦靖（五泉，1488—1523）兄弟以及王阳明弟子徐爱（横山，1487—1517）等人。当时权宦刘瑾欲以同乡身份前往祝贺[①]，却被吕柟拒绝，此后亦不相往来，刘瑾于是怀恨在心。正德五年（1510），吕柟上疏请明武宗亲临政事、听经筵讲官讲论经史，其疏曰：

> 臣愚谓大本未端，终难平治。伏愿陛下念天命可畏，小民难保，乘维新之日，奋大有为之志，日临朝宁，即夜进宫，经筵日讲，无或停辍，躬亲政事，节省佚游，以德服远，风声传布，民志斯定。宗社之福，莫大于是，内臣外臣，亦得以久保富贵矣。如或不然，臣恐四海觖望，盗贼叛逆，纷纷然滋蔓，虽有良将精兵，亦不足恃，不可不重虑也。[②]

疏上未果，却惹怒了刘瑾，刘瑾想要杀掉吕柟，吕柟于是辞病归乡。回家才几个月，刘瑾就被朝廷诛杀，受其牵累的陕西籍缙绅有很多，而吕柟则因其气节而免受牵连。辞官回乡的吕柟在养病之余四处访亲问友，还特别前往武功探访了好友康海（对山，1475—1540）[③]，与康海、胡缵宗（可泉，1480—1560）三人一同拜谒后稷祠和横渠祠等地。随后，康海又至高陵回访吕柟，拜见其父。

正德七年（1512），王廷相（浚川，1474—1544）上疏请起用吕柟，称其“学问渊粹，德性纯雅”，“使立清朝，必能振起休风，劝惩颓俗”，其《请起用修撰吕柟疏》曰：

> 当瑾贼擅政，朝士侧目之时……惟本官（指吕柟）不顾时忌，乃敢求归。逆探初心，似难尽知；据今形迹，实亦可取。且本官学问渊粹，德性纯雅，加以涵养之深，历练之久，必能裨补治源，赞翊化机。自告病以来，杜门谢客，读书耕稼，安贫守分，略不苟求。以斯介行，使立清朝，必能振起休风，劝惩颓俗。[④]

受王廷相等人的举荐，吕柟于当年被重新起用，官复原职。但他这次在北京待的时间并不长，正德九年（1514）正月，乾清宫灾，吕柟应诏陈言六事：

---

① 刘瑾为陕西兴平人。

② 吕柟：《端大本以图治平疏》，《泾野先生文集》卷31，明万历二十年李桢刻本。

③ 康海是明代古文运动的“前七子”之一，当时因受刘瑾一案的牵累被免官回乡。

④ 王廷相：《浚川奏议集》卷1，《王廷相集》，北京：中华书局，1989年版，第1222页。

一曰逐日临朝听政；二曰还处宫寝，预图储贰；三曰郊社禘尝，祗肃钦承；四曰日朝两宫，承颜顺志；五曰遣去义子、番僧、边军，令各宁业；六曰各处镇守中官贪婪者取回别用。[①] 疏上不报，吕柟认为时不可为，再加上腿疾愈来愈严重，遂再次辞官回乡。

从正德九年到嘉靖元年（1522）这八年多的时间里，吕柟一直留在家乡高陵讲学，曾先后讲于东郭别墅和东林书屋，讲学的主题则主要是礼学与经史之学。

三、维护讲学与贬官解州

嘉靖元年，刚即位的明世宗重新起用吕柟，仍官翰林院修撰、经筵讲官，并进入史馆纂修《武宗实录》。嘉靖二年（1523），吕柟为会试同考官，由于当政者不喜王阳明之学，故会试策问有焚书禁学之议，吕柟为之力辨。冯从吾在《关学编》记载说：

> 癸未，分校礼闱，取李舜臣辈，悉名士。时阳明先生讲学东南，当路某深嫉之，主试者以道学发策，有焚书禁学之议，先生力辨而扶救之，得不行。场中一士子对策，欲将今宗陆辨朱者诛其人，火其书，极肆诋毁，甚合问目意，且经书、论、表俱可。同事者欲取之，先生曰："观此人今日迎合主司，他日必迎合权势。"同事者深以为然，遂置之。[②]

《阳明年谱》"嘉靖二年"条也记到：

> 南宫策士以心学为问，阴以辟先生。门人徐珊读策问，叹曰："吾恶能昧吾知，以幸时好耶！"不答而出，闻者难之，曰："尹彦明后一人也。"同门欧阳德、王臣、魏良弼等直发师旨不讳，亦在取列，识者以为进退有命。德洪下第归，深恨时事之乖。见先生，先生喜而相接曰："圣学从兹大明矣。"德洪曰："时事如此，何见大明？"先生曰："吾学恶得遍语天下士？今会试录，虽穷乡深谷无不到矣。吾学既非，天下必有起而求真是者。"[③]

当时，王阳明门人徐珊（三溪，1487—1548）不答而出，欧阳德（南野，

---

① 吕柟：《应诏陈言以弥灾变疏》，《泾野先生文集》卷31，明万历二十年李桢刻本。

② 冯从吾：《泾野吕先生》，《关学编（附续编）》卷4，第43页。

③ 王守仁：《王阳明全集》卷35，上海：上海古籍出版社，1992年版，第1287页。

1496—1554)、王臣、魏良弼(水洲,1492—1575)等人则发明师说不讳,亦进士及第,而钱德洪(绪山,1496—1575)则落第而归。欧阳德之卷为吕柟所阅,吕柟称其弘博醇实,欲置一甲,却因遭主考官反对而不果。对于此事,吕柟后来在《赠南野欧阳子考绩序》中曾回忆说:

昔予校文癸未会试,尝见欧阳南野子试卷矣,叹其弘博醇实,当冠《易》房也。然欧阳子学于阳明王子,其为文策,多本师说,当是时,主考者方病其师说也。予谓其本房曰:"是岂可以此而后斯人哉?"其本房执争,终不获前。一时遇阅其卷者,皆惜之。及欧阳子为司成,遂以其师说良知者日讲授诸生,益扩充而广大之,诚能仰师孟子并其良能者。[①]

通过以上诸事,我们可以看到吕柟的人格气象。他学宗朱子,却能够摈弃门户之见,极力维护阳明之学,实属难能可贵。而数年后,即嘉靖十六年(1537),御史游居敬上疏弹劾湛若水(甘泉,1466—1560),奏请禁毁湛、王所著之书及门人所建书院,吕柟再一次加以力劝阻止:"会有论湛先生伪学者,先生白诸当路曰:'圣皇在上,贤相相辅之,岂可使明时有学禁之举乎?'事遂已。"[②]可以说,吕柟通过自身的行动为那些因门户之见、学术分歧而相互攻击的人做出了表率。

嘉靖三年(1524)五月,吕柟以十三事上疏自劾,因涉及"大礼"而被下狱。[③] 因议"大礼"而同下狱者还有王阳明的弟子邹守益(东廓,1491—1562)。在狱中,二人相互讲学不辍。不久,吕柟被降级谪为山西解州(今山西运城)判官,邹东廓则被贬为广德州(在今安徽)判官。

在前往解州的途中,吕柟应潞州(今山西长治)仇森(号玉松子)之邀至其所居雄山镇东火村。当时仇氏在其族里和乡里推行家范、乡约,建祠堂,设义学,以教化子弟乡民,取得了显著成效,也给受邀来访的吕柟留下了极为深刻的印象,吕柟说:

谪解过仇氏雄山庄,见其与村民举行乡约,尊奉高皇帝教民辞,皆有成效。男知尚义,虽幼稚女子,以贞烈死者前后五、七人。其丈

---

① 吕柟:《赠南野欧阳子考绩序》,《泾野先生文集》卷10。

② 冯从吾:《泾野吕先生》,《关学编(附续编)》卷4,第45页。

③ 具体内容见吕柟:《奏修省自劾罢黜疏》,《泾野先生文集》卷31,明万历二十年李桢刻本。

夫子二百余谒予于会所，皆礼度闲雅，虽胶庠中气态恐或逊焉。乃深喜若见尧民于今日，然后知皇祖之训近民，而乡约之美乃至于此。①

雄山东火之行使吕柟亲眼看到了“太祖之训”以及乡约对于民间教化的力量②，看到了民间自我教化和乡村秩序建设的成就，这些都为他日后为政产生了较大的影响。如吕柟在《乡约集成序》中就记述说：“予往年谪解时，过潞州东火村，见仇时茂率乡人举行蓝田吕氏乡约，甚爱之。至解州，选州之良民善众百余人，仿行于解梁书院，而请扆、王二上舍主之。”③

吕柟来到解州后，受到知州林元叙（号南江）的礼待和重用，在林氏因病卒于官后，吕柟还曾一度摄行州政。首先，吕柟实行了一系列的惠民之政，如给予贫苦无依者一定的米、肉和棉，减轻解州丁役，筑堤保护盐池，兴修水利，劝桑养蚕，等等。

其次，致力于解州民风士习的改变。在巡盐御史初杲（字启昭）的支持和帮助下，吕柟在解州创建了解梁书院，选拔民间俊秀子弟入书院学习，“又令诸父老讲行太祖皇帝教文及蓝田吕氏《乡约》《文公家礼》。又以《小学》之道养蒙于中。有孝子、义士、节妇，咸遵奉诏旨，题表其门。复求子夏之后，训诸学宫。建温公之祠而校序其集”④。这些措施取得了理想的效果，解州民风丕变，士子积极向学。以至吕柟离任后，解州之民还常常派人去看望他，而一些士子更是远至南京继续跟随其学习。

再次，大力推进当地文化事业的发展。在御史初杲和解梁书院士子的帮助下，吕柟先后完成了《解州志》（二十二卷）、《义勇武安王集》（六卷）、《司马文正公集略》（三十二卷）、《文潞公集》（四十卷）和《周子抄释》（二卷，附录一卷）、《张子抄释》（六卷）、《二程子抄释》（十卷）等书的编纂、校刻以及《四书集注》《汉文选》《唐文粹》《宋文鉴》《纪事本末》的重刻工作，对当地文化的发展和理学思想的传播起到了积极的作用。

---

① 吕柟：《赠雄山乡约诸人有序》，《泾野先生别集》卷6，清惜阴轩丛书本。

② 所谓“高皇帝教民辞”“皇祖之训”即是指明太祖的“圣谕六言”：孝顺父母，尊敬长上，和睦乡里，教训子孙，各安生理，无作非为。

③ 吕柟：《乡约集成序》，《泾野先生文集》卷4。

④ 马理：《南京礼部右侍郎泾野吕先生墓志铭》，见吕柟：《泾野子内篇》附录三，第322页。

如在《解州志》中，吕柟指出，《解州志》之作“实欲举古以化今”，而非“工文而务博”，“然风之自，则在仕乎其地者，以续皋陶、稷、益之政；俗之成，则在生乎其地者，以求风后、(关)龙逄、巫咸、傅说之学也”①。而重刊《汉文选》则是认为，“自‘六经’‘四书’后关切学者，无如汉文”，“以其去古未远，犹有三代之遗意焉”②，即认为汉文有益学者躬行体认。重刊《四书集注》是因为：

> 《四书集注》，海内家传人诵，官以是举其政者也，士以是行其学者也。顾其板本多出南建书坊，天下之士自蒙稚以上皆仰鬻于书客，山、陕、河南得之尤难，予甚悯焉。夫是书即孔、曾、思、孟之精蕴，发尧、舜、禹、汤之遗旨，其切于民，不啻布帛可衣，菽粟可食也。衣食不继，饥寒切体，是书少有不存，令人丧心失身，以致祸于家国天下，不但己也，予甚惧焉。暇日乃命字人小书入梓，虽不能遍及多方，可以补缺助乏，使学者有所资取云。③

而在闲暇时，吕柟亦不忘游览河东的山水名胜，包括王官谷、龙门、黄河底柱、傅岩、雷首山、涑水等地，并撰有《游王官谷记》《游龙门记》《观底柱记》《游傅岩记》《游雷首山记》《游涑水记》。

四、南都讲学与任职国子监

嘉靖六年(1527)冬，吕柟由解州转官南京吏部考功郎中。与此同时，邹守益亦由广德州转为南京主客郎中。此后两三年间，吕柟与邹守益以及湛若水同在南京讲学，共主讲席，南都讲学之风大盛。④ 宋仪望《邹东廓先生行状》说：“其后甘泉湛公、泾野吕公与先生咸聚，南都讲学之风于是为盛。”⑤

吕柟在南京讲学的地方先后有柳湾精舍、鹫峰东所和太常南所、礼部北

---

① 吕柟：《解州志序》，《泾野先生文集》卷 4。

② 吕柟：《重刊汉文选序》，《泾野先生文集》卷 4。

③ 吕柟：《重刊四书集注序》，《泾野先生文集》卷 4。

④ 邹守益从嘉靖六年冬至嘉靖九年(1530)在南京任职，嘉靖十年(1531)以病告归。(参见张卫红：《邹东廓年谱》，北京：北京大学出版社，2013 年版，第 100、123 页。)湛若水于嘉靖三年至嘉靖八年(1529)先后任南京国子监祭酒、南京吏部右侍郎。嘉靖八年秋，转北京礼部右侍郎。嘉靖十二年(1533)秋，升南京礼部尚书，此后直至嘉靖十九年(1540)致仕，一直在南京任职。(参见黎业明：《湛若水年谱》，上海：上海古籍出版社，2009 年版，第 106、143、162、197、256 页。)

⑤ 邹守益：《邹守益集》，南京：凤凰出版社，2007 年版，第 1369 页。

所等地。此外，他有时也会参加湛甘泉在新泉书院举行的讲会。冯从吾说："先生犹日请益于甘泉湛先生，日切磋于邹东廓、穆玄庵、顾东桥诸君子。"[①] 在南京的这一时期，是吕柟讲学活动最盛的时期，"风动江南，环向而听者前后几千余人"[②]。而在这段时间里，吕柟也结识了不少王阳明弟子及其后学，其中与邹守益关系最为友好，二人时常往来论学，曾就知行先后、格物穷理、"修己以敬"等问题多次展开辩论，而论辩的焦点则集中在知行先后上。邹守益主王阳明的"知行合一"说，而吕柟主朱子的"知先行后"说，相争不下，如吕柟在《别东郭子邹氏序》中说道：

> 予与东郭邹氏之在南都也三年矣，每以居室之远，会不能数，然会必讲学，讲必各执所见，十二三不合焉。初会于予第，东郭曰："行即是知。譬如登楼，不至其上，则不见楼上所有之物。"予应之曰："苟目不见楼梯，将何所于加足，以至其上哉?"东郭亦不以为然。……间有从予游者亦谒东郭氏，东郭子诲之曰："知即是行。人能致良知焉，则非义袭而取也。"予曰："此说固然，然必知义之所在而后可集耳。"[③]

而在政暇和讲学之余，吕柟亦如在解州一样，遍游南京地区的风景名胜，撰有江南八游记，即《游燕子矶记》《游灵谷记》《游高座记》《游省中南竹坞记》《游鸡鸣山记》《游牛首山记》《游献花岩记》《游卢龙记》。后来，其弟子胡大器将此八游记连同在山西的河东六游记合刻为《十四游记》，弟子李愈序曰：

> 泾野先生自史馆谪出，讲学于河东、江南者十四五年矣。于其地之雄一方而名海内者，暇必往游，游必有记，凡十有四篇，诗亦每劄附焉。愈获读之，叹曰："渊乎，我先生之深造也!"盖天地间莫非道，亦莫非教，君子修诸己而教随之者也。先生之游也，穷天地之高厚，究山川之流峙，感古今之废兴，法贤圣之矩度，尽事物之变，析邪正之归，性命参于日用，致知存乎格物，经世成务，有斯记焉，而岂徒哉！昔马迁探禹穴以文鸣，张旭观剑舞以书鸣。今斯记之鸣，四方学士或欲登泰山之巅、观江海之澜以为游者，当亦有助乎哉！愈惧

---

① 冯从吾:《泾野吕先生》,《关学编(附续编)》卷4,第44页。

② 冯从吾:《泾野吕先生》,《关学编(附续编)》卷4,第44页。

③ 吕柟:《别东郭子邹氏序》,《泾野先生文集》卷7。

人之放达漫游而忘道也，乃僭有是说焉。

诚如所言，吕柟的这十四篇游记包括其他文章，绝非只是日常山水之漫游或为应酬之作，其中多有关风俗教化、为政劝学等内容。

从嘉靖六年冬到嘉靖十四年(1535)夏，吕柟一直在南京任职，先后任南京吏部考功郎中、尚宝司卿和太常寺少卿。嘉靖十四年，升北京国子监祭酒。在国子监，吕柟见监规长期松弛，弊端丛生，于是作《监规发明》以约束诸生。有几个权贵子弟不遵从，即绳之以法，不少假借。有人认为吕柟管束太严，而以"敬敷在宽"[①]前来规劝，吕柟则说：

> 宽非纵驰之谓，乃日刮月劘以要其成，而不责效于旦夕，故谓之宽。然云"敬敷"，则不可不谓之严矣。古称师严然后道尊，道尊然后民知敬学，其意正谓是也。今人才渐不如古，岂真古今人不相及哉！内则祭酒，外则提学，皆有师道，而以教人为识者，率多姑息假借，而不知人才之日流也。甘临希悦，违道干誉，且非治民所宜，矧以之教士哉！[②]

虽然规劝者不以为然，但吕柟却持之更坚，再加上他对礼乐学习的重视，让国子监生"每月习礼二次，每日歌《诗》一次"[③]，于是"国子诸生自是知所检束，而弦歌之声，礼让之俗，洋洋于京师首善之地矣"[④]。此外，"每试，刻文之优者，以式多士。……诸生有疾，必问而医；有死者，必哭而归骨其乡；有丧，必吊且赙；有孝廉著闻者，则识诸簿榜以旌之，又先拨历示劝。仍奏减历，以通淹滞。于是两厅六堂诸属皆观法清慎，诸生皆以德行道义相先，而礼乐并行，声容俱美。诸公侯子弟皆率教乐学，诸观政进士及历事举人数就而问业，中官沈东亦时至听讲"[⑤]。

不过，吕柟任祭酒仅一年多，就于嘉靖十五年(1536)秋升为南京礼部右侍郎，再次回到南京，并在礼部北所继续讲学。嘉靖十八年(1539)，时年六十一岁的吕柟致仕回乡，结束了他长期在外为官讲学的生活。

---

① 语出《尚书·舜典》："契，百姓不亲，五品不逊，汝作司徒，敬敷五教，在宽。"

② 薛应旂：《泾野先生传》，《方山薛先生全集》卷24，《续修四库全书》第1343册。

③ 吕柟：《泾野子内篇》卷24，第253页。

④ 薛应旂：《泾野先生传》，《方山薛先生全集》卷24。

⑤ 马汝骥：《通议大夫南京礼部右侍郎泾野吕公柟行状》，见吕柟：《泾野子内篇》附录三，第329—330页。

回到高陵后，吕柟又在家乡建北泉精舍讲学，同时与好友马理、康海往来论学，还完成了《周易说翼》《高陵县志》等书。嘉靖二十一年（1542）七月一日，吕柟因病去世，时年六十四岁。隆庆元年（1567），朝廷追赠其为礼部尚书，谥文简。

五、吕柟的著作

吕柟一生著述丰富，据其七世孙吕吉人所说，“生平著作三十部奇”[①]。今人赵瑞民有《吕柟著述知见录》，则较为详细地考证了吕柟的著述情况，可参考。[②] 在吕柟的这些著述中，既有经学方面的，如《泾野先生五经说》（包括《周易说翼》《尚书说要》《毛诗说序》《春秋说志》《礼问》）；也有四书方面的，如《四书因问》。讲学语录则有《泾野子内篇》，文集有《泾野先生文集》，诗集有《泾野先生别集》，游记有《十四游记》，史学类有《史约》，地方志有《高陵县志》《解州志》《阳武县志》等，族谱则有《宋氏族谱》《魏氏族谱》，此外还有《小学释》《诗乐图谱》《寒暑经图解》《监规发明》《谕俗恒言》《署解文移》《谕解州略》等，并编有《宋四子抄释》《义勇武安王集》等。

第二节　吕柟的道统观

一、儒家之“道统”

我们知道，韩愈（退之，768—824）曾为儒家提出了著名的“道统论”，其曰：

> 尧以是传之舜，舜以是传之禹，禹以是传之汤，汤以是传之文、武、周公，文、武、周公传之孔子，孔子传之孟轲。轲之死，不得其传焉。（《原道》）

在这里，韩愈提出的儒家“道统”有这么几个特点：一是周公之前传承儒家之“道”的都是“圣君”，而从周公及以下则为“圣贤”；二是“道统”的相传

---

① 吕柟：《泾野子内篇》附录二，第 311 页。

② 见吕柟：《泾野子内篇》附录四，第 340—354 页。

基本上为单线传承；三是完全将汉儒排除在儒家“道统”以外。[①] 另外，韩愈认为，儒家“道统”之所以自孟子之后失传，原因是荀子、扬雄这些大儒“择焉而不精，语焉而不详”（《原道》），再加上秦始皇“焚书坑儒”的破坏和汉儒对经典“大义”的不明，从而导致佛老在魏晋南北朝隋唐时期的兴盛，他说：

汉氏以来，群儒区区修补，百孔千疮，随乱随失。其危如一发引千钧，绵绵延延，寖以微灭。于是时也，而唱释老于其间，鼓天下之众而从之，呜呼，其亦不仁甚矣！（《与孟尚书书》）

面对如此现状，韩愈于是以继承儒家“道统”自任。此后虽然宋明理学家对韩愈构建的“道统”或有所增补，如在孔子至孟子之间加上颜渊、曾参、子思等人，但基本上都认同韩愈的说法，特别是其对汉儒的态度。如朱子在与陈亮（龙川，1143—1194）辩论义利、王霸以争汉唐时就说：

老兄（指陈亮）视汉高帝、唐太宗之所为而察其心，果出于义耶，出于利耶？出于邪耶，正耶？若高帝，则私意分数犹未甚炽，然已不可谓之无。太宗之心，则吾恐其无一念之不出于人欲也。直以其能假仁借义以行其私，而当时与之争者才能知术既出其下，又不知有仁义之可借，是以彼善于此而得以成其功耳。若以其能建立国家、传世久远，便谓其得天理之正，此正是以成败论是非，但取其获禽之多而不羞其诡遇之不出于正也。千五百年之间，正坐如此，所以只是架漏牵补，过了时日。其间虽或不无小康，而尧、舜、三王、周公、孔子所传之道，未尝一日得行于天地之间也。

所谓“人心惟危，道心惟微，惟精惟一，允执厥中”者，尧、舜、禹相传之密旨也。……至于汤、武，则闻而知之，而又反之以至于此者也。夫子之所以传之颜渊、曾参者此也，曾子之所以传之子思、孟轲者亦此也。……然自孟子既没，而世不复知有此学，一时英雄豪杰之士或以资质之美、计虑之精，一言一行偶合于道者，盖亦有之；而其所以为之田地根本者，则固未免乎利欲之私也。……夫人只是这个人，道只是这个道，岂有三代、汉唐之别？但以儒者之学不传，而尧、舜、禹、汤、文、武以来转相授受之心不明于天下，故汉唐之君虽

① 根据韩愈的说法，还可以看到儒家之精神价值的传承有两种方式，一是“尧、舜、禹式的亲传口授”，一是“周公之于孔子、孔子之于孟子式的精神传承”。陈来：《宋明理学》，北京：生活·读书·新知三联书店，2011 年版，第 25 页。

或不能无暗合之时，而其全体却只在利欲上。此其所以尧、舜、三代自尧、舜、三代，汉祖、唐宗自汉祖、唐宗，终不能合而为一也。①

在朱子看来，自尧、舜、三代之后，千五百年之间，天地只是架漏过时，人心只是牵补度日，一切都是在个人利欲中头出头没，其间虽或有与天理"暗合"者，但"尧、舜、三王、周公、孔子所传之道，未尝一日得行于天地之间也"。总之，与韩愈一样，朱子的"道统"中是没有汉唐儒的地位的。

然而，与韩愈、朱子不同，吕柟在给汪尚和②写的《紫阳道脉录序》中对儒家传统的"道统"说提出了另一种看法：

夫《道脉录》固可以见朱门躬行之实，开时学之惑矣。但《录》首序"道统"，谓尧、舜以来，传至龟山、豫章、延平、晦庵，晦庵又以传蔡西山、黄勉斋四十九人，则又似以言语文字为传矣。盖龟山之学，尚不及程门之尹焞，而豫章、延平恐又不可与尧、舜、周、孔比伦，若蔡、黄诸君去程门杨、谢诸君又相迳庭矣。至谓尧、舜以来，皆一人相传，则又使是道不许众人为邪！盖是道有数百年无人传者，有一时数人得者，有数人所得有浅深、大小之不同者。是固舜、禹、皋陶、稷、契五人一时也，成汤、伊尹、仲虺三人一时也，高宗、傅说二人一时也，微子启、比干、箕子、伯夷、叔齐五人一时也，文、武、周、召、太公望、散宜生六人一时也，孔、颜、曾、思、冉、闵、孟轲七八人一时也，周、程、张、邵、司马六人一时也。其他为之友者，亦有之矣；为之徒者，亦有之矣。今夫汉儒，人所耻言也，然如董、汲、郭、黄、诸葛，虽朱夫子且或让焉，况其门人乎！隋唐诸儒，人所不道也，然如王仲淹、韩退之，虽两程子且或取焉，况其他人乎！若是，则《道脉录》行亦可也。③

在这里，吕柟首先对汪尚和的《紫阳道脉录》一书中所序的"道统"提出了不同意见，指出"谓尧、舜以来，传至龟山、豫章、延平、晦庵，晦庵又以传蔡

---

① 以上引文分别见朱熹：《答陈同甫》，《晦庵先生朱文公文集》（贰）卷36，《朱子全书》第21册，上海：上海古籍出版社；合肥：安徽教育出版社，2002年版，第1583页、第1586—1588页。

② 汪尚和，安徽休宁人，曾从学于王阳明，后又问学于吕柟。王阳明有《题岁寒亭赠汪尚和》一诗，见王守仁：《王阳明全集》卷20，第734页。

③ 吕柟：《紫阳道脉录序》，《泾野先生文集》卷5。

西山、黄勉斋四十九人,则又似以言语文字为传矣"。在吕柟看来,儒家之道的传承本指精神价值上的接续,但汪尚和把杨时以下诸人都看作是儒家之道的传承者,这就违背了"道统"的宗旨和意义,而是"以言语文字为传",即以著述多少为标准。吕柟认为,"龟山之学,尚不及程门之尹焞,而豫章、延平恐又不可与尧、舜、周、孔比伦,若蔡、黄诸君去程门杨、谢诸君又相径庭矣"。

其次,我们曾指出,韩愈"道统"说的一个基本特点就是先秦以前儒家之道的传承都属单线传承,亦即"道"在同一时代只在一人身上相传。对此,吕柟则提出"是道有数百年无人传者,有一时数人得者,有数人所得有浅深、大小之不同者",这是一种"多线传承"的方式,按照这种方式,尧所传之"道"就不仅是舜所独得,而是"舜、禹、皋陶、稷、契五人一时也",成汤也不是一人独自继承尧、舜、禹之道,而是"成汤、伊尹、仲虺三人一时也",此后,"高宗、傅说二人一时也,微子启、比干、箕子、伯夷、叔齐五人一时也,文、武、周、召、太公望、散宜生六人一时也,孔、颜、曾、思、冉、闵、孟轲七八人一时也",到了北宋,则是"周、程、张、邵、司马六人一时也"。

再次,我们在韩愈的"道统"说中可以看到,汉儒完全是被排除在"道统"之外的。但吕柟却指出,"今夫汉儒,人所耻言也,然如董、汲、郭、黄、诸葛,虽朱夫子且或让焉,况其门人乎",在吕柟看来,即便是朱子在某些方面也不及董仲舒等人,更何况朱子之门人,因此如果龟山(杨时)、豫章(罗从彦)、延平(李侗)、晦庵(朱熹)以及西山(蔡元定)、勉斋(黄榦)等人能够被列入"道统",那么董仲舒等汉儒更有资格进入儒家之"道统"。此外,被一般人所轻视和很少论及的隋唐诸儒,如王通、韩愈等人,"虽两程子且或取焉,况其他人乎",也应该在儒家"道统"之列。显然,吕柟对"道统"的认识超出了韩愈以来的传统看法。那么,吕柟是出于一种什么样的认识和理由来重新理解或者说"重构"儒家之"道统"的呢?

二、论汉儒

一般来说,在宋明儒看来,汉儒或不明性善之说,或杂有黄老思想、不脱战国纵横之习,总之,皆不识"道体",缺少"向上一机",因此被排除在儒家"道统"之外,如二程说:

> 汉儒如毛苌、董仲舒,最得圣贤之意,然见道不甚分明。下次,即至扬雄,规模窄狭。道即性也。言性已错,更何所得?

荀子极偏颇，只一句“性恶”，大本已失。扬子虽少过，然已自不识性，更说甚道？①

朱子则说：

不须理会荀卿，且理会孟子性善。渠分明不识道理。如天下之物，有黑有白，此是黑，彼是白，又何须辨？荀、扬不惟说性不是，从头到底皆不识。当时未有明道之士，被他说用于世千余年。

扬雄则全是黄老。某尝说，扬雄最无用，真是一腐儒。他到急处，只是投黄老。如《反离骚》并“老子道德”之言，可见这人更无说，自身命也奈何不下，如何理会得别事？如《法言》一卷，议论不明快，不了决，如其为人。他见识全低，语言极呆，甚好笑！

贾谊之学杂。他本是战国纵横之学，只是较近道理，不至如仪、秦、蔡、范之甚尔。他于这边道理见得分数稍多，所以说得较好。然终是有纵横之习，缘他根脚只是从战国中来故也。汉儒惟董仲舒纯粹，其学甚正，非诸人比。只是困苦无精彩，极好处也只有“正谊、明道”两句。下此诸子皆无足道。如张良、诸葛亮固正，只是太粗。

（贾）谊有战国纵横之气；（董）仲舒儒者，但见得不透。

董仲舒才不及陆宣公而学问过之。张子房近黄老，而隐晦不露。诸葛孔明近申韩。②

在朱子看来，汉儒中扬雄“最无用”，不仅关于人性的看法不对，甚至可以说“从头到底”根本就不识“性”，而且其学是出于黄老。张良之学看起来“固正”，但其实亦接近黄老，只是隐晦不露。此外，贾谊之学杂有战国纵横之习。董仲舒虽然可以称得上“纯儒”，“其学甚正”，但见道不明，对孟子的性善之说，既识又不识，“终是说得骑墙，不分明端的”③，不脱汉儒习气④。至于其他诸儒，则多是“溺心训诂而不及理”，或稍微见得理，但终是对学问源头不明，

---

① 以上引文分别见程颢、程颐：《河南程氏遗书》卷1、卷19，《二程集》，北京：中华书局，2004年版，第7、262页。

② 以上引文分别见黎靖德：《朱子语类》卷137，北京：中华书局，1986年版，第3254、3255、3257、3259、3264页。

③ 黎靖德：《朱子语类》卷137，第3263页。

④ 在对人性的看法上，汉儒多以气论性，主张人性是善恶混杂的。而在程朱看来，“道即性也”，不懂得孟子性善之理，即是见道不明。由此也可以看出，程朱对董仲舒、扬雄等人的评价，主要是从心性之学的角度来说的。

缺乏“向上一机”，如：

刘淳叟问：“汉儒何以溺心训诂而不及理？”曰：“汉初诸儒专治训诂，如教人亦只言某字训某字，自寻义理而已。至西汉末年，儒者渐有求得稍亲者，终是不曾见全体。”问：“何以谓之全体？”曰：“全体须彻头彻尾见得方是。且如匡衡问时政，亦及治性情之说；及到得他入手做时，又却只修得些小宗庙礼而已。翼奉言‘见道知王治之象，见经知人道之务’，亦自好了；又却只教人主以阴阳日辰贪狠廉贞之类辨君子小人。以此观之，他只时复窥见得些子，终不曾见大体也。唯董仲舒三篇说得稍亲切，终是不脱汉儒气味。只对江都易王云‘仁人正其义不谋其利，明其道不计其功’，方无病，又是儒者语。”①

总之，经过二程和朱子的说明，汉儒给人们留下的印象是：汉初诸儒学问驳杂，多习黄老、纵横之术。此后的汉儒则要么沉溺于文字训诂，要么见道不明，不懂得心性之学。然而，与程朱对汉儒的评价相比，吕柟则从另外一个角度展示了汉儒的面貌：

夫斯道不明，借《中庸》为说者，既以病国而毒民。其天资稍高者，不事文字声名，则好奇自异，又或虽从事于道也，言虽富，讲虽深，乃复不迩人情，柟皆以为异端，浮诸老佛。私论虽汲黯、丙吉之徒，皆在韩愈、吴澄之右。②

汲黯所学为黄老，“治官民，好清静，择丞史任之，责大指而已，不细苛”，使地方得以大治，而汲黯本人亦“任气节，行修洁”③。丙吉则“为人深厚，不伐善”，“及居相位，上宽大，好礼让”④，对于属下，能够宽容小过而发挥其所长，从而帮助汉宣帝中兴汉室。纵观汲黯与丙吉两人，其共同特点就是能够躬行实践。而在吕柟看来，这正是汉儒之所以超过那些从事于“文字声名”“好奇自异”或以道自许而玄谈高论的宋明儒的地方。对吕柟来说，沉溺于辞章训诂与空谈心性，犹如佛老一样，皆不如力行实践对世道有益，实践才是儒

① 黎靖德：《朱子语类》卷137，第3263—3264页。

② 吕柟：《奉虎谷先生书》，《泾野先生文集》卷20。

③ 班固：《张冯汲黯传》，《汉书》卷50，北京：中华书局，1962年版，第2316—2317页。

④ 班固：《魏相丙吉传》，《汉书》卷74，第3144—3145页。

者的本怀,如:

> 楷问:"称叔度者曰:'汪汪千顷波,澄之不清,扰之不浊。'此外不知史书上更有甚称语否?"先生曰:"此力行之士也。只此数语,已见其全矣,不在多也。如颜子称夫子,只说仰钻瞻忽四句;其他游、夏何能说得到此!且其所以仰钻瞻忽者,是个甚么?"①

黄宪(字叔度),东汉人,范晔《后汉书》论曰:"黄宪言论风旨,无所传闻,然士君子见之者,靡不服深远,去疵吝。"②虽然黄宪没有留下多少言论,但吕柟却对他极为称赞,认为其"汪汪若千顷波,澄之不清,扰之不浊",此数语已足以显现黄宪之风度,而黄宪的风度是来自力行,而不是言语,从这里我们也可以看到吕柟对汉儒评价的基本倾向。

> 问:"程子于'逝者如斯夫'章云:'此道体也。''君子法之,自强不息。及其至也,纯亦不已焉。'又曰:'自汉以来,儒者皆不识此义。'末乃曰:'有天德便可语王道。'又于'可与共学'章云:'自汉以来,无人识权字。'岂非以自汉而下,圣人不作,故不可以行权,不可以兴王道耶?"先生曰:"程子指其全体至极处而言。若就汉人中论之,岂无有识此意者乎?自程子发此论,虽为至当,然后学不知立言本意,乃因而推演太高,遂将数代躬行君子皆卑忽之,但驰骛于玄谈高论,去权与王道益远。若愚则不敢谓汉以后无人也。"③

在这里,吕柟指出不能以"不识道体""无人识权"来否定汉儒,且不说汉人中"岂无有识此意者",仅汉儒为"躬行君子"就远高过那些"驰骛于玄谈高论"的理学家,更何况,汉儒躬行之成就皆来自对"权"与"王道"的认识上。吕柟说:"汉儒以反经合道为权,还是因经行不得,只得用权,非反经而何?汉去古未远,看书甚好,今不可便谓之非也。如舜不告而娶,正是反经合道处。"④可见,若以实践论之,汉儒未必不如宋儒,如:

> 太丘有仁之量,林宗有仁之材,以言其锡类则均也;幼安有仁之信,渊明有仁之智,以言其仗节则均也。子欲学守身,无如管、陶;子

---

① 吕柟:《泾野子内篇》卷22,第223页。

② 范晔:《周黄徐姜申屠列传》,《后汉书》卷53,北京:中华书局,1965年版,第1745页。

③ 吕柟:《泾野子内篇》卷17,第170页。

④ 吕柟:《泾野子内篇》卷7,第55—56页。

欲学及人，无如陈、郭。然必有管、陶之节，而后有陈、郭之用。斯四杰，吾不能为之优劣。

如管宁、茅容、孔明，皆圣门之徒也。管宁终身戴一破帽，信贯金石。是以汉儒多气节。故常谓诸生“当自甘贫做”。

西汉人才还是重厚。如周勃耻言人过，丙吉拥立孝宣，至死不伐，故能养成汉家忠厚之风，非后世可及也。[①]

以上吕柟所论人物中，除陶潜（渊明）之外，周勃、丙吉、陈寔（太丘）、郭泰（林宗）、茅容都为汉代人物，而管宁（幼安）、诸葛亮（孔明）则生活在汉末至三国时期，这些人全无心性之学，然都有躬行工夫，持守可观。如陈寔，“在相间，平心率物。其有争讼，辄求判正，晓譬曲直，退无怨者”[②]，并有“梁上君子”的故事流传，故吕柟称其“有仁之量”，而史论曰：“陈先生进退之节，必可度也。据于德故物不犯，安于仁故不离群，行成乎身而道训天下，故凶邪不能以权夺，王公不能以贵骄，所以声教废于上，而风俗清乎下也。”[③]郭泰，“隐不违亲，贞不绝俗，天子不得臣，诸侯不得友”，其奖拔士人，皆如所鉴，史论称其：“逊言危行，终亨时晦，恂恂善导，使士慕成名，虽墨、孟之徒，不能绝也。”[④]故吕柟称其“有仁之材”。茅容为田夫，却以礼义躬自修饬。一次，耕田时避雨树下，其他人都很随便地坐着，只有茅容正襟危坐。郭泰正好路过，见其与众不同，就与之交谈。茅容留郭泰住在家里，第二天早上，茅容杀鸡为馔，以供其母，而自以草蔬与郭泰同食，可见茅容之贤孝。[⑤] 管宁为隐士，有“割席断交”“锄园得金”等故事流传，其甘贫守志的风格，不仅在当时受到朝野的推崇，而且成为后世景仰的人格典范。总之，忠厚、修己治人、重气节等风格是吕柟推重汉儒的主要原因。在平日讲学时，吕柟也经常教育弟子阅读《汉书》与《后汉书》，学习汉儒之行事，如：

胡大器问《汉书》多难看。先生曰：“如汲黯、董仲舒、茅容、管宁诸子传，先取作一编，时常便览，以作志气。不为文章计，亦自

---

① 以上引文分别见吕柟：《泾野子内篇》卷5，第43页；卷7，第59页；卷10，第97页。

② 范晔：《荀韩钟陈列传》，《后汉书》卷62，第2066页。

③ 范晔：《荀韩钟陈列传》，《后汉书》卷62，第2069页。

④ 范晔：《郭符许列传》，《后汉书》卷68，第2226、2231页。

⑤ 茅容之事迹见范晔：《郭符许列传》，《后汉书》卷68，第2228页。

不难。"[①]

而在为政与地方治理方面,吕柟更是常常列举两汉人物之事,并以此作为地方官员效仿的对象。如当友人石简出任广东高州知府时,吕柟就以西汉宣帝时著名循吏龚遂治理渤海一事相告说:"不见汉龚遂之于渤海盗乎?单身之郡,未匝月,民多卖刀买牛,卖剑买犊,数年之寇皆为良民,彼岂尝持干戈以往哉?故玉溪子之致良知者,正有见于今日也。"[②]另外,在《送张广平序》中,吕柟也以龚遂之事规劝张潜,其曰:

昔者汉宣帝患渤海之盗,选龚遂而治之。遂请曰:"将胜之乎?抑安之邪?"宣帝曰:"固安之耳。"遂遂之渤海,入境出令而盗屏,三年而民殷,五年而渤海大治。夫盗,岂民之所欲哉?不得已耳。故饥寒切身,虽慈父不能保其子;愚而不教,师虽贤不能有其弟子也。为民父母行政而惟盗之胜,吾未闻能胜者也。故君子之为政,老者欲其佚之也,幼者欲其生之也,壮者欲其有服也,鳏寡孤独者欲其有养也。审此四者,则知所以驭民矣。苟利于民,虽害不避;苟害于民,虽利不取。审此二者,则知所以事上矣。民安矣,虽倨而不与校也;民不安矣,虽谄而不与喜也。审此二者,则知所以驭官矣,夫奚盗![③]

"君子之为政,老者欲其佚之也,幼者欲其生之也,壮者欲其有服也,鳏寡孤独者欲其有养也",这就是吕柟根据龚遂治理渤海的经验而提出来的治理地方的具体主张。有此四者,再加上"苟利于民,虽害不避;苟害于民,虽利不取"以及"民安矣,虽倨而不与校也;民不安矣,虽谄而不与喜也"的事上驭下之道,便是吕柟理想中的官员形象。

此外,即使是对董仲舒与扬雄这样宋儒常常讨论的人物来说,吕柟的看法也有别于程朱。他说:

董仲舒,汉之醇儒也,其初有功于孔子之道者乎!孟轲之后,邪说又息,孔子之道大明于世,自董子始。[④]

---

① 吕柟:《泾野子内篇》卷9,第73页。

② 吕柟:《赠石高州序》,《泾野先生文集》卷8。按,龚遂之事见班固:《循吏传》,《汉书》卷89。

③ 吕柟:《送张广平序》,《泾野先生文集》卷1。

④ 吕柟:《泾野子内篇》卷2,第17页。

昔者广川董仲舒尝对贤良策，其于天人之际、礼乐教化之论、三代授受之道，言极明白剀直，用之可立有效而坐成功者也。[①]

而在《董仲舒祀田记》一文中，吕柟更详细地论述了董仲舒在儒学中的重要地位，推重之情溢于言表，他说：

董仲舒，汉醇儒。孔子明先王之道，志在《春秋》。《春秋》，孔子之政也。七十子衰，田方、吴起、馯臂、禽滑厘之徒接受孔门，各成其私。于是苏秦、张仪、犀首、周冣、韩非、申不害之徒变机相轧，攘圣人之道而乱之。邹人孟轲辟邪说，明《春秋》，以尊孔子，莫能行也。秦、汉之间，厄斯甚矣。董仲舒一师孔子，进退容止，非礼不行，学士咸师尊之。建元初对策，言《春秋》大一统，宜纯用孔子术，罢诸治申、韩、苏、张之言乱国政者，自是邪说灭息，统纪一。孔子之道大明于世，自董仲舒始。然武帝不能用也，乃令相江都王。江都，骄王也，化。又令相胶西，犹江都也，亦化。足见其用《春秋》之道矣。故刘向以为王佐，管、晏弗及也。吕步舒传其业而不知，公羊高发其指而不精，故君子之道鲜矣，故崇君子之道者亦又鲜矣。[②]

在程朱看来，董仲舒虽然是汉儒中学问最纯正的一个人，但仍然见道不分明，在心性之学方面有所欠缺，故其不能列入"道统"之中。然而吕柟却认为，"孟轲之后，邪说又息，孔子之道大明于世，自董子始"。因此，董仲舒不仅是汉之"醇儒"，而且能够接续孔孟之传，是"道统"中当之无愧的一人。不过对吕柟来说，董仲舒对孔孟之学的贡献，并不在于心性方面，而是其言天人之际、礼乐教化之论、三代授受之道，"用之可立有效而坐成功者也"，换言之，董仲舒的学问是经世致用的"实学"，可以用于教化一方，而与后来的辞章记诵或空谈性理的"道学"不同。在吕柟看来，这才是真正的"君子之道"、圣人之学，可惜后来的学者不能发明其学，"传其业而不知"、"发其指而不精"，"故君子之道鲜矣，故崇君子之道者亦又鲜矣"。

对于扬雄，吕柟则指出，扬雄之学并非像程朱说的那样毫无是处——不识"性"，且出于黄老，而是也有可取之处，扬雄的失处不在于学问，而在践行上。

---

① 吕柟:《赠赵曲靖序》,《泾野先生文集》卷12。

② 吕柟:《董仲舒祀田记》,《泾野先生文集》卷14。

邦儒问："程子曰：'汉儒近似者三人：董仲舒、毛苌、扬雄。'夫苌视仲舒已不敢望矣，子云何足道？"曰："《法言》《太玄》，其言似亦有可取者耳。但身已失矣，言辞说他怎的！"①

希孟又问："扬子云之言亦好否？"先生曰："但言不顾行。"希孟问："程子曰：'扬子才短，其过少。'"先生曰："扬子仕王莽，一身浑是过。"②

在吕柟看来，扬雄背叛汉室正统，依附于王莽，其身已失，故言论再好也无用，属于"言不顾行"者。虽然，吕柟认为"扬子仕王莽，一身浑是过"，这一看法并非那么客观公允，但从他自己宁可辞官回乡，也不愿与当时的权宦刘瑾相往来，以及明知明世宗对于"大礼"的态度，但仍冒着生命危险而上疏议礼，可见吕柟对气节和躬行的重视。而从这里也可以看到，吕柟对汉儒的认识与程朱和其他一些理学家不同，程朱往往是从"学"的角度来评价汉儒的，而吕柟则主要是从"行"的角度来说的，故他有以下言论也不足为怪：

汉匡衡治《诗》，足以说王化矣，而其身不免于脏败。圣学之废，岂独今日哉！故君子贵行不贵言。③

匡衡凿壁偷光，可谓勤奋好学，又精通《诗经》，能用《诗经》中的道理来阐明王道教化，如其曰："公卿大夫相与循礼恭让，则民不争；好仁乐施，则下不暴；上义高节，则民兴行；宽柔和惠，则众相爱。四者，明王之所以不严而成化也。"又说："贤者在位，能者布职，朝廷崇礼，百僚敬让。道德之行，由内及外，自近者始，然后民知所法，迁善日进而不自知。"④故吕柟说匡衡治《诗》，"足以说王化"，但尽管如此，吕柟对匡衡还是采取了否定的态度，原因就在于匡衡最后"不免于脏败"。从这里可以再一次看出吕柟对汉儒的评价与程朱不同。对于匡衡，朱子肯定的是其学能涉及治性情之说，但又认为"及到得他入手做时，又却只修得些小宗庙礼而已"。而吕柟则不同，吕柟是从有助于王道教化的一面来肯定匡衡的学问，否定的则是其品德有污，言行不一。两相比较，可以明显看出二人评价的角度之不同。最后，吕柟甚至认为圣学之所以不能行于当世的原因就在于学者不能躬行实践，而以高谈心性、辞章记诵

---

① 吕柟：《泾野子内篇》卷 14，第 138 页。

② 吕柟：《泾野子内篇》卷 8，第 66 页。

③ 吕柟：《泾野子内篇》卷 1，第 5 页。

④ 班固：《匡衡传》，《汉书》卷 81，第 3334—3335 页。

为学问,故他提出"君子贵行不贵言"的主张。

三、论宋明儒

对于宋儒周、张、程、朱,吕柟一如传统观点,肯定他们对儒学的贡献,他说:"尧、舜、禹、汤、文、武之道赖周、孔而发明,周、孔之道赖颜、曾、思、孟而发明,颜、曾、思、孟赖周、程、张、朱而发明,此予所以独留心于四子而抄释之也。"[①]但如果从更微观的角度来加以审视,就会发现吕柟的倾向所在。

> 霄问周茂叔。先生曰:"有德人也。方黄叔度,则又有言矣。"问程伯淳。曰:"如其师。"问正叔。曰:"伯淳之弟也。"问朱元晦。曰:"博学笃志,切问近思而已矣。"问张子厚。曰:"方伯淳则不足,方元晦则有余。伯淳已近乎化,元晦亦几于大。张子之化十三,其大十九。"[②]

在吕柟看来,周敦颐首先是有德,有如东汉的黄叔度(即黄宪),其次是能够立言,发明孔孟之道。程颢在这两方面则与其师周敦颐一样,而这也是吕柟于宋儒之中更为推崇程颢的原因。他说:"孔子之道,得孟子而道显。若明道,则注释孔孟者也。……惜乎不幸而早死,明道不死,可并颜、孟矣。"[③]又认为宋儒虽然"极高明",但在"道中庸"方面却普遍做得不够,而"明道则近中庸矣"[④]。其次是程颐与张载。程颐与程颢相比虽然有所不及,但吕柟认为作为初学者应当先从伊川学起,学问方能有进步。他说:"当学伊川严毅方正为是。若学明道和粹,而工夫不至熟,只见燕朋日日往来不绝,忽不知岁月之将至。然学熟后便是明道也。"[⑤]接着是朱子,朱子之所以在周、程、张之后,并不是因为生活的时代要晚于前者,而是在于其只是"博学笃志,切问近思而已矣",故如果说程颢是近乎"化",那么朱子则只是几于"大",而张载则处于二人之间。但若与陆九渊相比,吕柟则认为陆九渊虽然"聪明远见若浮于元晦,但其力行实未至耳"[⑥],因此所至境界亦不如朱子,故吕柟认为朱子

① 吕柟:《泾野子内篇》卷24,第256页。
② 吕柟:《泾野子内篇》卷1,第10—11页。
③ 吕柟:《泾野子内篇》卷27,第286页。
④ 吕柟:《泾野子内篇》卷6,第45页。
⑤ 吕柟:《泾野子内篇》卷7,第48—49页。
⑥ 吕柟:《泾野子内篇》卷1,第10—11页。

虽著述太多,“然其躬行亦未尝一日少怠,当其造诣清苦,亦庶乎原、卜之间矣”[①]。从这里即明显可以看出“躬行”在吕柟思想中所具有的重要性。而对于程门诸子,吕柟也有自己的看法。

介问程门之高弟。先生曰:“其尹彦明乎!”曰:“不有游、杨乎?”曰:“游、杨粗。”曰:“游、杨之精近于禅。”曰:“此其所以粗也。”曰:“尹在朱门当何贤?”曰:“虽朱元晦且让焉,况其门人乎!”“尹在孔门则何若?”曰:“其学颜子而未大者乎!”

光祖问:“程门尹、谢、游、杨四子孰优?”先生曰:“惟尹彦明吾最敬焉,笃志力行,有周、汉人风,使及孔门,可方由、求乎!”

大器问:“龟山《语录》不如上蔡明白。”先生曰:“各有所得处。上蔡行事处多,龟山讲论处多。然皆不如尹子之切实。”[②]

二程门下,一般称程门“四先生”,即谢良佐(上蔡,1050—1103)、游酢(定夫,1053—1123)、吕大临(与叔,1040—1092)和杨时(龟山,1053—1135)。其中,谢良佐有“洛学之魁,皆推上蔡”之称,黄宗羲(梨洲,1610—1695)也有“程门高弟,予窃以上蔡为第一”的说法[③]。而杨时则开创了“道南学派”,为“南渡洛学大宗”[④]。但吕柟却认为,四人皆不如尹焞(彦明,1061—1132)。对于尹焞,《宋史》本传说:“当是时,学于程颐之门者固多君子,然求质直弘毅、实体力行若焞者盖鲜。颐尝以‘鲁’许之,且曰:‘我死,而不失其正者尹氏子也。’”可见尹焞在程门中是以笃行而非学问著称。吕柟对尹焞的评价与《宋史》相同,也是从躬行实践的角度来肯定其胜过其他程门弟子的[⑤],他说:“彦明《语录》皆是行事之实,上蔡论天地,论鬼神,虽精亦颇远,惟中间说‘惺惺法’,别后去一矜字甚好,与尹氏似也。”[⑥]认为尹焞若是在孔门,则属于“学颜子而未大者”,可见其地位之高。不仅如此,即使是被后人视为集理学之大成的朱子,在吕柟看来,也要稍逊于尹焞,他说:

---

① 吕柟:《泾野子内篇》卷10,第97页。

② 以上引文分别见吕柟:《泾野子内篇》卷2,第20页;卷5,第36页;卷9,第81页。

③ 见黄宗羲、全祖望:《上蔡学案》,《宋元学案》卷24,北京:中华书局,1986年版,第916—917页。

④ 黄宗羲、全祖望:《龟山学案》,《宋元学案》卷25,第944页。

⑤ 虽然吕柟也认为谢良佐、游酢、杨时之学夹杂禅学,但这不是吕柟评价的主要立足点。

⑥ 吕柟:《泾野子内篇》卷9,第76页。

得圣门之正传者,尹子而已,其行慤而直,其言简而易。若朱子,大抵严毅处多,至于谏君,则不离格致诚正。人或问之,则曰:"平生所学,唯此四字。"如此等说话,人皆望而畏之,何以见信于上邪![1]

在这里,评价是否"正学"或"正传"的标准不是对理气、心性的阐发,而是其学问是否切实,是否属行事之实,对此朱子尚且有所不及,更何况朱子门人了。当然,吕柟推重尹焞,并不是要否定朱子或其他程门弟子,而是与当时的士风有极大关系,他说:

问今之讲道学者。先生曰:"虽则幽深玄远,但我有捷径法,只做得不耻恶衣恶食,便是道学。

近人读经书,徒用以取科举,不肯用以治身。即如读医书,尚且用以治身,今读经书反不若也。

皋、夔、稷、契亲受尧、舜"精一执中"之传,闻一善即得一善,见一善即行一善,何等专确!况圣贤传心之要既亲受之,又何用书籍?后世书虽多,看一部即丢过一边,求其以书中圣贤之言实体而躬行者有几?况既不得圣贤心法,其所读者不过口耳记诵而已。圣学不明,士习浮靡,又安望德业如古人耶![2]

这就是说,圣学的精神并不在于言论之高深玄远,也不在于口耳记诵,而是在于身体力行,见之于人伦日用。此外,在实际的教育过程中,吕柟还经常让弟子读《尹和靖集》。或许可以说,吕柟注重躬行的学风在一定程度上有来自尹焞的影响。

对于明初诸儒,吕柟的立足点仍然是在躬行,如论薛瑄:"薛子以所学者见诸躬行,而无过高之弊;以所行者本诸精思,而无计功之失。诸子不及也。"[3]这里所说的"诸子"盖指与薛瑄同时和稍后的吴与弼(康斋,1391—1469)、胡居仁(敬斋,1434—1484)、陈献章(白沙,1428—1500)等人。薛瑄在明初诸儒中属于精思力行者,这是吕柟推崇其学的主要原因,而吴、胡、陈之学虽"极高明",但比不上薛瑄。如:

象先曰:"吴康斋终日以衣食不足为虑,恐亦害事否?"先生曰:

---

① 吕柟:《泾野子内篇》卷18,第179页。

② 以上引文分别见吕柟:《泾野子内篇》卷7,第48页;卷8,第64页;卷10,第98页。

③ 吕柟:《泾野子内篇》卷6,第44页。

“此公终日被贫来心上缠绕，不得谓之脱然无累。然亦却是有守的，外面势利纷华夺他不得，吾辈且学他此等长处。”①

这就是说，吴与弼能够不为外面的势利纷华所动，但在境界上还不够洒脱，终日为贫所困扰。又：

李立卿曰：“陈白沙几乎崇效天，薛文清几乎卑法地矣。”先生曰：“智崇亦由礼卑，礼卑亦由智崇。《易》曰：‘一阴一阳之谓道。’夫二子之道，某未之能习也，然而尝闻其大节矣。白沙狂而未足，文清狷而有余，由孔子言之，皆可以入道。始学者如趋焉，文清其正矣。”②

陈献章之学尽管高明精微，但吕柟认为学者还是应以薛瑄为学，薛瑄之学平实醇正，学者应当由近及远、由卑至高。可见，吕柟走的是一条下学而上达的为学之路。另外，在吕柟看来，陈献章主张“以自然为宗”，强调静坐的修养工夫，已流于禅学。而对于佛老，吕柟是这样认识的：

佛老亦巢、许之流，高蹈山林，不恤生民休戚、国家安危，自讨独乐便宜。使人人为佛老，为巢、许，则国家谁与之理！社稷谁与之安！此孔孟之必不忍为也。若白沙之学，其亦巢、许之流乎！③

从古圣贤自男女饮食做工起，吾儒作用与释氏全不同。④

吕柟认为佛老“高蹈山林，不恤生民休戚、国家安危”，如果人人都为佛老，那么国家谁与之理，社稷谁与之安，所以学问不能一味好高骛远，而是要从近处即男女饮食做起。可见，即使对于佛老，吕柟着眼的还是其作用之处。因此，陈献章之学虽然高妙，但却不切于人伦日用，一味强调“在静坐中养出端倪”，不免会脱略具体的道德实践。

而对于自己同时代的儒者，吕柟也多以能躬行实践称之，如称章懋（枫山，1436—1521）：“章枫山先生甚好。致仕在家时，甚清贫自处，三间小房，前面待客，后面自居，家中子弟甚率他教，有汉儒躬行之风。”⑤称何瑭（柏斋，

① 吕柟：《泾野子内篇》卷 15，第 144 页。

② 吕柟：《泾野子内篇》卷 2，第 21 页。

③ 吕柟：《泾野子内篇》卷 22，第 234 页。

④ 吕柟：《泾野子内篇》卷 8，第 70 页。

⑤ 吕柟：《泾野子内篇》卷 13，第 123 页。

1474—1543）:“吾未见甘贫者也,居翰林而见何子粹夫焉,一布袍六七年。”[①]即使是与自己所学不同且为论辩对手的王门学者邹守益,吕柟也认为“其言论虽如此,而行实不诡于古人”[②],从躬行的角度对其加以认可。

总之,从吕柟对汉儒及宋明诸儒的评价来看,主导其思想的核心价值观念是“躬行”,而这也是吕柟给我们呈现出来的最主要的一个学问特色。

① 吕柟:《泾野子内篇》卷1,第10页。

② 吕柟:《答马豁田书》,《泾野先生文集》卷21。

第二章　明代关学的基本概况

明初,薛瑄在山西河津的讲学吸引了大批关中学者前往问学,并由此构成了明初关学最主要的思想资源。到了明代中期,随着阳明学的兴起,关学一宗程朱的局面也逐渐被打破,王阳明的弟子南大吉、南逢吉兄弟开始在渭南地区传播良知学,是为关中有王学之始。但在吕柟、马理等关中学者的抵制下,这一时期关学的主流仍然是朱子学。到了晚明,由于深感晚明学风之弊,自幼接受阳明学熏陶的冯从吾在其师许孚远的影响下,转而调和朱、王,主张本体与工夫合一,从而完成了关学的心性化转向。虽然在整个明代,朱子学与阳明学及其相互关系是关中地区理学发展的主线,但读经重礼、躬行实践、崇尚气节的传统学风则为明代关学增添了不少特色。

第一节　明初的关学

一、薛瑄之学在明初关中的传播

明初的关学以朱子学为宗,其思想资源主要来自河东的薛瑄之学。刘宗周(蕺山,1578—1645)说:“是时关中之学,皆自河东派来。”[1]清代四库馆臣也说:“明世关西讲学,其初皆本于薛瑄。”[2]同时也继承了张载“以礼为教”、重视经学的学风。薛瑄之所以能够对明初关学产生重要的影响,一是薛瑄是继曹端(月川,1376—1434)之后当时北方理学的又一重要代表,曾先后于正统八年(1443)至正统十四年(1449)、天顺元年(1457)至天顺八年(1464)讲学于山西河津县的旧宅,亦即后来的文清公祠堂和薛文清公书院。在明初讲学之风不怎么盛行的时候,薛瑄的讲学无疑吸引了不少关中学者前来听讲,其中最著名的有凤翔的张杰(默斋,1421—1472)、咸宁的张鼎(大器,1431—

① 黄宗羲:《明儒学案・师说》(修订本),第4页。

② “《关学编》五卷”条,《四库全书总目提要》卷63,第356页。

1495)和韩城的王盛(号竹室)等。① 二是地理上的便利。山西河津与陕西韩城一水之隔,交通往来比较方便,从而为关中学者入晋带来了极大的便利,同时也为薛瑄之学传入关中地区创造了条件。而这种影响的结果,便是薛瑄之后其学主要是在关中地区传播和发展,而到了吕柟那里则达到了它在明代发展的高峰。黄宗羲《明儒学案》中的"河东学案",包括薛瑄在内共立传15人,其中陕西学者就有9人,甘肃则有2人,而兰州和天水在明清时亦属"关中"这一地理范围之内。另外,三原学派中的韩邦奇、杨爵(斛山,1493—1549)和王之士(秦关,1528—1590)等人也与薛瑄有或多或少的关系。由此可以看出薛瑄之学何以能够成为明初至中期关中理学的主流。②

薛瑄的这些陕西弟子中,以张鼎名声最大。张鼎曾花费数年工夫搜辑和校正薛瑄的文集,并刊刻成书,对薛瑄著作的保存和流传做出了较大贡献,时人有"理学传自文清公,高名可并太华峰"③之誉。另一个弟子张杰则在家乡凤翔讲学,"用'五经'教授,名重一时",学者称为"五经先生"。当道欲聘其为城固县教谕,张杰则以从游者甚众,不能远及他方而加以拒绝,他说:

> 古之学者从事于性情,而文辞所以达其意。今之学者专务文辞,反有以累其性情。某今年五十有一矣,方知求之于此,以寻古人向上之学,虽得其门,未造其域,汲汲皇皇,恐虚此生。尝自念僻处一方,独学无友,每欲远游质正高明,奈有寒疾不可以出。况乡党小子相从颇众,岂能远及他方耶!④

而在讲学之余,张杰则常与兰州的段坚(容思,1419—1484)、安邑的李昶、秦州的周蕙等人往来论学,遂形成了一个比较固定的讲学圈,对后来关学的发展产生了极大影响。段坚除与张杰等人一起讲学外,还曾问学于薛瑄在

---

① 王盛在《薛文清公书院记》中录其同门74人。其中,来自山西39人、陕西17人、河南6人、山东4人,其他地方8人。见薛瑄:《行实录》卷3,《薛瑄全集》,太原:山西人民出版社,1990年版,第1656—1658页。

② 薛瑄对关学的影响不仅限于明代,从清初的王建常(复斋,1615—1701)到清中后期的李元春(桐阁,1769—1854)等许多以朱子学为宗的关中学者那里也都可以看到薛瑄之学影响的存在。如《清史列传》卷67《儒林传上》曰:"李元春,字时斋,陕西朝邑人。……年十四,得薛瑄《读书录》,益究性命之学。遍求程朱文集,熟读精思。"

③ 冯从吾:《大器张先生》,《关学编(附续编)》卷3,第33页。

④ 张骥:《张默斋先生·文录》,《关学宗传》卷10,西安:陕西教育图书社排印本,1921年。

洛阳的弟子阎禹锡(字子舆,1426—1476)与白良辅,“以溯文清之旨”,故他虽不是薛瑄的及门弟子,却有“文清之统,惟公是廓”[①]之名,属于私淑有得者。周蕙之学由段坚引导入门,但二人属于亦师亦友的关系。何景明(大复,1483—1521)说:“先生于容思先生,其始若张横渠之于范仲淹,其后若蔡元定之于朱紫阳也。”[②]起初蔡元定欲拜朱熹为师,朱熹叩问其学,认为“此吾老友也,不当在弟子列”。这也就是说,周蕙之学入门虽由段坚,但却不在段坚门人之列。除段坚之外,周蕙又受学于薛瑄门人李昶而得文清之传,“功密存省,造入真纯,遂为一时远迩学者之宗”[③],刘宗周认为薛瑄之学传至周蕙时,“一变至道”,可见周蕙对关学的发展具有转折性。而周蕙在西安游学时,又培养了李锦(介庵,1436—1486)、薛敬之等著名关中学者。

李锦,咸宁人(今西安),因听周蕙讲程朱之学而大悟,“遂弃记诵辞章之习,专以主敬穷理为事”[④],后终成关西一代名儒。薛敬之则是渭南人,师事周蕙,“常鸡鸣而起,候门开,洒扫设坐。及至,则跪以请教”[⑤]。薛敬之的著名弟子即为吕柟。吕柟在南京讲学九年,与湛甘泉、邹东廓共主讲席,风动江南,被关中学者视为是“集诸儒之大成而直接横渠之传”[⑥],从而将明代关学推向了其发展的第一个高峰。

二、明初关学对心性的重视

从思想上来看,薛瑄在关中的这些弟子基本上都恪守着薛瑄之传,如张鼎“终身恪守师说,不敢少有逾越”,段坚主张“主敬以致知格物”,周蕙则“慨然以程朱自任”,李锦也“专以主敬穷理为事”,王爵“切切以诚敬为本”[⑦],等等。故黄宗羲就说:“河东之学,悃愊无华,恪守宋人矩矱,故数传之后,其议论设施,不问而可知其出于河东也。”[⑧]清代四库馆臣也说:“关中之学,大抵

① 黄宗羲:《河东学案上》,《明儒学案》(修订本)卷7,第126—127页。
② 冯从吾:《小泉周先生》,《关学编(附续编)》卷3,第32页。
③ 冯从吾:《小泉周先生》,《关学编(附续编)》卷3,第31页。
④ 冯从吾:《介庵李先生》,《关学编(附续编)》卷3,第34页。
⑤ 冯从吾:《思庵薛先生》,《关学编(附续编)》卷3,第37页。
⑥ 冯从吾:《关学编·自序》,第1页。
⑦ 见冯从吾:《关学编(附续编)》卷3,第28页、第31—34页。
⑧ 黄宗羲:《河东学案上》,《明儒学案》(修订本)卷7,第110页。

源出河东、三原,无矜奇吊诡之习。"[1]

但在"主敬穷理"之外,明初的关学也出现了一些新的倾向,这就是对心性与躬行实践的重视。[2] 如段坚在以"主敬穷理"为学的同时,还强调心体的根源性,他说:"吾之心即天地之心,吾心之理即天地之理,吾身可以参天地、赞化育者在于此。"[3]张杰也被时人称为"明心学于狂澜既倒之余",其论学诗中则有"今宵忘寝论收心"之语[4]。

薛敬之更是强调学问要在心性上做工夫,他指出:"千古圣贤非是天生底,只是明得此心分晓。"(《明儒学案·思庵野录》)又说:"为学不从心地做工夫,则却无领要,纵然力研强记,不过卤莽灭裂,成甚气质,况可望德业之过人。"(《思庵野录》卷中)具体来说,首先,薛敬之强调学者要认识心与气的关系:"学者始学切须要先识得此心是何物,此气是何物。心主得气是如何,气役动心是如何,方好着力进里面去。"(《思庵野录》卷上)在薛敬之看来,心与气不同,心是理,不是气,他说:

> 心者,理之天,善之渊也。养心者,则天明渊澄而理与善莫不浑然发外矣。(《思庵野录》卷上)
>
> 言心虽在万事上见,而本然之体已具;言太极虽在万物上见,而未形之性已涵,故曰:心为太极。(《思庵野录》卷中)
>
> 一身皆是气,惟心无气。随气而为浮沉出入者,是心也。(《思庵野录》卷上)

薛敬之以心为理,这显然与朱子、薛瑄等人的说法不同。朱子认为:"心者,气之精爽。""所觉者,心之理也;能觉者,气之灵也。"而"灵处只是心,不

---

① "《愿学编》二卷"条,《四库全书总目提要》卷96,第495页。

② 重视心性涵养与工夫践履是明初理学的一个普遍现象,有关研究可参看陈荣捷:《早期明代之程朱学派》,载《朱学论集》,上海:华东师范大学出版社,2007年版;古清美:《明代前半期理学的变化与发展》,载《明代理学论文集》,台北:大安出版社,1990年版,第13—37页;吕妙芬:《胡居仁与陈献章》,台北:文津出版社,1996年版,第32页;祝平次:《朱子学与明初理学的发展》,台北:台湾学生书局,1994年版,第115—176页。而且这一思想倾向对后来心学的兴起有着或多或少的影响,古清美先生即指出:"敬斋(胡居仁)所严守的程朱理学,在他专注于心性的体验及践履的方式下,已经无形中有所转变了。……这种风格实与心学不远反近,甚而更可能是间接助长了心学兴起的潮流。"(同上书,第30页)

③ 冯从吾:《容思段先生》,《关学编(附续编)》卷3,第28页。

④ 冯从吾:《默斋张先生》,《关学编(附续编)》卷3,第30页。

是性,性只是理"[1]。这也就是说,心只是气,只有认知的功能而无道德创造性,并不即是性理本身。薛瑄则说:"水清则见毫毛,心清则见天理。"[2]"理如物,心如镜,镜明则物无遁形,心明则理无蔽迹。昏则反是。"[3]薛瑄这里的比喻很明显仍是把心与理看作"二物"。黄宗羲即指出:"仁,人心也。心之所以不得为理者,由于昏也。若反其清明之体,即是理矣。心清而见,则犹二之也。"[4]这就是说,恢复心体之清明即是理,如果说心清而见天理,则仍是分心与理为二,而心不即是理。不过,薛敬之虽然对"心"的认识与朱子、薛瑄不同,但他把心与气看作是两个各自不同的东西,则仍属朱子理气二元的思维方式。

其次,既然认识到心是理,而气又对成德具有极大的负面作用,那么工夫修养就应在两方面开展:一是要"以心主气""以心驭气",而不能让气役动了心。薛敬之说:"心乘气以管摄万物而自为气之主,犹天地乘气以生养万物而亦自为气之主。"(《思庵野录》卷上)又说:"心有所守则气自无不制,气无不制者,心之驭气也;无制者,气之驭心也。"(《思庵野录》卷上)在具体方法上,薛敬之则主张"存心",所谓:"学者第一要心存,心一有不存,便与道畔。"(《思庵野录》卷上)"心惟不可一时放下,放下便是天地间隔,却与天地不相似。"(《思庵野录》卷中)二是要"节气",即在气上用工夫。薛敬之说:"学者切须要节气。气但不节,则近名外慕之心生,而遂流荡忘返,无所存主。其何以读天下之书,论天下之事,而欲有以达古人之地哉!"(《思庵野录》卷上)不过,气虽然对个体的成德具有负面作用和限制性,但心又不可无气,心性之理必须借由气才能得以彰显和落实,否则就只是一抽象的天理。薛敬之说:

> 心乘气,气表容,如心有喜怒而容仪为之变态,如物之生枯而春秋为之,谓非气乎!(《思庵野录》卷上)
>
> 阴阳,气也,离那质不得。刚柔,质也,离那气不得。仁义,性也,离那气质不得。未有无气之质,未有无质之气,亦未有无气质之性。(《思庵野录》卷中)

这样,在薛敬之那里,学问的方向便由"主敬穷理"而转向在心体上做功

---

① 黎靖德:《朱子语类》卷 5,第 85 页。
② 薛瑄:《读书录》卷 2,《薛瑄全集》,第 1049 页。
③ 薛瑄:《读书录》卷 5,《薛瑄全集》,第 1145 页。
④ 黄宗羲:《河东学案上》,《明儒学案》(修订本)卷 7,第 112 页。

夫,并逐渐接近重视确立道德本心的心学一路。对于薛敬之重视“心”的学问,冯从吾评价说:“心学不讲,而曰我能学,是后世枝叶之学,岂孔门根本之学哉!先生孜孜学问,而知归重于此心,可谓知所本矣!”①邹元标(南皋,1551—1624)则认为薛敬之的“心学”主于持敬收敛,“虽未必心融神解,然不失先儒矩矱,而可以挽末流、开来学”②,即对于那种心体未透却主张“一切放下”的晚明猖狂无忌惮之风可以起到积极的救正作用。

第二节　三原弘道书院的讲学

一、王承裕与弘道书院的建立

王承裕(1465—1538),字天宇,号平川,其父便是明代前期著名的大臣王恕(介庵,1416—1508)。弘治六年(1493),王承裕考中进士,而此时王恕刚由吏部尚书任上致仕,于是王承裕没有留在京城等候授职,而是陪同其父返回了家乡三原。回到家乡后,王承裕先是在僧舍讲学,取名为“学道书堂”,马理、秦伟、雒昂(号三谷)、张原(玉坡,1473—1524)等人皆从之游,从而开创了有明一代陕西本地著名的三原学派。《明儒学案》说:“关学大概宗薛氏,三原又其别派也。其门下多以气节著,风土之厚,而又加之学问者也。”③王承裕的讲学逐渐吸引了当地更多士子前来听讲,以至僧舍容纳不下,于是就有了弘道书院的建立。关于弘道书院的建立情况,王云凤(虎谷,1465—1517)在《建弘道书院记》中有详细的记载:

弘道书院者,三原王君天宇之所建也。始君举进士,即侍父太宰公归。诸生秦伟、马理、雒昂辈从之学,假僧舍以居,题曰“学道书院”。君于后堂自构一室,曰“弘道书屋”。弘治乙卯(1495),太宰公命如京受职,拜兵垣。数月,复以疾归,从者益众。秦伟谋于众,欲作书院,锓疏遍告里之富而好礼者、商贾之游于其地者,鸠缗钱若干,择地之爽垲,得永清坊之普照废院。其地以丈计袤四十,广十

① 冯从吾:《思庵野录序》,《冯恭定公全书》卷13。

② 邹元标:《薛思庵先生野录序》,见薛敬之:《思庵野录(附行实)》,清咸丰元年武鸿模重刻本。

③ 黄宗羲:《三原学案》,《明儒学案》(修订本)卷9,第158页。

二，遂白于官而肇工焉。外为缭垣，门曰“仰高”，以对南山仰止也。重门曰“忝敬”。内为小垣三，其门中曰“中立”。中立门内为弘道堂，后为考经堂，又后为春光亭。弘道堂之东荣为庖，西为库，堂前东西建学舍各十一楹。考经堂前东为清风轩，西为明月庵，门曰忠孝。堂稍后东北隅为清谷草堂，西北隅为嵯峨山房。草堂之门曰卧云，山房之门曰立雪。①

从王云凤的记述中可以得知，王承裕在弘治八年(1495)时曾奉父命回京受职，任兵科给事中，然而不过数月就称病又回到家乡继续讲学，此后前来问学的人越来越多，于是在这一年，王承裕弟子秦伟发动众门人，谋建书院，地点选在三原县永清坊的普照寺旧址，而书院的建设资金则来自当地士绅商贾的捐助。弘道书院的主要建筑有弘道堂、考经堂，以及清谷草堂和嵯峨山房等。其中，弘道堂是讲学之堂，考经堂则兼具讲学、藏书之作用，嵯峨山房则是王承裕读书的地方。②

弘道书院的管理比较严格。王承裕为弘道书院立有学规二十条，分别是明德、学道、诵读、讲解、察理、学礼、作古文、作时文、博观、明治、考德、改过、作字、游艺、会食、夜课、考试、遵守、归宁、给假。又立小学规十四条，曰：学礼、学坐、学行、学立、学言、学揖、学视听、学容貌、学称呼、学接见、学告省、学洒扫、学读书、学写字。对于来学者，亦进行区别，所谓“冠者有堂上、堂外生徒之别，童子亦有堂外、堂下，皆君以勤惰、修窳而登降者”，而“群弟子辰至酉归，执经受业，罔敢或懈”。此外，王承裕又“出书数千卷，厨之考经堂”。正是归于王恕、王承裕父子的有效管理，弘道书院的讲学在当时十分兴盛。弘治十三年(1500)，时任陕西提学官的王云凤曾慕名来访，见到“冠者数十人，童子数十人，进退周旋惟谨”(《建弘道书院记》)的情景，甚感叹服。

弘道书院的建立对明代关中地区的讲学具有重要意义。在王承裕讲学弘道书院之前，明代关中学者的讲学并无专门的书院，如段坚晚年“结庐兰山之麓，扁曰南村、曰东园”③，授徒讲学。张杰则以家塾为讲学之地，《(乾隆)

---

① 来时熙：《弘道书院志》，明弘治十八年刻本。

② 弘道书院建成于弘治九年(1496)，此后一直是陕西的一个重要讲学书院。清乾隆时，因避讳而改名为宏道书院。清末，宏道书院与关中书院、崇实书院、味经书院并称为关中四大书院。

③ 冯从吾：《容思段先生》，《关学编(附续编)》卷3，第27页。

重修凤翔府志》说，张杰“不复仕进，肆力于学，弟子从者日众，乃拓家塾，以五经教授，学者远近悉至”①。这些讲学都没有专门的书院作为基础，而明代关中地区建书院以讲学即始于王承裕的弘道书院。② 因此，弘道书院的建立首先开创了明代关中地区的书院讲学之风，为关学的发展提供了较为稳定的物质基础。①

在弘道书院建立不久以后，关中地区以书院为基础的讲学之风逐渐流行开来。弘治九年（1496），当时的陕西提学副使杨一清在西安重建正学书院③，选陕西各地有才华的诸生入正学书院学习，并收集各府县学校的图书于书院之中。此外，杨一清还在凤翔府陇州（今陕西陇县）创建岍山书院，在武功建绿野书院。这些书院的建立，与三原弘道书院共同推动了明代关中讲学活动的发展。

二、弘道书院的讲学特色

弘道书院建成后，主持书院讲学的是王承裕，其父王恕则悠游于西园、东园，潜心于经书传注之中，有时亦为书院诸生讲学。王恕在《石渠意见请问可否书》中说：

> 恕自早岁读书，窃取传注之糟粕为文辞取科第。及入仕，亦尝执此措诸行事。今老矣，致仕回家，复理旧学，其于传注发挥明白，人所易知易行者，不敢重复演绎，徒为无益之虚文。至于颇有疑滞，再三体认行不去者，乃敢以己意推之，与诸生言之，评论其可否。④

可见，王恕曾给弘道书院诸生讲过其经学著作《石渠意见》。弘道书院的

---

① 达灵阿：《（乾隆）重修凤翔府志》，《中国方志丛书》，台北：成文出版社，1970年版。

② 在弘道书院建立之前，弘治元年（1488）三原曾兴复始建于元代的学古书院，但当时学古书院并没有成为专门的讲学书院，也未见有什么讲学活动。参见王恕：《复学古书院记》，《王端毅公文集》卷1，《四库全书存目丛书》集部第36册；吕柟：《重修学古书院记》，《泾野先生文集》卷14。

③ 正学书院始建于元代，本为北宋时“横渠张子倡道之地”，后来元儒许衡讲学于此，于是创建书院，祭祀张载、许衡二人。明初，书院旧址为兵民所据。正学书院重建后，成为陕西关中地区最著名的书院，直至万历三十七年（1609）冯从吾创建关中书院时为止。清康熙六十一年（1722），正学书院并入关中书院。

④ 王恕：《王端毅公文集》卷3。

讲学虽然离不开科举制义，但王氏父子的讲学又不限于此，而是有其自身的特色。

第一，重视经学，强调读经、治经。如王承裕要求学院诸生每日读经，并且“五经各治一经，余四经亦当次第而观”（《弘道书院志·弘道书院学规》），并在弘道书院内专门设“考经堂”。王恕说：

> 吾儿承裕以《诗经》登弘治癸丑进士。是岁，吾年七十有八，乞休，得请承裕侍吾归。既抵家，定省之暇，与从游之士始则讲学于释氏之刹，近则即前普照院之故址建为弘道书院以居，自名其后堂曰“考经”。其意以为从游之士有治《易经》者，有治《书经》《诗经》者焉，亦有治《春秋》《礼记》者焉。①

由王恕的记述可知，考经堂是弘道书院专门的讲经之所。因王恕、王承裕分别以《易》《诗》中进士，故其门人弟子亦多治此二经。从《弘道书院出身题名》著录的42人来看，其中治《易》者16人，治《诗》者11人，两者相加共27人，占了总数的一半以上，余者或治《书》（4人），或治《礼记》（7人），或治《春秋》（4人）。总之，弘道书院重视经学的特色，对关中士人产生了很大的影响。杨一清督学关中时就说：“康（康海）之文辞，马（马理）、吕（吕柟）之经学，皆天下士也！”②三原学派对经学的强调，与南方阳明学注重对道德形上本体的体悟形成鲜明的对比，这也是明代关学的一个重要特点。

虽然重经、读经与科举考试密切相关③，但弘道书院对经学的强调并非是口耳记诵，恪守传注，而是主张以心证经、以心考经。王恕说：“考经者固不可不用传注，亦不可尽信传注，要当以心考之也。”④其晚年所著之书《石渠意见》与《玩易意见》即是根据自我身心的体认来质疑程朱对“四书”“五经”的一些解释，所谓“至于颇有疑滞，再三体认，行不去者，乃敢以己意推之”。王恕于经书强调要“以心考之”，而不迷信程朱传注，并突破汉儒注疏训诂的限制，不仅对弘道书院诸生的影响很大，而且在当时“此亦一述朱，彼亦一述

---

① 王恕：《考经堂记》，《王端毅公文集》卷1。

② 冯从吾：《谿田马先生》，《关学编（附续编）》卷4，第47页。

③ 明代以“四书”“五经”命题考试，文章仿宋经义，以古人的语气为之，体用排偶，称之为“八股”，通称“制义”。

④ 王恕：《考经堂记》，《王端毅公文集》卷1。

朱”[1]的明初思想界中亦显得难能可贵。

第二,强调礼教。以礼教人自北宋张载开始,一直以来都是关学的传统学风,如明末的刘宗周就说:“关学世有渊源,皆以躬行礼教为本。”[2]王承裕在弘道书院的讲学也继承了这一学风。他为弘道书院所定学规中就有“学礼”一项,要求“有志学礼之士先读《朱子家礼》,次读《仪礼》《周礼》诸书,身体力行,以化风俗”,而小学规的第一条即是“学礼”(《弘道书院志·弘道书院学规》)。此外,“凡弟子家有冠、婚、丧、祭之事,必令率礼而行”,可见王承裕对礼教的重视。王承裕不仅要求诸生学礼,他本人也“自始学好礼,终身由之”[3],并刊布蓝田吕氏《乡约》《乡仪》等书以礼教化乡人,使“三原士风民俗为之一变”[4]。受王承裕的影响,其弟子多以礼教成立,如马理“特好古《仪礼》,时自习其节度。至冠、婚、丧、祭礼,则取司马温公、朱文公与《大明集礼》折中用之。处父丧与嫡生母之丧,关中传以为训”[5]。

第三,注重理学的教育。弘道书院讲学的宗旨并非专以举业为目的,更重要的是还要弘“道”。王云凤在《建弘道书院记》中即指出:

> 嗟乎!作书院而名以弘道,学者其有惕然于心者乎?嗟乎!是道也,君子之所以治身,先王之所以治天下者也,而今之学者乃讳言之。一有谈及者,则互相告语以为笑,不曰此其勉强,非自然也;则曰彼某事过也,某事不及也。……今学者少之所习,终身之所诵,无非圣人之书,而以学道者为笑,一遇有规行矩步端颜正色之士,则嘲论纷起,诽谤横生,遂使学者以讲道为讳,然则又何暇责异端者乎!君以弘道名书院,非挺然有独见之智不及此。嗟乎!凡学于此者,其有惕然于心者乎?吾有是身,固有天命于我者之性,学者亦惟尽吾性焉。尔尽性之大目,则君所谓为学大道理,所以尽之,所谓正功者也。夫能此之谓弘道,持此不懈在主敬,以察此惟恐以坏之在谨独。吾性既尽,然必尽人物之性,至于赞化育,参天地,乃为弘道之

---

① 黄宗羲:《姚江学案》,《明儒学案》(修订本)卷10,第178页。

② 黄宗羲:《明儒学案·师说》(修订本),第11页。

③ 马理:《尚书平川王公行实》,《谿田文集》卷5,《四库全书存目丛书》集部第69册。

④ 黄宗羲:《三原学案》,《明儒学案》(修订本)卷9,第164页。

⑤ 冯从吾:《谿田马先生》,《关学编(附续编)》卷4,第47页。

极功，而亦非吾性外事也。嗟乎！凡学于此者，其有惕然于心者乎？若徒以举业为务，以科目为念，以功名显达自期，待毁方合，以求避世俗之笑，则安用此书院，抑岂所谓弘道者哉？

王云凤指出，王承裕以“弘道”为书院之名，即表明书院的讲学并非只限于科举之学，而是以性理之学为主，以“尽性”为为学之道，不仅要尽吾人之性，还要尽人物之性，乃至于参赞天地、化育万物，这才是“弘道”之意。对此，马理也说：“先生（王承裕）教以宗程朱以为阶梯，祖孔颜以为标准。”[①]而在理学思想上，王氏父子除恪守程朱“主敬穷理”之外，还强调心性的修养，表现出重“心”的特色来。王恕说：“人能竭尽其心思而穷究之，则能知其性之理。盖性乃天之所命，人之所受，其理甚微，非尽心而穷究之，岂易知哉！既知其性，则知天理之流行而付于物者，亦不外是矣。”[②]又说：

吾心具天命之性，为神明之舍，含动静之机，知古今之事，作五官之主，为应酬之本，持变通之权，蓄治安之计，契圣贤立言之意，遵当仁不让之训，辨诸儒传注之非，释后学积年之惑，帅浩然刚大之气，存扶世立教之志。[③]

如果说在王恕那里，强调的还只是心的认识作用与能动作用，而到了王承裕那里，心就成了一身之主，强调的则是修身意义上的“正心”。他说：“人之一身，惟心为主，心正则身正，心不正则身亦不正矣。”“心正则身正，身正则万事皆正矣。是故正万事莫如正身，正身莫如正心也。”[④]从而凸显出对主体心性修养的重视。王氏父子思想上的这一特点与前述薛敬之等人的思想相似，都是要求学者由口耳记诵、辞章训诂转向身心道德修养。

第四，弘道书院讲学崇尚气节，不为空谈。《四库全书总目提要》说：“明世关西讲学，其初皆本于薛瑄。王恕又别立一宗，学者称为三原支派。大抵墨守主敬穷理之说，而崇尚气节，不为空谈。黄宗羲所谓风土之厚，而加之以学问者。”[⑤]王恕、王承裕父子讲学的这一特点对弘道书院诸生有较大影响，并影响了其他关中学者，如马理、雒昂与张原等人皆因上疏谏议而遭受廷杖，

① 马理：《尚书平川王公行实》，《谿田文集》卷5。
② 王恕：《石渠意见》卷3，《四库全书存目丛书》经部第147册。
③ 王恕：《心箴》，《王端毅公文集》卷3。
④ 王承裕：《进修笔录》，《少保王康僖公文集》卷1，清道光十八年刻本。
⑤ “《关学编》五卷”条，《四库全书总目提要》卷63，第356页。

雒、张二人并因此丧身。

第五，弘道书院的讲学也为明代关中地区培养了大量的理学人才。《弘道书院出身题名》即著录有42人，其中如马理、秦伟、雒昂、张原、李伸、赵瀛等人尤为有名。而在王承裕之后，马理与吕柟的讲学，更成就了明代关学发展的第一次高峰。

总之，王恕、王承裕父子的讲学，一方面开启了明代关中地区以书院为基础的讲学之风，另一方面则提倡经学与理学并重的教育方式，崇尚气节，不为空谈，并为关中培养了大量的理学人才。而其不拘泥于程朱传注，强调"以心证经"和重视主体的心性修养等特点则为明初关学的发展提供了新的思想资源。晚清关中学者柏景伟（沣西，1831—1891）就说："段容思起于皋兰，吕泾野振于高陵，先生王平川、韩苑洛，其学又微别。"[①]清末民初的张骥也说："北都沦陷完颜，代兴奉元，一脉不绝如缕，几同闰位。迨石渠公唱道三原，康僖缵承家学，学风丕变。"[②]这些都是在肯定三原学派不同于薛瑄河东之学以及它对明代关学发展所起的重要作用。

第三节　明代中期关学的"中兴"

一、马理在关中的讲学

在早期张杰、段坚、周蕙、薛敬之和王承裕的弘道书院讲学之后，明代关学终于迎来了其发展的第一个高峰，也称之为关学的"中兴"，这是从北宋张载以来关中理学的兴衰发展过程来说的。《宋元学案》说："关学之盛，不下洛学，而再传何其寥寥也？亦由完颜之乱，儒术并为之中绝乎？"[③]关学在张载之时，其兴盛不下二程的洛学，当时"关中学者郁兴，得与洛学争光"[④]。但自从张载去世后，其弟子吕大临等人投入二程门下，关学就逐渐趋于没落。后来北方又历经金、元的统治，关中地区的理学更加衰微。但是到了明代正德、嘉靖年间，关学得到了复兴。

---

① 柏景伟：《小识》，见冯从吾：《关学编（附续编）》，第69页。
② 张骥：《关学宗传·自序》。
③ 黄宗羲、全祖望：《宋元儒学案序录》，《宋元学案》卷首，第6页。
④ 黄宗羲、全祖望：《横渠学案上》，《宋元学案》卷17，第665页。

关学的再一次兴盛，离不开吕柟与三原学派的马理。冯从吾说："光禄（马理）与宗伯（吕柟）司马金石相宜，钧天并奏，一时学者歙然响风，而关中之学益大显明于天下。"[①]《（光绪）三原县新志》也说："关学自横渠后，在明惟高陵吕泾野为最著，而谿田则媲美泾野。"[②]马理在关中讲学的地方主要有三原的武安王祠和嵯峨精舍（书院）以及商州（今属陕西商洛）的商山书院。张骥说："（马理）设教武安王祠，督学渔石唐公为建嵯峨精舍以居生徒。"[③]唐龙（渔石，1477—1546）在《嵯峨精舍记》中说：

> 三原马子伯循诵先生之法，希圣贤之轨。典刑所昭，风声斯被。其诸弟子员振衣承响，喁喁以从，其集如云，其立如林。马子敝庐不葺，环堵萧然，而弟子多至，无所棲止，是故来远而居弗宁也，教勤而习弗专也。佥事周子宗化行县而知之，怃然而恻，乃议构精舍以尊其教。前令王成章曰："此实下吏治阙也。西有浮屠氏之宫，丛秽伏奸，大隳世典，诚易置之，岂惟正之用昌，即邪亦于是乎黜矣，而况民俗罔不厘乎！"宗化曰："善。"乃亟命毁之，易地以为基，徙材以为宇，命之曰嵯峨精舍。[④]

商山书院则是马理晚年讲学的地方。冯从吾说："先生喜接人，又喜汲引后生。年七十，归隐商山书院，名益重，来学者远近踵集，缙绅过访与海内求诗文者无虚日。先生亹亹应之不倦，山巾野服，鹤发童颜，飘然望之若仙。"[⑤]可见马理讲学影响之大。但与吕柟一样，马理的声名不仅限于关中一地，而且具有全国性的影响，甚至远播国外。正德年间，安南（今越南）贡使来京，曾专门向人打听马理的情况，希望能一见之。高丽（今朝鲜）国王则上奏明朝皇帝请求颁赐马理文章（即《送康太史奉母还关中序》），作为朝鲜士人学习和作文的典范。

在理学上，马理也以程朱为宗，恪守主敬穷理之学，对阳明学与佛老进行了严厉批判（见第六章第三节内容）。另外，马理对当时学者以口耳记诵、辞

---

① 冯从吾：《关学编（附续编）》，第 1 页。

② 焦云龙、贺瑞麟：《（光绪）三原县新志》卷 6，《中国方志丛书》，台北：成文出版社，1976 年版。

③ 张骥：《马忠宪公》，《关学宗传》卷 18。

④ 唐龙：《渔石集》卷 1，《四库全书存目丛书》集部第 65 册。

⑤ 冯从吾：《谿田马先生》，《关学编（附续编）》卷 4，第 48 页。

章训诂为学的现象也进行了批评，指出："今之学者有体无用，只缘止读得硬本子，不曾用身心工夫，故别无展拓，遇事便周章，莫措手处，反被刀笔吏笑。於戏，吾儒果真有体无用者哉？但不能用力于身心之学故耳。果能有用力于身心之学者，则天地国家可位、万物可育，于天下国家何有乎？"[①]即主张学问要以身心修养为主，而不是死读书本、一味记诵。马理对心性修养的重视，既与明初关学发展的趋势相接，又与当时学风的转向相关。在工夫上，马理特别重视"敬"与礼，而对理学传统的静坐和"体验未发气象"等修养方法则加以反对，认为其流于禅，有体无用。他说："敬非只是闭门叉手静坐，工夫要在随事谨恪做去。若只闭门静坐，即是禅学，有体无用。"[②]

除吕柟和马理之外，明代中期关学的兴盛还有赖于与其同时的朝邑的韩邦奇，富平的杨爵，渭南的南大吉（瑞泉，1487—1541）、南逢吉（姜泉，1494—1574）等人的努力。晚清关中学者柏景伟说：

> 关中沦于金、元，许鲁斋衍朱子之绪，一时奉天、高陵诸儒与相唱和，皆朱子学也。明则段容思起于皋兰，吕泾野振于高陵，先后王平川、韩苑洛，其学又微别，而阳明崛起东南，渭南南元善传其说以归，是为关中有王学之始。越数十年，王学特盛，恭定立朝，与东林诸君子声气相应，而邹南皋、高景逸又其同志，故于天泉证道之语不稍假借，而极服膺"致良知"三字。盖统程、朱、陆、王而一之，集关学之大成者，则冯恭定公也。[③]

以上虽然讲的是金、元、明以来关学的发展变化，但从中也可以看到吕柟生活的时代，关中人才辈出，而这也就是关学能够在此时出现兴盛的一个重要原因。

在以上这些著名关中学者中，南大吉与其弟南逢吉为王阳明的弟子，他们在家乡渭南的讲学，将阳明学传入关中，"是为关中有王学之始"。清末的张骥也说："迨石渠公唱道三原，康僖缵承家学，学风丕变，而渭南南氏兄弟以姚江高弟开讲湭西，稍稍门户分矣。"[④]并为以后冯从吾会通程朱、陆王奠定了思想基础。但由于南大吉兄弟的讲学影响多在渭南一地，而吕柟、马理与

---

① 冯从吾：《关中四先生要语录》卷2，《冯恭定公全书》附录二。

② 冯从吾：《关中四先生要语录》卷2，《冯恭定公全书》附录二。

③ 柏景伟：《小识》，见冯从吾：《关学编（附续编）》附录，第69页。

④ 张骥：《关学宗传·自序》。

杨爵等作为当时关学的主要代表对阳明学又都采取了批评或排斥的态度，故在嘉靖时期，阳明学在关中的影响有限，这一时期关学的主流仍是程朱之学。有关南大吉的思想和吕柟、马理、杨爵等人对阳明学的看法，我们将在后面章节中进行介绍，下面主要来了解一下韩邦奇的思想。

二、韩邦奇的气学思想

韩邦奇之学“原出王虎谷先生之门”[①]。王虎谷即王云凤，字应韶，山西和顺人。唐龙在《少司马涂水先生传》中说：“夫自薛文清公倡道河汾，先生与和顺王公云凤并宗其学。”[②]可见，韩邦奇之学可由王云凤而上溯至薛瑄，从学问渊源上来说是出自河东之学。另外，韩邦奇门人白璧也指出，韩邦奇“学问精到，明于数学，胸次洒落，大类邵尧夫，而论道体乃独取张横渠。少负气节，既乃不欲为奇节异行，而识度汪然，涵养宏深，持守坚定，躬行心得，中正明达，则又一薛敬轩也”[③]。这或多或少说明了韩邦奇的学问与薛瑄之间有着相似之处。虽然从学问渊源上，韩邦奇与薛瑄的河东之学有一定关系，但这种联系毕竟较为薄弱，因而也不能过于夸大薛瑄之学对其的影响。

韩邦奇的学问比较博杂，除理学外，还精通经学、音律、象数等。在理学上，韩邦奇主要是继承和发展了张载的气论，对朱子的理气说进行了修正。

首先，韩邦奇反对朱子的理气二分，把理和气看作是宇宙中两个各自独立的实体，而认为“天地万物本同一气”（《正蒙拾遗·太和篇》），“天地之间，气而已。分而为二，则为阴阳而五行，造化万物”[④]。那么，理在何处？韩邦奇说：

> 混沌之初也，一元之气，渣滓融尽，湛然清宁，而万象皆具一极中，《易》所谓太极，天之性也。及其动静继成之后，气化形生，并育并行，是天率天之性而行，是之谓天道。（《正蒙拾遗序》）
>
> 一元未辟，浑浑沌沌，太极之未形也，是天之性也。如尧舜之

---

① 杨绍武：《理学备考序》，见范鄗鼎：《理学备考》，《四库全书存目丛书》史部第121册。

② 寇天叙：《涂水先生集》卷6，《四库全书存目丛书》集部第65册。

③ 白璧：《读苑洛先生语录》，见韩邦奇：《苑洛先生语录》卷末，《四库全书存目丛书》子部第7册。

④ 韩邦奇：《启蒙意见》卷1，《性理三解》，清嘉庆七年重刻本。

心，至静未感，万理咸具，即太极也，是尧舜之性也。（《正蒙拾遗·太和篇》）

这两段话说明，天地之初只有气而已，只是混沌未分、湛然清宁的一元之气。“元气”本身即是气，又是太极之理、天之性，此时的气自然是全气为理，或者说是即气即理，即理即气，因此理不是存在于气之外或气之中的另一物，主宰、支配着气，而就是湛然清宁的“元气”在运动变化过程中自身所呈现出来的一定秩序和条理。这种秩序、条理和规律是必然的，而不是偶然为之的，所以可以说气原是有理的，理是气本身固有的。可见韩邦奇的思想属于气学①，而明显与薛瑄的“理在气中”的理气二元论不一样。

其次，既然“元气”既是气，又是太极之理、天之性，因此韩邦奇反对宋儒把“道”与气分成形而上与形而下，并以太极和理来规定“道”而将“道”置于气之上。他认为，“道”其实就是人们通常所说的“路”，是就“流行发见者而言”（《正蒙拾遗·太和篇》）的，所谓：

人有人之性，人率人之性而行，发而见诸行事为道，子思所谓“率性之谓道”是也。天有天之性，天率天之性而行，发而见诸化育流行为道，孔子所谓“一阴一阳之谓道”是也。至于凡物，卵为性，发而为鸡，知觉运动是道也；核为性，发而为树，荣瘁开落是道也，孔子“逝者如斯”、子思“鸢飞鱼跃”皆谓是也。（《正蒙拾遗·太和篇》）

可见，“道”只是“元气”即太极之理、天之性的流行发用，所谓“发而见诸行事为道”“发而见诸化育流行为道”，因此理与道、性与道之间只有隐与显之别，它们只是“元气”在不同阶段的不同表现而已，其间并无本质区别，属于“一物而两名”。在此意义下，可以说道是“感而遂通”者，太极、性和理是“寂然不动”者，若以“道”为太极为理，就是以感为寂、以动为静、以已发为未发，颠倒了二者之间的关系。如果用体用关系来说明的话，韩邦奇指出：“性是天之性，太极之理，体也。道是天之道，天率天之性，一阴一阳之迭运化育流行，用也。然皆实理也。”（《正蒙拾遗·诚明篇》）太极、性和理是体，“道”则是

① 气学有不同的类型，不同类型的气学对气与理的认识也不同，相关研究参见杨儒宾：《两种气学，两种儒学》，《台湾东亚文明研究学刊》第3卷第2期，2006年；杨儒宾：《检证气学—理学史脉络下的观点》，《汉学研究》第25卷第1期，2007年；杨儒宾、祝平次：《儒学的气论与工夫论》，上海：华东师范大学出版社，2008年版；刘又铭：《理在气中：罗钦顺、王廷相、顾炎武、戴震气本论研究》，台北：五南图书出版公司，2000年版。

用，不能将二者混同。不过，因为性与理并不是气之外的另一物，故韩邦奇的性体道用之分并非是朱子“理气二分”下的体用关系，而是在一气之中划分的体与用。

最后，韩邦奇也强调学问之要在于个体的身心修养，因此他主张“养心”，但韩邦奇反对以静坐为心性涵养的方法。他说：“此心运而不息，有如江河汪洋浩荡，流而不息，养心之道如禹之治水，去其壅塞耳。若夫闭目静坐，使此心如槁木死灰，是池沼之澄清耳。”（《见闻考随录一》）又说：

> 心之当养，无间动静里居之日。供耒耜、远服贾，亦养心之时也。临政之时，诘讼狱、裁檄牒，亦养心之时也。于凡应对宾客，盘桓樽俎，莫非养心之时。孔子曰：“出门如见大宾，使民如承大祭。”此之谓也。若夫凝然正坐，却除世事，则佛氏之养心也。吐纳导引、使不内耗，则仙家之养心也。三代之士最为精粹，秦、汉及唐，质美暗合，下此类多禅学矣。（《见闻考随录一》）

韩邦奇指出，儒家的“养心”是无间于动静的，特别是要在事上“养心”，所谓“必有事焉”，那种闭目静坐、除却世事则是佛氏之养心，而吐纳导引，使身体不内耗则是道教之养心。具体来说，韩邦奇说的“养心”要从两方面去做：“此心应事接物时及念虑萌动时，此时省察斟酌，使必合乎理，便是养心。事物未来，念虑未萌，敬以持之，亦养心之道也。”（《见闻考随录一》）这就是说，在事物未来、念虑未萌之时，要“敬以持心”，即用“敬”来存养天理，“勿使非念之萌”。韩邦奇说：“念虑未萌，此天理浑全无亏损时，人于此时便能存养，虽有非念之发，遏之较易。若未发时不用工夫，非心之发如湍水之决、六马之驰，其遏难矣，日用体验自见。”（《见闻考随录一》）又说：“人能敬以持心，虽盛暑正午之时，衣冠而坐亦不觉热，虽熟睡时其体亦自不放。”（《见闻考随录一》）而在应事接物和念虑萌动之时，则要省察此心是否符合道义，“一有非念之萌即遏之，勿使达之事为之著”（《见闻考随录一》）。动静结合，这才是真正的“养心”之法，故曰：“《中庸》戒慎谨独，一日行之则一日圣贤，一月行之则一月圣贤，终身行之则终身圣贤。”（《见闻考随录一》）可见，韩邦奇所说的“养心”之法也就是朱子讲的静存动察，亦即同时做戒慎恐惧与慎独之工夫。

除了戒惧与慎独之外，“养心”还需要有礼的参与。韩邦奇说：“学者动静起居，虽暗室屋漏之际，寝卧之时，亦矜持礼节，然后接物时从容自得。若隐显不一,在人前虽勉强矜持,终不自然,必有脚忙手乱时。”(《见闻考随录一》)这是关学“重礼”精神在韩邦奇思想中的体现。此外,穷理、博学、切问等这些工夫对于“养心”也是必要的。因此,“养心”是合内外之道的,内而戒惧慎独,外而格物穷理、持礼守礼。当然,韩邦奇也指出,“养心”工夫并不容易,即使像颜子那样的贤人也只能做到“三月不违仁”,因此学者在进行“养心”时,固要时时刻刻不放松,但也不能把持太过,否则反而会有害。他说:“学者养心之法,固不可令其放逸,亦不可太拘,反为心害。”(《见闻考随录一》)“养心”应该像孟子说的“必有事焉,而勿正,心勿忘,勿助长”(《孟子·公孙丑上》)最好。

以上是韩邦奇理学思想的一些主要特点,从中既可以看出朱子学对他的影响,也可以看到他对朱子学的修正。事实上,从当时的关中学者来看,韩邦奇对朱子学的修正(主要在理气论上)并不是唯一的,与之同时的吕柟、马理等人也体现出“重气”的思想以及反对静坐、“体验未发”的工夫修养方法。因此,总的来说,明代中期的关学虽然在为学方向上仍以朱子为宗,但它已经不像明初关学那样只是墨守程朱之学,而是从理气论、工夫论上都做了相应的改变,而且张载读经重礼、躬行实践的学风也越发显得突出。

然而,随着韩邦奇、马理在嘉靖三十四年(1555)去世后,而此时,吕柟、杨爵、南大吉等人则早已逝去,关学逐渐走向衰落,人才凋零,此后数十年间没有再出现较大的讲学活动,也没有出现像吕柟、马理这样在全国都有影响力的学者。万历初年关中学者马自强(乾庵,1513—1578)就曾感叹道:“关中成、弘间人才济济称盛。自嘉靖来渐衰,至于今日,则寥落而孤弱极矣。”[①]这段时期,关中较有影响的学者,渭南有南逢吉建姜泉书院,“收训子侄门人,接引后学”[②]。泾阳则有吕潜(槐轩,1517—1578)、郭郛(蒙泉,1518—1605)和张节(石谷,1503—1582)等人的讲学。作为吕柟弟子的吕潜,“凡一言一动,率以泾野为法”,“刻意躬行,远声色,慎取予,一毫不苟,而尤严于礼,诸冠婚丧祭,咸遵文公惟谨,即置冠与祭器,式必如古人,或以为迂,弗恤也”[③]。而郭郛也是“笃于伦理而兢兢持敬,自少至老,一步不肯屑越”,认为:“学道全

① 马自强:《与孙侍御》,《马文庄公文集选》卷10,《四库禁毁书丛刊补编》第66册。

② 马自强:《山西按察司副使南公逢吉志铭》,见焦竑:《国朝献征录》卷97,《续修四库全书》第530册。

③ 冯从吾:《槐轩吕先生》,《关学编(附续编)》卷4,第55—56页。

凭敬作箴,须臾离敬道难寻”[①]。张节虽然也是吕柟弟子,但因早年曾从学于湛甘泉,比较偏向心性本原的涵养与体认,“日坐南园草屋中读书穷理,涵养本原,至老不倦,即恶衣粝食澹如也。尝语学者曰:‘先儒有云默坐澄心,体认天理,又云静中养出端倪,吾辈须理会得此,方知一贯真境。不尔纵事事求合于道,终难凑泊,不成片段矣’”[②]。

关学在嘉靖后期至万历初年的衰落一直持续到万历十二年(1584)终于有所改变,这一年,许孚远(敬庵,1535—1604)出任陕西提学副使,并讲学于正学书院,关学于是迎来了新的发展机遇。

第四节 冯从吾与晚明关学

一、冯从吾对关中讲学的重振

许孚远之学出自唐枢(一庵,1497—1574),是湛若水的再传弟子。唐枢对“甘泉之随处体认天理,阳明之致良知,两存而精究之”[③],这一态度明显影响了许孚远。不过,许孚远虽然笃信阳明学,属调和湛、王者,但他对晚明流行的“无善无恶”论则极力反对,曾做《九谛》与周汝登(海门,1547—1629)进行辩论。许孚远的这种学术倾向在他督学关中时又深深影响了冯从吾和张舜典(字心虞,号鸡山)等关中学者。

先是,许孚远在西安正学书院的讲学,延请蓝田的王之士和西安的樊天叙(看山、与枫,1519—1586)主讲,张骥《关学宗传》说:“乙酉(1585),德清督学关中,讲学正学书院,先生(王之士)故许同志友也,礼延先生,先生亦乐就之,相为切磨,多士皆有所兴起。”[④]又说:“德清许敬庵督学关中,延先生(樊天叙)暨蓝田王秦关主讲正学书院。未几,卒,年六十八,敬庵以诗哀之,有‘希踪古道贫逾力,问学吾门老更虚’之句。”[⑤]当时,冯从吾与张舜典也都参

① 冯从吾:《蒙泉郭先生》,《关学编(附续编)》卷4,第58页。
② 冯从吾:《槐轩吕先生》附,《关学编(附续编)》卷4,第57页。
③ 黄宗羲:《甘泉学案四》,《明儒学案》卷40,第948页。
④ 张骥:《王秦关先生》,《关学宗传》卷22。
⑤ 张骥:《樊敦夫先生》,《关学宗传》卷22。

与了正学书院的讲学，与王之士“相与论格物、论未发及《太极》《西铭》之旨”[1]。许孚远离任之后，关中讲学并没有因此沉寂下去，他所重新振兴的关中讲学之风在冯从吾手里得到发扬光大，关学也由此迎来了它在明代发展的第二个高峰。

冯从吾是陕西长安人，从学于许孚远，属湛门后学。以冯从吾为代表的晚明关学是当时思想界中一支不可忽视的力量，“与邹元标、高攀龙鼎足相映”[2]。刘宗周说：“冯先生，今之大儒也，倡道关西，有横渠之风而学术醇正似之。”[3]而若从宋代以来关学的发展来看，冯从吾也具有相当的代表性，邹元标说：“横渠之后，明有仲木，今有仲好，可称鼎足。”清初关中大儒李颙（二曲，1627—1705）也说：“关学一脉，张子开先，泾野接武，至先生而集其成，宗风赖以大振。”[4]王心敬（丰川，1656—1738）在《关学续编》中亦曰：“论者谓‘关中自杨伯起、张横渠、吕泾野三先生后，惟先生一人’，信不诬云。”[5]冯从吾在晚明关学中的重要地位，首先体现在他重振了明代中期以来关中的讲学之风，并将关中讲学推向新的发展高峰。

万历十七年（1589），冯从吾考中进士，后授御史职。但仅过了三年左右，在万历二十年（1592）时，冯从吾就辞病回乡，与友人萧辉之等在西安城南的宝庆寺讲学。除了中间一次短暂的出仕经历外，冯从吾在宝庆寺的讲学一直持续到万历二十六年（1598）。宝庆寺讲会每月举行三次，主要讲论儒家性理之学，不过，与同时的顾宪成（泾阳，1550—1613）、高攀龙（景逸，1562—1626）的东林书院不同，冯从吾禁止在讲会中讨论政治、臧否政治人物和政事得失等。他在《学会约》中说：

> 岁丙申（1596）秋，余与诸君子立会讲学于宝庆寺。越数会，诸君子请余言为会约……会期每月三会，初一、十一、廿一。以中午为期。不设酒醴，不用柬邀。……会期讲论毋及朝廷利害、边报差除，毋及官长贤否、政事得失，毋及各人家门私事、与众人所作过失及词讼请托等事、亵狎戏谑等语。其言当以纲常伦理为主，其书当以四

---

① 冯从吾：《秦关全书序》，《冯恭定公全书》卷13。

② 杨复亨：《少墟冯先生行实》，《冯恭定公全书》续集卷5。

③ 刘宗周：《都门语录序》，《冯恭定公全书》续集卷1。

④ 李颙：《答董郡伯》，《二曲集》卷17，北京：中华书局，1996年版，第181页。

⑤ 王心敬：《少墟冯先生》，见冯从吾：《关学编（附续编）》，第58页。

书五经、《性理》《通鉴》《小学》《近思录》为主，其相与当以崇真尚简为主，务戒空谈，敦实行，以共任斯道。①

后来因为身体的原因，冯从吾在万历二十六年（1598）开始闭关养病，不再参加讲会，并借此机会一意钻研学问，考辨学术源流。直到九年后即万历三十四年（1606）时，冯从吾才又重新复出讲学，仍讲于宝庆寺。随后，由于前来听讲的人越来越多，讲学的规模也越来越大，以至宝庆寺容纳不下，于是西安府的官员于万历三十七年（1609）在宝庆寺东面为冯从吾修建了一所书院，即关中书院。对于关中书院的创建，冯从吾记述说：

岁己酉（1609）十月朔日，右丞汪公、宪长李公、宪副陈公、学宪段公联镳会讲，同志几千余人，相与讲心性之旨，甚具欢然，日晡始别。诸公谓余曰："寺中之会，第可暂借而难垂久远，当别有以图之。"明日，即以寺东小悉园，檄咸、长两邑，改为关中书院，延余与周淑远诸君子讲学其中。②

关中书院自创建后很快就发展成为与无锡顾宪成、高攀龙主讲的东林书院，吉水邹元标主讲的江右书院，南直余懋衡主讲的徽州书院相齐名的书院，《（康熙）徽州府志》说："海内书院最盛者四，东林、江右、关中、徽州，南北主盟，互相雄长。"③影响所及，四方从学者多达千余人，冯从吾也因此被称为"关西夫子"。除了在关中书院讲学外，冯从吾还多次前往周边地区讲学，如华阴的太华书院和三原等地。冯从吾在关中书院的讲学一直持续到天启元年（1621），这一年，冯从吾应诏赴京。第二年，与邹元标在京师共建首善书院，邀集诸同志倡明斯道。但由于政治上的残酷斗争，当年十一月，冯从吾即被迫奉旨归里，途中又讲学于伊洛之间。回到家乡后，仍继续从事著述和讲学，直到天启六年（1626）关中书院被毁。

另外，除了冯从吾在关中书院讲学外，当时关中地区还有凤翔的张舜典亦以学识和讲学闻名。张舜典"主盟岐阳，而从游亦众，一时有'东冯西张'之称。学者尊之，不敢轩轾焉"④。李颙说："凤翔张鸡山先生，明季理学真儒也，深造自得，洞彻大原，与长安冯少墟先生同时倡道，同为远迩学者所宗，横

① 冯从吾：《（宝庆寺）学会约》，《冯恭定公全书》卷6。

② 冯从吾：《关中书院记》，《冯恭定公全书》卷15。

③ 赵吉士：《（康熙）徽州府志》卷12，清康熙三十八年刻本。

④ 王心敬：《鸡山张先生》，见冯从吾：《关学编（附续编）》，第76页。

渠、泾野而后,关学为之一振。”[①]康熙时的学者许孙荃(生洲,1640—1688)亦指出:“有明关学,继文简公(即吕柟)而起者,长安则有冯少墟先生,岐阳则有张鸡山先生。二公生同时,东西相望,相与往复辩论,倡明斯道。学者景从,一时称极盛焉。”[②]可见,对晚明关学的振兴,张舜典也起了较大的作用。

二、冯从吾与晚明关学的心性转向

冯从吾在晚明关学中的重要地位还表现在他将关学引入到心性的领域,使关学由“主敬穷理”转向对心性本体的体认。正如我们在前面所指出的,在冯从吾之前,关中地区虽有阳明学的传播,但关学的主流一直是朱子学,恪守“主敬穷理”之传,重视经学与礼教。而冯从吾在很小的时候,其父就教以王阳明的“个个人心有仲尼”之诗,后来又从学于许孚远,受许孚远调和湛、王的影响,冯从吾对王阳明的良知学也极为笃信。邹元标说:“公学虽有宗,然于新建亦极笃信,曰:‘致良知三字泄千载圣学之秘,有功吾道甚大。’”[③]在家学与许孚远的双重影响下,冯从吾对学问的看法也发生了极大变化,他认为:“自古圣贤学问,总只在心上用功,不然即终日孳孳,总属枝叶。”[④]又说:“窃谓圣贤之学,心学也。心之不养而徒事于枝叶间,抑末矣。”[⑤]既然学问是以心性为主,以恢复本心之明或本性之善,那么工夫也主要在于心性的修养上,因此冯从吾对程朱的“格物穷理”和关学所重视的经学与礼教很少讨论,在他看来,工夫应该主要从“一念未起”和“一念方动”时来做。冯从吾说:

> 道体原是圆满,不分动静。静时乃道之根本,方动时乃道之机括,动时乃道之发用。学者必静时根本处得力,方动机括处点检,动时发用处停当,一切合道,然后谓之不离。然必在静时根本处预先得力,方动机括处再一点检,然后动时发用处才得停当,故特举不睹不闻与独处言之,此先天之学,而后天自不待言。[⑥]

冯从吾把静看作是道之根本,方动时看作是道之机括,动时则为道之发

---

① 李颙:《题张鸡山先生语要》,《二曲集》卷19,第222页。
② 许孙荃:《鸡山语要序》,见张舜典:《鸡山语要》,关中丛书本。
③ 邹元标:《少墟冯先生集序》,见冯从吾:《冯恭定公全书》。
④ 冯从吾:《辨学录》,《冯恭定公全书》卷1。
⑤ 冯从吾:《丁未冬稿序》,《冯恭定公全书》卷13。
⑥ 冯从吾:《答杨原忠运长》,《冯恭定公全书》卷15。

用，认为学者必须在“静时根本处得力，方动机括处点检，动时发用处停当”，一切都要合道。显然，这是一个由静到动、工夫一步一步向下落实、向下贯通的过程，而这种工夫上的严密正是冯从吾所重视的，这从下面的一段话中更可以见到：

夫喜怒哀乐中节固也，若必待已发而后求中节；子臣弟友尽道固也，若必待既感而后求尽道，则晚矣。故必当一念方动之时而慎之，而后能中节尽道也，此慎独之说也，故曰“其要只在谨独”。虽然又必待念起而后慎之，则亦晚矣。故必当一念未起之时而慎之，而后能中节尽道也，此戒慎不睹、恐惧不闻之说也，故曰“静中看喜怒哀乐未发气象”。①

因此，工夫的重心是在静时的涵养与方动时的点检，用冯从吾的话来说就是“一念未起，则涵养此心；一念方动，则点检此心”②，也就是存养与省察同时进行，不偏一边，前者是戒慎恐惧、静坐之工夫，后者则是慎独之工夫。这种工夫修养方法当是来自朱子，朱子就指出：“‘戒慎’一节，当分为两事，‘戒慎不睹，恐惧不闻’，如言‘听于无声，视于无形’，是防之于未然，以全其体；‘慎独’，是察之于将然，以审其几。”③故黄宗羲说：“先生（冯从吾）受学于许敬庵，故其为学，全要在本原处透彻，未发处得力，而于日用常行，却要事事点检，以求合其本体。此与静而存养，动而省察之说，无有二也。”④不过，由于冯从吾把静视为是道之根本，所以有时他更注重静时的存养。他说：“学问之道，全要在本原处透彻，未发处得力。本原处一透，未发处得力，则发皆中节，取之左右自逢其原，诸凡事为自是停当。不然，纵事事点检，终有不凑泊处。”⑤这就是说，如果能够做到“本原处透彻，未发处得力”，即时时刻刻保持心体的湛然虚明，那么方动处就自然能够点检，其发用也就自然能够停当，“随其所遇，不必一一推勘，而纲常伦理自然尽道，喜怒哀乐自然中节，视听言动自然合礼”⑥。也正因为此，在理学的各种修养工夫中，冯从吾更强调“静

---

① 冯从吾：《关中书院记》，《冯恭定公全书》卷 15。
② 冯从吾：《关中书院记》，《冯恭定公全书》卷 15。
③ 黎靖德：《朱子语类》卷 62，第 1502 页。
④ 黄宗羲：《甘泉学案五》，《明儒学案》（修订本）卷 41，第 981—982 页。
⑤ 冯从吾：《关中书院语录》，《冯恭定公全书》卷 12。
⑥ 冯从吾：《关中书院语录》，《冯恭定公全书》卷 12。

中体验未发气象"和静坐,他说:

> 喜怒哀乐未发之中,此千古圣学之源。学者须在此处得力,然后能发皆中节,故罗豫章教李延平"静中看喜怒哀乐未发气象",而陈白沙亦云:"吾儒自有中和在,谁会求之未发前?"[1]

静中体验未发气象是程门杨时"道南一脉"的工夫指诀,对于如何做这一工夫,冯从吾指出:

> 未发工夫不是面壁绝念,求之虚无寂灭之域,只凡事在平常无事时,预先将性命道理讲究体认,戒慎不睹,恐惧不闻,只在性体上做工夫,使心常惺惺,念常亹亹,时时讨得湛然虚明气象,便是未发用力处,亦便是未发得力处,如此有不发,发皆中节矣。非以一概无念为未发,以静中看未发气象为起念、为发也。豫章、延平得伊、洛真传,正在于此。[2]

这就是说,"静中看喜怒哀乐未发气象"并不是如字面意思一样要摒弃一切念虑,做到"无念",而是在"平常无事时,预先将性命道理讲究体认",即通过戒慎恐惧工夫,使此心"常惺惺",念"常亹亹",从而让心体时常处于或保持一种湛然虚明的状态,而这种"湛然虚明"在冯从吾看来就是未发气象,能做到这一点,就是未发之用力处,也是未发之得力处。冯从吾这样来解释"未发工夫",是为了与禅学区别开来,以防学者把"体验未发"等同于禅定,离开戒慎恐惧而悬空去看一个"未发气象",并把这种"澄然湛然"的景象当作心之本体,从而陷入到"玩弄光景"之中。[3]

除"静中体验未发气象"之外,冯从吾对静坐也非常重视,甚至称其为"吾儒养心要诀"[4]。他说:"余性素喜静坐,坐久静极,不惟妄念不起,抑且真念未萌,心体惟觉湛然,当下更无纷扰,心甚乐之。"[5]又说:"自每旬会讲外,日惟闭关静坐,每静极则此心湛然,如皓月当空,了无一物,似乎少有所

---

① 冯从吾:《疑思录二》,《冯恭定公全书》卷2。

② 冯从吾:《太华书院会语》,《冯恭定公全书》卷9。

③ 晚明王学比较注重对良知本体的体悟,学者中多有通过静坐来体验"未发气象"的,因此也多有"玩弄光景"的现象。相关讨论可参见陈来:《儒学传统中的神秘主义》,载《中国近世思想史研究》,北京:生活·读书·新知三联书店,2010年版,第341—373页。

④ 冯从吾:《答杨原忠运长》,《冯恭定公全书》卷15。

⑤ 冯从吾:《答黄武皋侍御》,《冯恭定公全书》卷15。

窥。”[①]可见，冯从吾对静坐的重视是建立在自己亲身体验的基础上，而非“玩弄光景”。从以上所论我们可以看出，在本体上，冯从吾继承了心学“发明本心”“先立乎其大”的特点，把确立形上道德本体作为学问的重心，而在工夫论上，则吸收了程朱的工夫修养方法，体现出一种融合会通的特色。

冯从吾的思想特质，无论是在本体上还是在工夫上，都显示出与其之前的关学不同，而这种不同还表现在他对张载以来关学代代相沿的“以礼为教”的认识上。在冯从吾之前，关中学者主要是从对礼仪制度的探讨和践行来发扬张载礼学的，而相比之下，冯从吾更重视的却是礼仪背后的价值根源，他说：“礼仪三百，威仪三千，皆吾心自有之节文，非外假也。以其所自有而非外假也，故曰复。”[②]又说：“‘求’字不是在外边纪纲法度上求，只是在自家心上痛痒相关、一体不容已处求。于此处求，则纪纲法度一一皆从一体不容已处流出。”[③]在冯从吾看来，人的“一念不容已”之心就是社会礼仪制度的价值之源，如果舍弃吾人的心性而只追求对外在礼文的遵从，就会将礼形式化，造成体（本心）与用（礼）的割裂，从而导致道德实践缺乏必要的动力，故冯从吾说：“圣道在心不在迹。”[④]将心迹之辨看作是判断道德价值根源的关键所在。于是，明代前期关学那种对礼教的重视开始逐渐被心性的涵养、本体的体认所代替，而这种影响一直持续到清初李二曲和王心敬那里。

冯从吾对关学的发展还体现在他针对晚明学术纷争的现状，会通朱王，主张“本体工夫合一”，走出了一条自己的学问之路。冯从吾生活的时代，朱子学与阳明学之间的门户之争以及后学末流中出现的弊端非常严重，特别是王门中的一些学者空谈心性、脱略工夫，或以情识为良知、蔑视礼教，使王学逐渐沦为空疏浅薄之学。刘宗周即批评说：“今天下争言良知矣，及其弊也，猖狂者参之以情识，而一是皆良；超洁者荡之以玄虚，而夷良于贼，亦用知之过也。”[⑤]面对这种现象，晚明思想界开始出现了一股批评与匡正的思潮，一些有识之士力图调和二者以救正其失，甚至重新转向朱子学，这其中尤以顾

① 冯从吾：《答涂镜源中丞》，《冯恭定公全书》卷15。

② 冯从吾：《疑思录四》，《冯恭定公全书》卷3。

③ 冯从吾：《疑思录二》，《冯恭定公全书》卷2。

④ 冯从吾：《东游稿序》，《冯恭定公全书》卷13。

⑤ 刘宗周：《证学杂解》，《刘宗周全集》第2册，杭州：浙江古籍出版社，2007年版，第278页。

宪成、高攀龙等东林学者为代表。在顾、高二人看来，尽管朱子与王阳明各有所长也各有所短，但相较之下还是朱子的学问对世道人心更能发挥积极的导向作用，如顾宪成说：

阳明先生开发有余，收束不足。当士人桎梏于训诂词章间，骤而闻良知之说，一时心目俱醒，恍若拨云雾而见白日，岂不大快！然而此窍一凿，混沌几亡，往往凭虚见而弄精魂，任自然而藐兢业，陵夷至今，议论益玄，习尚益下，高之放荡而不经，卑之顽钝而无耻，仁人君子又相顾裴回，喟然太息，以为倡始者殆亦不能无遗虑焉而追惜之，此其所以逊元公也。①

也正因为此，东林学派在会通朱、王的同时，显示出向朱子学回归的趋势，日本学者冈田武彦就称："东林学是经由王学而产生的新朱子学。"②而作为东林同调的冯从吾面对这种学术纷争、调和朱王的思想氛围中，他并没有倾向于哪一方，而是用"本体工夫合一"的方法将朱子学与阳明学进行了会通。正如清末关中学者柏景伟说的："恭定立朝，与东林诸君子声气相应，而邹南皋、高景逸又其同志，故于天泉证道之语不稍假借，而极服膺'致良知'三字。盖统程、朱、陆、王而一之，集关学之大成者，则冯恭定公也。"③在冯从吾看来，晚明之时学术多歧、议论不一，就在于不能正确把握本体与工夫的关系，他说：

近世学术多歧，议论不一，起于本体、工夫辨之不甚清楚。……若论工夫不合本体，则泛然用工夫必失之支离缠绕；论本体而不用工夫，则悬空谈体必失之捷径猖狂，其于圣学终隔燕越矣。④

学者往往舍工夫而专谈赤子之心，则失之玄虚；舍赤子之心而专谈工夫，则失之支离，心学几为晦蚀。⑤

这也就是说，对于本体与工夫，人们往往是偏执于其中的一端，或舍工夫而言本体，从而使本体陷于空虚，甚至产生随任情识之弊；或舍本体而用工夫，从而忽略对本体的透悟，造成工夫陷于支离。而要改变这一现状，冯从吾

---

① 顾宪成：《小心斋札记》卷3，台北：广文书局，1975年版。

② 冈田武彦：《王阳明与明末儒学》，上海：上海古籍出版社，2000年版，第356页。

③ 柏景伟：《小识》，见冯从吾：《关学编（附续编）》附录，第69页。

④ 冯从吾：《答杨原忠运长》，《冯恭定公全书》卷15。

⑤ 冯从吾：《桃冈日录序》，《冯恭定公全书》卷13。

认为就必须正确认识本体与工夫的关系，将二者统一起来。也就是说，在对待程朱、陆王之学上，应该是去短集长，不使其瑕瑜相掩，而不能“是陆非朱”或“是朱非陆”。具体来说，就是要：

识得本体，然后可做工夫；做得工夫，然后可复本体。此圣学所以为妙。[1]

所谓“识得本体，然后可做工夫”，就是说工夫与本体必须相应一致，亦即工夫必须合于本体，如此工夫才是直达性天的关键性工夫，否则就是以工夫为义外而泛然用功，其结果便是支离。王阳明即指出：“工夫不离本体。本体原无内外，只为后来做工夫的分了内外，失其本体了。如今正要讲明工夫不要有内外，乃是本体工夫。”（《传习录下》）然而，“识得本体”毕竟只是学问的起点，此时学者还不能做到时时是此心，还需要有工夫的修持与保任才能恢复本心之明，这就是“做得工夫，然后可复本体”之意。可见，本体与工夫是相辅相成，互为其用的，是一个统一的过程。也只有在“识得本体”与“做得工夫”的动态发展过程中，才能实现二者的合一，展示出本体工夫合一的全幅意蕴。

不过，由于看到晚明王学过于追求对本体的体证而脱略工夫实践，从而陷于猖狂无忌惮之中，冯从吾有时又非常强调工夫的重要性。他在给高攀龙的信中就说：“学问源头，全在悟性，而戒慎恐惧，是性体之真精神；规矩准绳，是性体之真条理。于此少有出入，终是参悟未透。今日讲学，要内存戒慎恐惧，外守规矩准绳。如此才是真悟，才是真修。”[2]可见，对性体的透悟是靠真切的道德实践来完成的，所谓：“日用平常自有天，如何此外觅空玄。请看鱼跃鸢飞趣，多少真机在眼前。”[3]否则，就是空谈性理，空谈良知。所以李二曲说：“晦庵之后，又堕于支离葛藤，故阳明出而救之以致良知，令人当下有得。及其久也，易至于谈本体而略工夫，于是东林顾、高诸公，及关中冯少墟出而救之以敬修止善。”[4]当然，由于强调本体与工夫合一，故冯从吾所说的工夫，是合于本体的工夫，亦即是本体的工夫，其一方面是工夫，另一方面又是本体的呈现和落实，总之，不会陷入到泛然用功、支离缠绕之中。而为了使工夫成

---

① 冯从吾：《疑思录二》，《冯恭定公全书》卷2。

② 冯从吾：《答高景逸同年》，《冯恭定公全书》卷15。

③ 冯从吾：《自省吟》，《冯恭定公全书》卷17。

④ 李颙：《南行述》，《二曲集》卷10，第76页。

为本体的工夫，冯从吾又非常重视对本体的透悟，他经常引用王阳明的“不离日用常行内，直造先天未画前”之诗句来说明体悟本体的重要性。

而相对于冯从吾，张舜典的思想虽然没有那么丰富详尽、深刻透彻，也没有留下多少著述，但从其仅存的《鸡山语要》中可以看出，张舜典在晚明关学的心学化和会通朱王这两点上与冯从吾相一致。如张舜典的学问以“明德”标宗，而他所谓的“明德”即是王阳明讲的良知：

> 夫何谓之明德？“德”谓心之良能，“明”谓心之良知，一体而二名。（《鸡山语要·明德集》）
>
> 明德者本性之尊称，即本性之实际也，非从外来，乃自有之自然，天然不待学习，不烦拟议……在圣不增，在凡不减，大行不加，穷居不损，夭寿不二，分定故也。放之则弥六合，卷之则退藏于密，统之为明德，分之为仁义礼智。（《鸡山语要·明德集》）

可见，“明德”就是每个人生来固有的、不学不虑的先天道德本体—良知。而在会通朱王、主张本体工夫合一这方面上，张舜典亦强调“明德”与“致曲”并重，并用其来命名自己的著作（即《明德集》与《致曲言》），其用意明显可见。“明德”即是先天良知，同时也是学问宗旨。“致曲”则为工夫，通过“致曲”来“明明德”，使“心体清明，寂而常照”（《鸡山语要·明德集》）。而工夫又可分为“即本体以为工夫”和“由工夫以复本体”两种，前者是自然致之的工夫，是“以本体为工夫”；后者则是勉力为之的工夫，是“以工夫复本体”。但无论哪一种工夫，都说明了本体与工夫不可分离。

有所不同的是，冯从吾虽然提倡存养与省察、戒惧与慎独不偏一边，但在另一方面，他还是比较倾向静时的存养，以静为道之根本，而张舜典则更重视“慎独”，认为“圣学工夫只是慎独”“慎独是存心养性之口诀，不堕空，不滞有”（《鸡山语要·致曲言》），从而显示出二人在工夫上的分别。

但不管怎么说，虽然明代关学最终走向了心性之学的领域，但由于冯从吾与张舜典都非常注重工夫的实修实践，强调朱子学中那种严格的道德实践，因此，“迄明末造，风会中蚀，而关学独以醇正称于天下”①。不过，令人惋惜的是，冯从吾所推动的关学发展高峰，在他与张舜典去世后便逐渐衰落下去，李二曲说：“两先生没而讲会绝响，六十年来提倡无人，士自辞章记诵之

---

① 许孙荃：《四书反身录序》，见李颙：《二曲集》卷29，第393页。

外，不复知理学为何事、两先生为何人。间有知冯先生者，不过依稀知其为冯侍御、冯司空，有遗书。”[1]

① 李颙：《题张鸡山先生语要》，《二曲集》，第222页。

第三章　吕柟的理气论

理气关系是宋明理学中的一个重要问题。从明初薛瑄等人的"理在气中"开始,"重气"思想逐渐成为一种趋势,最后则发展出了以罗钦顺的"理气一物"论和王廷相的"元气"论为代表的气学来。吕柟在理气与性气问题上亦反对朱子"理气二分",而主张"理气为一物",强调在气上求理。这一本体论上的转向,再加之对形上问题缺乏兴趣,使得吕柟的学问明显呈现出"重行"的特色来。

第一节　明代气学的兴起

一、罗钦顺的"理气一物"论

罗钦顺(整庵,1465—1547)是明代中期一位重要的思想家,在当时阳明学盛行之时,罗钦顺站在朱子学立场上,对阳明学与佛学进行了严厉的批评,被后人视为是"朱学后劲"。但在另一方面,学界也指出,罗钦顺与朱子的理气论有很大差异,"明显地从'理学'向'气学'发展"①,所以罗钦顺之学常常

① 陈来:《宋明理学》,上海:华东师范大学出版社,2004年版,第323页。

被看作是“气学”或“气本论”。[①]

罗钦顺与朱子的不同主要体现在对理气关系的认识上。在朱子,理与气虽然相即不离,理要靠气来实现自身,而气也需要靠理的主宰和规范才不会失序,但理始终是存在于气之中的另一个实体,朱子即说:

所谓理与气,此决是二物。但在物上看,则二物浑沦,不可分开各在一处,然不害二物之各为一物也;若在理上看,则虽未有物而已有物之理,然亦但又其理而已,未尝实有是物也。大凡看此等处须认得分明,又兼始终,方是不错。[②]

然以意度之,则疑此气是依傍这理行。及此气之聚,则理亦在焉。盖气则能凝结造作,理却无情意,无计度,无造作。只此气凝聚处,理便在其中。且如天地间人物草木禽兽,其生也,莫不有种,定不会无种子白地生出一个物事,这个都是气。若理,则只是个净洁空阔底世界,无形迹,他却不会造作;气则能酝酿凝聚生物也。但有此气,则理便在其中。[③]

因此,作为“二物”的理与气乃是分属两个不同的世界,前者属于形而上的“净洁空阔底世界”,“无情意,无计度,无造作”;后者则属于形而下的现实世界,“气则能凝结造作”,生成万物。虽然,“理气二分”凸显了理的绝对性与必然性,使理作为超越的形上存在不至沦为这个气化世界中的一物,然而,

---

① 罗钦顺是否属于“气学”或“气本论”,目前学界仍有不同看法。大陆学者一般把罗钦顺看作是气本论者,但也有人不认同这一观点,如秦峰即指出罗钦顺“断非自然主义的唯气论”,只是具有此种倾向而已。(见秦峰:《明儒罗钦顺理气思想评述》,载《儒家典籍与思想研究》第四辑,北京:北京大学出版社,2012 年版,第 72—90 页。)台湾学者则看法各异:或认为罗钦顺的理气说仍保留了理的形上地位,为理学与气学之间的过渡形态。(见钟彩钧:《罗整庵的理气论》,《中国文哲研究集刊》第 6 期,1995 年,第 199—220 页。)或认为罗钦顺在超越面上守得很紧,其“理气为一物”强调的是理与气在本体论意义上的“诡谲的同一”,属于程朱学派内的修正者,而非“唯气论”。(见杨儒宾:《罗钦顺与贝原益轩:东亚近世儒学诠释传统中的气论问题》,《汉学研究》第 23 卷第 1 期,2005 年,第 261—290 页。)或认为罗钦顺基本上仍属朱子学。(见邓克铭:《理气与心性:明儒罗钦顺研究》,台北:里仁书局,2010 年版,第 147—187 页。)或认为罗钦顺属“气本论”。(见刘又铭:《理在气中:罗钦顺、王廷相、顾炎武、戴震气本论研究》,第 21—31 页。)

② 朱熹:《答刘叔文》,《晦庵先生朱文公文集》(叁)卷 46,《朱子全书》第 22 册,第 2146 页。

③ 黎靖德:《朱子语类》卷 1,第 3 页。

它却造成了人性中理与欲的对立,历史文化上义与利、王与霸的对立,并直接导致了道德实践上的离气求理。南宋末年的朱子学者黄震(东发,1213—1280)便指出当时的学风是:"文公既没,其学虽盛行,学者乃不于其切实而独于其高远。讲学舍《论语》不言,而必先大《易》;说《论语》舍孝弟忠信不言,而独讲一贯。"①因为"理气二分"蕴含着这样一种可能,即:只要把握了作为道德实践根据的形上之理,就自然能够"众物之表里精粗无不到,而吾心之全体大用无不明"(《四书章句集注·大学章句》),达到天人合一、万物一体的境界,这就使得一些学者忽略实际的工夫修养而专讲形上之天理。为了纠正这种学风,使学问重新回到德性修养,回到工夫实践上,于是一些理学家开始对朱子的理气观进行了修正,由主张"理气二分"转向强调"理在气中""理气一物",并由"理学"开始发展为"气学"。这种转变也体现在罗钦顺的思想中。

罗钦顺认为,天地之间只是一气,理只是气之理,因此朱子分理气为"二物",把理看作是气之外的另一个超越的存在是不对的,他说:

> 理只是气之理,当于气之转折处观之。往而来,来而往,便是转折处也。夫往而不能不来,来而不能不往,有莫知其所以然而然,若有一物主宰乎其间而使之然者,此理之所以名也。……程子尝言:"天地间只有一个感应而已,更有甚事?"夫往者感,则来者应;来者感,则往者应。一感一应,循环无已,理无往而不存焉,在天在人一也。天道惟是至公,故感应有常而不忒。人情不能无私欲之累,故感应易忒而靡常。夫感应者,气也。如是而感则如是而应,有不容以毫发差者,理也。②

罗钦顺指出,理只是气在运动变化过程中自身所呈现出来的条理、规律,而不是气之中的另一个实体,如他说:"气之聚便是聚之理,气之散便是散之理,惟其有聚有散,是乃所谓理也。推之造化之消长,事物之终始,莫不皆然。"③聚与散是气所呈现出来的一种条理、规律,而这就是罗钦顺所说的"理"。至于所谓"若有一物主宰乎其间而使之然者",是说气如此这般而不

---

① 黄震:《抚州辛未冬至讲义》,《黄氏日抄》卷82,《景印文渊阁四库全书》第708册。

② 罗钦顺:《困知记》续卷上,北京:中华书局,2013年版,第89页。

③ 罗钦顺:《困知记》卷下,第49页。

是那样聚散往来,看起来就好像有一物在其中主宰一样,其实是“莫知其所以然而然”。罗钦顺说:

> 自夫子赞《易》,始以穷理为言。理果何物也哉?盖通天地,亘古今,无非一气而已。气本一也,而一动一静,一往一来,一阖一辟,一升一降,循环无已。积微而著,由著复微,为四时之温凉寒暑,为万物之生长收藏,为斯民之日用彝伦,为人事之成败得失。千条万绪,纷纭胶轕,而卒不可乱,有莫知其所以然而然,是即所谓理也。初非别有一物,依于气而立,附于气以行也。①

可见,“理只是气之理”,而不是“别有一物,依于气而立,附于气以行也”,故可以说“理气浑然,更无罅缝”。所以罗钦顺极力反对朱子将理气看作“二物”,而主张“理气为一物”,并强调他的这一说法直接来自于程颢,他说:

> 其认理气为一物,盖有得乎明道先生之言,非臆决也。明道尝曰:“形而上为道,形而下为器,须着如此说。器亦道,道亦器。”又曰:“阴阳亦形而下者,而曰道者,惟此语截得上下最分明。原来只此是道,要在人默而识之也。”窃详其意,盖以上天之载,无声无臭,不说个形而上下,则此理无自而明,非溺于空虚,即胶于形器,故曰“须着如此说”。名虽有道器之别,然实非二物,故曰“器亦道,道亦器”也。至于“原来只此是道”一语,则理气浑然,更无罅缝,虽欲二之,自不容于二之,正欲学者就形而下者之中,悟形而上者之妙,二之则不是也。②

不过,罗钦顺虽然强调“理气为一物”,认为理只是气之理,而不是气之外的另一个实体,但他并不认为气在运动变化过程中所呈现出来的条理、规律是偶然的,所谓“莫知其所以然而然”就已经蕴含了必然性在里面。因此,理又是气本身固有的,而罗钦顺的目的即是让人们去认识气的这种条理、规律,因此在这一意义下,仍可以把理看作是形而上者,而与实然的气不同,但二者“名虽有道器之别,然实非二物”,亦即理与气只是一物之两名,而非两个不同的实体,理只是气之理,故学者可以“就形而下者之中,悟形而上者之妙”,但

---

① 罗钦顺:《困知记》卷上,第5—6页。

② 罗钦顺:《答林次崖佥宪》,《困知记》附录,第202—203页。

“二之则不是”[①]。

正因为气原本是有理的，故罗钦顺说：

> 理须就气上认取，然认气为理便不是。此处间不容发，最为难言，要在人善观而墨识之。“只就气认理”与“认气为理”，两言明有分别，若于此看不透，多说亦无用也。[②]

“理须就气上认取，然认气为理便不是”，可见，罗钦顺强调的是要认识气之中的理，而不是气本身，换言之，气与气自身具有的理是两个不同的概念，因而在此意义下，罗钦顺肯定“朱子虽认理气为二物，然其言极有开阖，有照应。后来承用者，思虑皆莫之及，是以失之”[③]。这就是说，朱子虽然分理气为二物不对，但却指出了理与气的不同，而这并非有错，关键是在如何说明理气二者之间的关系。罗钦顺理气论上的这种观点同时也表现在其性气关系上，他说：“气与性一物，但有形而上下之分尔。养性即养气，养气即养性，顾所从言之不同，然更无别法。”[④]这既肯定了性气为“一物”，又强调了性与气不同。

总之，虽然因为主张“理气为一物”“理只是气之理”而走向气本论，但罗钦顺并不是一个纯粹自然主义的气学家，至少他与我们下面将要讨论的王廷相的气学不同，而是仍然强调“理”的概念，认为理不即是气，气也不即是理，故“不说个形而上下，则此理无自而明，非溺于空虚，即胶于形器”，否定理与气的区别，理就只是一个空洞的概念，或等同于具体的形器，只不过这个“理”乃是气之理，而不是气之外的另一物。

当然，罗钦顺所说的“理”并不全是指具体事物的具体之理，亦即分殊之理，他仍然肯定“理一”的存在，认为现实世界的众理都来自一个共同的“理”

---

① 另外，秦峰先生对罗钦顺“理气为一物”涵义的解释可供参考，他认为：“罗钦顺言理气一物只是偏重发挥了朱子思想中的一个面向，即从现实存在的人、物上，从实然的宇宙生成上言理气一物”；“整庵反对理气的不杂与先后不是从存有论上、概念上出发，而是基于实然的宇宙论的考量。”见秦峰：《明儒罗钦顺理气思想评述》，载《儒家典籍与思想研究》第四辑，第84页。

② 罗钦顺：《困知记》卷下，第42页。罗钦顺曾一再指出他的这一说法的重要意义：“愚故尝曰：‘理须就气上认取，然认气为理便不是。’此言殆不可易哉！”罗钦顺：《困知记》续卷上，第89页。

③ 罗钦顺：《困知记》卷下，第51页。

④ 罗钦顺：《困知记》卷上，第13页。

(理一),他说:

窃以性命之妙,无出理一分殊四字,简而尽,约而无所不通,初不假于牵合安排,自确乎其不可易也。盖人物之生,受气之初,其理惟一;成形之后,其分则殊。其分之殊,莫非自然之理;其理之一,常在分殊之中。此所以为性命之妙也。语其一,故人皆可以为尧舜;语其殊,故上智与下愚不移。

天人一理,而其分不同。"人生而静",此理固在于人,分则属乎天也;"感物而动",此理固出乎天,分则属乎人矣。

命之理,一而已矣。举阴阳二字,便是分殊,推之至为万象。性之理,一而已矣。举仁义二字,便是分殊,推之至为万事。万象虽众,即一象而命之全体存焉。万事虽多,即一事而性之全体存焉。①

罗钦顺所说的"理一",就是所谓的"天理""至理",就人性而言则是"性善""天命之性""未发之中"等。不仅如此,罗钦顺还从工夫论上强调要体认这个"理一",他说:

"喜怒哀乐之未发谓之中。"子思此言,所以开示后学,最为深切。盖天命之性,无形象可睹,无方体可求,学者猝难理会,故即喜怒哀乐以明之。夫喜怒哀乐,人人所有而易见者,但不知其所谓"中",不知其为"天下之大本",故特指以示人,使知性命即此而在也。上文"戒慎恐惧"即所以存养乎此,然知之未至,则所养不能无差,或陷于释氏之空寂矣。故李延平教人"须于静中体认大本未发时气象分明,即处事应物自然中节"。……程伯子尝言:"学者须先识仁,识得此理,以诚敬存之而已。"叔子亦言:"勿忘勿助长,只是养气之法,如不识怎生养?有物始言养,无物又养个甚?"由是观之,则未发之中,安可无体认工夫!……学者于未发之中,诚有体认工夫,灼见其直上直下,真如一物之在吾目,斯可谓之知性而已。亹亹焉,戒惧以终之,庶无负子思子素以垂教之深意乎!②

罗钦顺的这段话完全体现了他的"理须就气上认取,然认气为理便不是"的思想。在他看来,"天命之性,无形象可睹,无方体可求",故学者需要从喜

① 以上引文分别见罗钦顺:《困知记》卷上,第9、11、30页。

② 罗钦顺:《困知记》卷上,第12—13页。

怒哀乐发见处去体悟天命之性,这是“就气认理”。但我们不能把喜怒哀乐本身当作天命之性,因为喜怒哀乐之发,未必皆中乎节,“此善恶之所以分也”[①],否则就成了善是性,恶也是性,从而犯了“认气为理”的错误。因此罗钦顺指出,学者在“就气认理”的同时,既要从认识上了解什么是“未发之中”,否则,“知之未至,则所养不能无差,或陷于释氏之空寂矣”;还要从工夫上去体认“未发之中”,“学者于未发之中,诚有体认工夫,灼见其直上直下,真如一物之在吾目,斯可谓之知性而已”。这就是说存养省察与格物致知要同时并进,不可偏废,如罗钦顺说:

> 存养是学者终身事,但知既至与知未至时,意味迥然不同。知未至时,存养非十分用意不可,安排把捉,静定为难,往往久而易厌。知既至,存养即不须大段着力,从容涵泳之中,生意油然,自有不可遏者,其味深且长矣。然为学之初,非有平日存养之功,心官不旷,则知亦无由而至。朱子所谓“诚明两进”者以此。省察是将动时更加之意,即《大学》所谓“安而虑”者。然安而能虑,乃知止后事,故所得者深,若寻常致察,其所得者,终未可同日而语。大抵存养是君主,省察乃辅佐也。[②]

在上面这段引文中,罗钦顺既说明了“知未至”与“知既至”时对于存养的意义,同时又从另一方面说明了存养对于“知”(穷理)的意义。同样,省察与知的关系亦是如此,省察固然重要,但若知未至时,其所得者终究与知至时所得者不可同日而语。罗钦顺又说:

> 程伯子论“生之谓性”一章,反复推明,无非理一分殊之义。……夫谓“人生气禀,理有善恶”,以其分之殊者言也。“然不是性中元有此两物相对而生”,以其理之一者言也。谓“人生而静以上不容说”,盖人生而静,即未发之中,一性之真,湛然而已,更着言语形容不得,故曰“不容说”。“继之者善”,即所谓“感于物而动”也,动则万殊,刚柔善恶于是乎始分矣。然其分虽殊,莫非自然之理,故曰“恶亦不可不谓之性”。既以刚柔善恶名性,则非复其本体之精纯矣,故曰“才说性时,便已不是性也。”下文又以水之清浊为喻,盖清

---

① 罗钦顺:《困知记》卷上,第10页。

② 罗钦顺:《困知记》卷上,第13页。

其至静之本体，而浊其感动之物欲也。本体诚至清，然未出山以前无由见也，亦须流行处方见，若夫不能无浊，安可无修治之功哉！修治之功既至，则浊者以之澄定，而本体常湛然矣。然非能有所增损于其间也，故以“舜有天下而不与”终之。①

这是罗钦顺对程颢论“生之谓性”一章的解释。在他看来，程颢之论全是在发明“理一分殊”之旨。“未发之中，一性之真，湛然而已”，这即是“理一”，动则万殊，善恶于是乎始分，但本体仍在其中，就好像清是水之本体一样，浊是“其感动之物欲”，是受后天影响才有的，但不能说浊水之中清之本体就不存在，因此只要加以修治之功，“则浊者以之澄定，而本体常湛然矣”，可见，工夫并不是要对本体有所增损。从这里可以看出，罗钦顺的工夫论没有突破宋明理学传统的“复性”模式，而其根本原因就在于他对“理一”的肯定。但我们又不能因为罗钦顺肯定“理一”就认为他又回到了朱子学，罗钦顺说：

“若论一，则不徒理一，而气亦一也。若论万，则不徒气万，而理亦万。”此言甚当，但“亦”字稍有未安。②

在这里，罗钦顺指出“气一则理一，气万则理万”，因此他所说的“理一”应该从“气一”的背景下来理解。也就是说，在万物未生之前，天地之间只是一气流行，故其理也只是“一理”，因为理是气之理，这就是“气一则理一”。而在万物化生之后，人与物所禀形气各不相同，故各自的理也不同，这就是“气万则理万”。但对于“理一”如何转化成“理万”，罗钦顺则认为“莫非自然之理”，即属自然而然。

总而言之，罗钦顺虽然在本体论上已转向气学，主张“理气为一物”“理只是气之理”，但他又把作为气之理的理看作是气本有的、固有的，所以他的理气论便呈现出“谓之两物又非两物，谓之一物又非一物”的特点来，而其心性论也是如此，所谓“除却心即无性，除却性即无心，惟就一物中分剖得两物出来，方可谓之知性”③。因此学问是“就气认理”，而不能“认气为理”，亦即要认识气之中的本有之理，故学问重心是在理上而不是在气上。这就与下面王廷相的气学有所不同。

---

① 罗钦顺：《困知记》卷上，第 26 页。
② 罗钦顺：《困知记》卷下，第 55 页。
③ 罗钦顺：《困知记》卷下，第 51 页。

二、王廷相的元气论

王廷相是明代气学的另一个重要代表,但他的气学与罗钦顺有所不同。

首先,王廷相也认为,气之中或气之外并不存在一个形上超越的实体,天地万物的本原就是气。他说:

> 道体不可言无,生有有无。天地未判,元气混涵,清虚无间,造化之元机也。有虚即有气,虚不离气,气不离虚,无所始,无所终之妙也。不可知其所至,故曰太极;不可以为象,故曰太虚,非曰阴阳之外有极有虚也。二气感化,群象显设,天地万物所由以生也,非实体乎?是故即其象,可称曰有;及其化,可称曰无,而造化之元机,实未尝泯。故曰道体不可言无,生有有无。①

> 天地未形,惟有太空,空即太虚,冲然元气。气不离虚,虚不离气,天地日月万形之种皆备于内,一氤氲萌孽而万有成质矣。是气也者,乃太虚固有之物,无所有而来,无所从而去者。今曰"未见气",是太虚有无气之时矣。又曰"气之始",是气复有所自出矣,其然,岂其然乎?元气之上无物,不可知其所自,故曰太极;不可以象名状,故曰太极耳。②

王廷相指出,天地未判之时,只是元气混涵,清虚无间,这就是"造化之元机",同时也是形而上的实体、道体。而我们通常所说的"太极""太虚"这些被称为道体的东西其实就是元气,或者说是用来形容元气的词汇,如"太极"是说元气就是最高的、终极的存在,元气之上再无他物;"太虚"则是指元气的无形无象。总之,在元气之外并不存在一个名叫"太极"或"太虚"的东西。王廷相说:

> 元气即道体。有虚即有气,有气即有道。气有变化,是道有变化。气即道,道即气,不得以离合论者。或谓气有变,道一而不变,是道自道,气自气,歧然二物,非一贯之妙也。且夫道莫大于天地之化,日月星辰有薄食彗孛,雷霆风雨有震击飘忽,山川海渎有崩亏竭溢,草木昆虫有荣枯生化,群然变而不常矣。况人事之盛衰得丧,杳

① 王廷相:《慎言》卷1,《王廷相集》,第751页。

② 王廷相:《雅述上》,《王廷相集》,第849页。

无定端，乃谓道一而不变，得乎？气有常有不常，则道有变有不变，一而不变，不足以该之也。为此说者，庄、老之绪余也，谓之实体，岂其然乎？①

在这里，王廷相从天地万物、人事兴衰得失都处于不断变化之中的现象出发，指出世间也不存在一个永恒不变的道，所谓"元气即道体""气有变化，是道有变化，气即道，道即气"，因此，道不是一成不变的，那种认为气有变而道不变的观点，是把气与道看作为"二物"，以为道自道，气自气。故曰："气者造化之本，有浑浑者，有生生者，皆道之体也。生则有灭，故有始有终；浑然者充塞宇宙，无迹无执，不见其始，安知其终？世儒止知气化而不知气本，皆于道远。"②"天内外皆气，地中亦气，物虚实皆气，通极上下造化之实体也。是故虚受乎气，非能生气也；理载于气，非能始气也。"③

既然道气关系是如此，那么同样在气之外也不存在一个形上超越的天理（理一），理只是气之理，理气并非"二物"。王廷相说：

天地之间，一气生生，而常而变，万有不齐，故气一则理一，气万则理万。世儒专言理一而遗万，偏矣。天有天之理，地有地之理，人有人之理，物有物之理，幽有幽之理，明有明之理，各各差别。统而言之，皆气之化，大德敦厚，本始一源也；分而言之，气有百昌，小德川流，各正性命也。④

我们知道，在朱子学那里，理虽然需要依靠气才能显现出来，为人所感知，但理作为形而上的超越存在，却是独立于气的。在朱子，是要凸显理的价值，为人类寻找一永恒超越、不依赖自然感性生命而存在的本体。但王廷相所要否定的正是宇宙中有这样一个永恒不变的东西，所以对他来说，天地之间，只是一气生生，理则是由气而产生的，是气在后天运动变化过程中所显现出来的条理、规律，并不是什么先验的存在，故曰"理生于气"，而气又万有不齐，所以说"气一则理一，气万则理万"，此外并不存在什么气外之理或气外之性。王廷相说：

仁义礼智，儒者之所谓性也。自今论之，如出于心之爱为仁，出

① 王廷相：《雅述上》，《王廷相集》，第848页。
② 王廷相：《慎言》卷1，《王廷相集》，第755页。
③ 王廷相：《慎言》卷1，《王廷相集》，第753页。
④ 王廷相：《雅述上》，《王廷相集》，第848页。

于心之宜为义,出于心之敬为礼,出于心之知为智,皆人之知觉运动为之而后成也。苟无人焉,则无心矣,无心则仁义礼智出于何所乎?故有生则有性可言,无生则性灭矣,安得取而言之?是性之有无,缘于气之聚散。若曰超然于形气之外,不以聚散而为有无,即佛氏所谓"四大之外,别有真性"矣,岂非谬幽之论乎?

气,游于虚者也;理,生于气者也。气虽有散,仍在两间,不能灭也,故曰"万物不能不散而为太虚"。理根于气,不能独存也,故曰"神与性皆气所固有"。若曰"气根于理而生",不知理是何物?有何种子,便能生气?不然,不几于谈虚驾空之论乎?①

天地万物的实体只是气,气决定了理的存在,故谓"理,生于气者也""理根于气,不能独存"。同样,性也生于气,仁义礼智都是人的知觉运动为之的,是人的知觉运动所表现出来的一定之理,所以说"性之有无,缘于气之聚散",并不存在一个超然于形气之外的性,人性也没有本然之性和气质之性的区别。王廷相说:

性生于气,万物皆然。宋儒只为强成孟子性善之说,故离气而论性,使性之实不明于后世,而起诸儒之纷辩,是谁之过哉?明道先生曰:"性即气,气即性,生之谓也。"又曰:"论性不论气,不备;论气不论性,不明。二之,便不是。"又曰:"恶亦不可不谓之性。"此三言者,于性极为明尽,而后之学者,梏于朱子本然、气质二性之说,而不致思,悲哉!②

可见,虽然王廷相与罗钦顺都反对朱子把理气看作是"二物",但不像罗钦顺肯认的是理是气本有的、固有的,而使气如是这般流行发用。王廷相则根本否认气之中存在任何超越的内容,他强调的是理是生于气、根于气的,是气在后天运动变化过程中产生的,而不是气本有的或固有的,因此对王廷相来说,学问的重心应该是在"气"上而不是在"理"上。

其次,王廷相虽然主张以气为本,但他所说的"气"却与罗钦顺不同。王廷相所说的"元气"是各种不同性质的气的混合体,他说:

太极者,道化至极之名,无象无数,而天地万物莫不由之以生,

① 王廷相:《横渠理气辩》,《王氏家藏集》卷33,《王廷相集》,第602—603页。

② 王廷相:《雅述上》,《王廷相集》,第837页。

> 实混沌未判之气也,故曰元气。儒者曰:"太极散而为万物,万物各具一太极。"斯言误矣。何也?元气化为万物,万物各受元气而生,有美恶,有偏全,或人或物,或大或小,万万不齐,谓之各得太极一气则可,谓之各具一太极则不可。太极,元气混全之称,万物不过各具一支耳,虽水火大化,犹涉一偏,而况于人物乎![1]

王廷相指出,元气化为万物,万物各受元气而生,有美恶,有偏全,或人或物,或大或小,万万不齐。之所以如此,是因为万物都是各自禀受元气中的一种气而生的,故各有不同。这就是说,元气其实是各种不同气的混合体。因此,王廷相反对宋儒"万物各具一太极"的说法,指出太极实际上即是"混沌未判之气",亦即"元气混全之称",而万物只是各得这混全元气中的一种气而已,所以"万物各具一太极"只能说是"万物各得太极一气"。正因为气有不同,所以万物各个"不齐",才会有美恶偏全、人物大小之分,这也就是王廷相的"气种"说。他说:"万物巨细柔刚各异其材,声色臭味各殊其性,阅千古而不变者,气种之有定也。人不肖其父,则肖其母,数世之后,必有与其祖同其体貌者,气种之复其本也。"[2]可见,"气种"的不同决定了万物的形态和品质,而万物不同的"气种","天地日月万形之种皆备于内",在混沌未判时的最原始的状态即元气中就已经存在。故对王廷相来说,天地之间根本不存在一个"理一",有的只是"分殊",万物之间是"万万不齐"的。

第三,正因为元气中蕴含了万物的"气种",是各种不同性质的气的混合体,故气之中既具有善,同时也具有恶。王廷相说:

> 天之气有善有恶,观四时风雨、霾雾、霜雹之会,与夫寒暑、毒厉、瘴疫之偏,可睹矣。况人之生,本于父母精血之辏,与天地之气又隔一层。世儒曰:"人禀天气,故有善而无恶",近于不知本始。[3]

既然天之气有善有恶,那么气也不是人性至善的超越依据,而由气所生的人性也同样是有善有恶的。实际上,王廷相根本反对宋儒普遍认同的孟子"性善说",他指出:

> 孟子之言性善,乃性之正者也,而不正之性未尝不在。观其言曰"口之于味,目之于色,耳之于声,鼻之于臭,四肢之于安逸,性也,

---

① 王廷相:《雅述上》,《王廷相集》,第849—850页。

② 王廷相:《慎言》卷1,《王廷相集》,第754页。

③ 王廷相:《雅述上》,《王廷相集》,第840页。

有命焉，君子不谓性也”，亦以此性为非，岂非不正之性乎？是性之善与不善，人皆具之矣。宋儒乃直以性善立论，而遗其所谓不正之说，岂非惑乎？意虽尊信孟子，不知反为孟子之累。①

在王廷相看来，宋儒从人性与超越的天道相贯通来讲性善，其实是误解了孟子。孟子虽然说性善，但他只是在强调人性中的一个方面，所谓“孟子之言性善，乃性之正者也，而不正之性未尝不在”，但宋儒却把性善给绝对化了，而忽略了性不善的那一面，实际上，“性之善与不善，人皆具之矣”。王廷相又说：

人具形气而后性出焉，今曰“性与气合”，是性别是一物，不从气出，人有生之后各相来附合耳，此理然乎？人有生气则性存，无生气则性灭矣，一贯之道，不可离而论者也。……且以圣人之性亦自形气而出，其所发未尝有人欲之私，但以圣人之形气纯粹，故其性无不善耳；众人形气驳杂，故其性多不善耳，此性之大体如此。万世之下有圣人生焉，亦不易此论矣。……且舜之戒禹而以人心道心言者，亦以形性为一统论，非形自形而性自性也。谓之人心者，自其情欲之发言之也；谓之道心者，自其道德之发言之也。二者，人性所必具者。但道心非气禀清明者则不能全，故曰“道心惟微”，言此心甚微渺而发见不多也；人心则徇情逐物，易于流荡，故曰“惟危”，言此心动以人欲，多致凶咎也。②

从王廷相的论述中可以看到，圣人与众人的差别，不是因为圣人能充分体现天理，而是在于圣人气禀清明，形气纯粹，所以其性无不善，其发见皆是道心；而众人则禀气清浊昏明不同，形气驳杂，所以其性亦善恶混杂，其发见既有道心也有人心，而以不善居多，可见，“性善之说不足以尽天人之实蕴矣”③。王廷相对人性的这种理解，显然与传统理学相反，当时的薛蕙（君采，1489—1541）就提出反对，指出“人既为恶矣，反之而羞愧之心生焉，是人性本善而无恶也”。对此，王廷相则说道：“嗟乎！此圣人修道立教之功所致也。凡人之性成于习，圣人教以率之，法以治之，天下古今之风以善为归，以恶为禁，久矣。以从善而为贤也，任其情而为恶者，则必为小人之流，静言思之，安

① 王廷相：《雅述上》，《王廷相集》，第850页。

② 王廷相：《雅述上》，《王廷相集》，第851页。

③ 王廷相：《答薛君采论性书》，《王氏家藏集》卷28，《王廷相集》，第520页。

得无悔愧乎?"[1]认为人性之善乃是由于圣人的修道立教之功所致,圣人依照人的善恶之性,"教以率之,法以治之",从而使天下以善为归,以恶为禁,并非是因为人性本善的缘故,所以说"善恶皆性为之矣"[2]。

不过,王廷相虽然认为人性生来就有善有恶,但他并不否定后天"学"的必要性,而是强调:"人能加精一执中之功,使道心虽微,扩充其端而日长;人心虽危,择其可者行之而日安,则动无不善,圣贤之域可以训致。此养性之实学,作圣之极功也。"[3]又说:

> 为学不先治心养性,决无入处。性情苟不合道,则百行皆失中庸之度矣。故学当先养心性。[4]

> 心乃体道应事之主,故程子曰:"古人之学,惟务养性情,其他则不学。"虽然,君子欲有为于天下,明经术、察物理、知古今、达事变,亦不可不讲习,但有先后缓急之序耳。[5]

因此可以说,王廷相的人性有善有恶说,其根本目的是为了强调后天"学"的重要性。总之,从以上有关王廷相的理气、心性论的论述中,我们可以看到虽然同为气学,但王廷相与罗钦顺仍有明显差别。

第二节　吕柟的理气论

客观上来讲,吕柟作为与罗钦顺、王廷相同时的一位重要的朱子学者,却对理气、心性之关系论述很少,且大都比较简略,远不如罗、王那么详尽丰富。虽然如此,若将吕柟关于理气、性气关系的看法与罗钦顺、王廷相等人进行比较就可以发现,他们之间有一共同之处,即都反对朱子的"理气二分",反对把理气看作是"二物"。虽然三人的具体思想不尽相同,但从中也可看到明代中

---

① 王廷相:《答薛君采论性书》,《王氏家藏集》卷28,《王廷相集》,第519页。

② 王廷相:《答薛君采论性书》,《王氏家藏集》卷28,《王廷相集》,第519页。不过,在王廷相看来,这种从善而为贤、任情而为恶的情形只适用于中人;下愚之人则虽有圣人之教,其性也难以被转移,也不能成圣;而圣人天生形气纯粹,其性无不善。由此可知王廷相的人性论既是对孔子"上智下愚不移"的诠释,也是对董仲舒、扬雄、王充、韩愈、胡宏等人的继承。

③ 王廷相:《雅述上》,《王廷相集》,第852页。

④ 王廷相:《雅述上》,《王廷相集》,第855页。

⑤ 王廷相:《雅述上》,《王廷相集》,第852页。

期“理气为一物”说和重气思想的流行。对于吕柟的理气观,我们将从与薛瑄的比较中入手,以见其理气思想的意义,并由此来了解河东之学在明代中期的发展变化。

我们知道,朱子有著名的“理先气后”之说,如:

> 未有天地之先,毕竟也只是理。有此理,便有此天地;若无此理,便亦无天地,无人无物,都无该载了!有理,便有气流行,发育万物。
>
> 理未尝离乎气。然理形而上者,气形而下者。自形而上下言,岂无先后!理无形,气便粗,有渣滓。
>
> 理与气本无先后之可言。但推上去时,却如理在先,气在后相似。
>
> 要之,也先有理。只不可说是今日有是理,明日却有是气;也须有先后。且如万一山河大地都陷了,毕竟理却只在这里。[1]

朱子强调“理先气后”,是为了凸显理作为形上本体在价值上具有优先性[2],但正如前面所指出的,“理先气后”在道德实践中容易造成离气求理的现象。薛瑄正是从工夫论出发对朱子的理气观做了修正,认为“理气无先后”“理只在气中”,他说:

> 窃谓理气不可分先后。盖未有天地之先,天地之形虽未成,而所以为天地之气,则浑浑乎未尝间断止息,而理涵乎气之中也。及动而生阳,而天始分,则理乘是气之动而具于天之中;静而生阴,而地始分,则理乘是气之静而具于地之中。分天分地,而理无不在;一动一静,而理无不存,以至化生万物,万物生生而变化无穷。理气二者盖无须臾之相离也,又安可分孰先孰后哉?[3]

这就是说,在天地没有形成之前,构成天地的气就已存在着,而理即涵于

---

① 以上引文分别见黎靖德:《朱子语类》卷1,第1、3、4页。

② 关于朱子的“理先气后”之含义,刘述先先生指出:“理气二元,不杂不离,互赖互依。从时间的观点看,同时并在,不可以勉强分先后。但由存有论的观点看,则必言理先气后,因为有此理始有此物(气),而无此理必无此物,故决不可以颠倒过来说。”“理和气同时并存,无分先后,故由宇宙论的观点言孰先孰后乃一无意义的问题,是由形上学的观点看始可以说理先气后。”刘述先:《朱子哲学思想的发展与完成》,台北:台湾学生书局,1995年版,第270、274页。

③ 薛瑄:《读书录》卷3,《薛瑄全集》,第1074页。

气之中，这就否定了朱子的“未有天地之先，毕竟也只是理”的说法；如果非要讲未有天地之先，那么不仅有理，也有气。总之，从未有天地之先到天地形成、万物化生，理与气始终不相离，不可分先后。薛瑄又指出：“若以太极在气先，则是气有断绝，而太极别为一悬空之物，而能生夫气矣，是岂‘动静无端，阴阳无始’之谓乎？”[①]如果认为太极在阴阳之先，而阴阳生于太极，那就等于说宇宙有一个阶段没有气，气不是永恒的，而是有生灭的，但这就与程颐讲的“动静无端，阴阳无始”相矛盾。因此，薛瑄认为，“以是知前天地之终，今天地之始，气虽有动静之殊，实未尝有一息之断绝，而太极乃所以主宰流行乎其中也”[②]。换言之，“理只在气中，决不可分先后”[③]。可见，薛瑄所谓“理气不可分先后”“理只在气中”完全是从宇宙论的角度来讲的，其目的在于强调理只能在气上见，这就为道德实践的必要性提供了保障，因为超越的形上之理只有在具体的事物上才能显现自身。因此，薛瑄的“理在气中”说并不是要否定理的超越性、本体义，故他又有“理如月光，气如飞鸟”的比喻，认为：“理如日月之光，小大之物各得其光之一分，物在则光在物，物尽则光在光。”“理为主，气为客，客有往来，皆主之所为，而主则不与俱往。”[④]这说明在薛瑄那里，理与气仍然是不离不杂的，理始终是形而上的本体，气是形而下之器，理与气为“二物”。

吕柟作为薛瑄河东之学在关中地区的重要传人，他对朱子和薛瑄的理气论又做了进一步的修正，使朱子理学最终转向了气学，形成了以气为首出的气本论思想。如针对张载“合虚与气，有性之名”的说法，吕柟指出：

> 观合字，似还分理气为二，亦有病。终不如孔孟言性之善，如说“天命之谓性”，何等是好！理气非二物，若无此气，理却安在何处？故《易》言“一阴一阳之谓道”。[⑤]

在吕柟看来，张载用一“合”字，说明还是把理与气看作为“二物”，认为人性是理（虚）与气的相合。他指出，《易》言“一阴一阳之谓道”就已经说明了理气并非二物，“一阴一阳”便是气之理，便是“道”。可见，理不是别的东

① 薛瑄：《读书录》卷3，《薛瑄全集》，第1074页。
② 薛瑄：《读书录》卷3，《薛瑄全集》，第1074页。
③ 薛瑄：《读书录》卷4，《薛瑄全集》，第1120页。
④ 薛瑄：《读书录》卷5，《薛瑄全集》，第1145、1148页。
⑤ 吕柟：《泾野子内篇》卷13，第124页。

西,不是存在于气之外或气之中的另一物,而就是气自身所具有的条理、规律,换言之,理只是气之理。吕柟对理气关系的这种认识与后来黄宗羲说的理与气只是“一物而两名”相同。黄宗羲说:“抑知理气之名,由人而造,自其浮沉升降者而言,则谓之气;自其浮沉升降不失其则者而言,则谓之理。盖一物而两名,非两物而一体也。”[①]这就是说,理、气之名只是从不同的角度来讲的,浮沉升降是气,而气的浮沉升降不失其则就是理,不是别有一个名叫“理”的东西来支配着气,而是气自作主宰,使其自身如此这般流行变化。黄宗羲说:

> 不知天地间只有一气,其升降往来即理也。人得之以为心,亦气也。气若不能自主宰,何以春而必夏、必秋、必冬哉!草木之荣枯、寒暑之运行、地理之刚柔、象纬之顺逆、人物之生化,夫孰使之哉?皆气之自为主宰也。以其能主宰,故名之曰理。[②]

因此,理与气只是“一物而两名,非两物而一体”,气之流行而自有条理即是理,“流行而不失其序,是即理也”。同样,性气关系也是如此,“人身虽一气之流行,流行之中,必有主宰。主宰不在流行之外,即流行之有条理者”,“心体流行,其流行而有条理者,即性也”[③]。而在黄宗羲看来,气在运动变化过程中能够不失其则、自为主宰是气之“本然”,他说:

> 夫不皆善者是气之杂糅,而非气之本然;其本然者可指之为性,其杂糅者不可以言性也。天地之气,寒暑往来。寒必于冬,暑必于夏,其本然也。有时冬而暑,夏而寒,是为愆阳伏阴,失其本然之理矣。失其本然,便不可名之为理也。然天地不能无愆阳伏阴之寒暑,而万古此冬夏寒暑之常道,则一定之理也。[④]

天地之气,寒暑往来,寒必于冬,暑必于夏,这就是气之本然;四季交替,春而必夏、必秋、必冬,这也是气之本然。而有时冬而暑,夏而寒,则是气失其本然之理了,“失其本然,便不可名之为理也”。因此,理对于气来说是一种必然的存在,换言之,寒暑往来、四季交替是气之必然,而不是偶然为之的。同

---

① 黄宗羲:《诸儒学案上二》,《明儒学案》(修订本)卷44,第1064页。

② 黄宗羲:《崇仁学案》,《明儒学案》(修订本)卷3,第46页。

③ 黄宗羲:《孟子师说》卷2,《黄宗羲全集》第1册,杭州:浙江古籍出版社,2002年版,第60—61页。

④ 黄宗羲、全祖望:《横渠学案上》,《宋元学案》卷17,第695页。

样，对吕柟来说，《易》之“一阴一阳”本身即说明了气原是有理的。不过，与黄宗羲用气之“本然”即“本来如此”来说明理的必然性不同，吕柟是用“清通”“湛一”来说明这一点的。

吕柟认为，气的流行发用之所以能够呈现出一种条理性、秩序性来，是因为气的本性、本质是清通湛一的，他说：“人之一身，只是一个气，与天地相为流通。天有阴阳舒惨，人有喜怒哀乐，故曰：‘湛一，气之本；攻取，气之欲。’”（《四书因问》卷二）这里，吕柟借用了张载《正蒙》中的用语“湛一”“攻取”，而在其“天人一气”的思想背景下，“湛一”就是指气的本质或本性，正如张载说的：“气之性本虚而神，则神与性乃气所固有。”（《正蒙·乾称篇》）“虚”或“太虚”是气所固有的本性。正是由于具有清通湛一的本性，气的流行发用才具有一定的条理，也正因为清通湛一是气所固有的，所以即使气之流行有过与不及，但其中正者即清通湛一之性未尝不在。人性也是如此，人之性就是气之性，气的本性清通湛一，这是气之本然，故人性天生为善。即使人之喜怒哀乐有过与不及，但其中正者即善的本性也未尝不在，故吕柟说，《大学》之“明德”“只是个天地阴阳之气，清通之极，萃于吾心者”（《四书因问》卷一）。既然理气非“二物”，理只是气之理，那么人性也不应有义理之性（性）与气质之性（气）之分。

> 本泰问夜气。（吕柟）曰：“……孟子此言气字，即有性字在。盖性何处寻？只在气上求，但有本体与役于气之别耳，非谓性自性，气自气也。彼恻隐是性发出来的，情也；能恻隐，便是气做出来，使无是气，则无是恻隐矣。先儒喻气犹舟也，性犹人也，气载乎性，犹舟之载乎人，则分性气为二矣。试看人于今，何性不从气发出来？”①

吕柟反对先儒将气与性比喻成舟与人的关系，认为“气载乎性，犹舟之载乎人”的说法其实就是把性与气看作是“二物”，以为性自性，气自气，是两个决然不同的实体。吕柟认为，性是从气发出来的，气之流行发用而有条理，便是性，如果失其条理，便不能称之为性，这就是他说的“但有本体与役于气之别耳”。

> 先生曰：“圣贤每每说性命来，诸生看还是一个，是两个？”章诏

---

① 吕柟：《泾野子内篇》卷12，第116页。

曰:“自天赋与为命,自人禀受为性。”先生曰:“此正是《易》‘一阴一阳之谓道’一般。子思说自天命便谓之性,还只是一个。朱子谓‘气以成形而理亦赋’,还未尽善。天与人以阴阳五行之气,理便在里面了,说个亦字不得。”陈德文因问:“夫子说性相近处,是兼气质说否?”先生曰:“说兼亦不是,却是两个了。夫子此语与子思元是一般。夫子说性元来是善的,本相近,但后来加著习染,便远了。子思说性元是打命上来的,须臾离了便不是。但子思是恐人不识性之来历,故原之于初。夫子因人堕于习染了,故究之于后。语意有正反之不同耳。”①

吕柟指出,朱子“气以成形而理亦赋”的说法仍是把性与气看作是“二物”,事实上,性只是气之理,就像“一阴一阳之谓道”一样,气之流行而有条理者即是性,故性气是一物,因此人性并没有什么义理之性(天命之性)与气质之性之分,故吕柟反对宋儒以孔子的“性相近”是兼气质而言,指出如果说是“兼”,那就意味着孔子是以性气为二物,重在言“气质之性”,而在他看来,孔子与孟子、子思对人性的认识是一致的,即都认为性只是气之理或气的清通之性。所谓“天命只是个气,非气则理无所寻着,言气则理自在其中,如‘形色天性也’即是,如耳目手足是气,则有聪明持行之性”(《四书因问》卷二),天所命只是气,而理就在气之中,有耳目手足,便有聪明持行,聪明持行并不是耳目手足之外的另一物,而只是气之理、气之性,与气为一物。可见,孔、孟与子思都主张人性只有一个,而不是像宋儒说的那样分为“义理之性”和“气质之性”,只不过孔子“因人堕于习染了,故究之于后”,而子思“恐人不识性之来历,故原之于初”,但他们对人性的根本看法却是一样的,所以吕柟认为宋儒论性,“都失却孔孟论性之旨了”②,在他看来,“天命之性,非气质何处求,如何分得”③。

正因为人性是气之流行而有条理者,故依性而行,就可以使气不失其理而一切行为合道,然而对一般人来说,气禀不能无偏,再加上后天的习染与欲望,因此还要做“养气”的工夫。“养气”有成,则气即是理,那么一切行为也就无不合于道了,即所谓:“性、神皆在气中,只一物耳。故养成浩然之气,性

---

① 吕柟:《泾野子内篇》卷16,第155—156页。

② 吕柟:《泾野子内篇》卷15,第150页。

③ 吕柟:《泾野子内篇》卷21,第215页。

命皆得。”(《张子抄释》卷二)

从以上吕柟对理气和性气关系的论述中可以看到,吕柟是一彻底的气本论者,其理气论和心性论都属于气学之体系。如果比较而言,吕柟的气学思想与黄宗羲比较接近,但不如黄宗羲讲的清楚分明,而且有关论述也不多,这可以说是因为吕柟的学问兴趣不在形而上的思辨上,而是注重日常的工夫实践。另外,由于吕柟坚持气原是有理的,理对于气来说是一种必然的存在,而不像王廷相把理看作是根于气、由气而生的,气本身没有理,不存在任何超越的内容,故对王廷相来说,气可以有善也可以有恶,因此在人性论上,吕柟仍然坚持孟子的性善论,而王廷相则主张人性是有善有恶的。因而,虽然同属于气学,但王廷相是一种类型,而吕柟、黄宗羲又是另一种类型,二者并不相同。而罗钦顺虽然也主张“理气为一物”“理只是气之理”,若从这一点来看也可以将其思想归为气学,而与吕柟、黄宗羲相同,但他另一方面又反复强调“就气认理”与“认气为理”的不同,将学问的重心放在理上而不是气上,工夫仍是为了呈现本体,强调“复性”,而不像吕柟主张“‘致曲’工夫就便是‘明诚’尽头”①,或黄宗羲说的“养气即是养心”②。

① 吕柟:《泾野子内篇》卷9,第80页。

② 黄宗羲:《孟子师说》卷2,《黄宗羲全集》第1册,第60页。

第四章　吕柟的工夫论

吕柟对理气、心性等形上问题的辨析明显缺乏兴趣，因此相关讨论在其著作之中并不多，他更强调的是日用常行中的道德实践。这种变化一方面源自其本体论上的“理气一物”思想，这一思想使人们开始转向在气上求理，转向关注日常行为的合理与否；另一方面则与当时的学风有关。吕柟生活的时代，程朱理学不仅日渐支离，而且因与科举考试结合在一起，使得士人学子常常把读书当作是获取功名的手段，偏重于辞章训诂和口耳记诵，而不能反身躬行。此时，阳明学虽然盛行天下，对朱子学产生的弊端能够有所纠正，但它本身的不足也日益显露出来，其后学往往只重视良知本体的体证而脱略工夫实践，正如《明儒学案》中说的：“异时阳明先生讲良知之学，本以重躬行，而学者误之，反遗行而言知。”[①]正是基于此种学风现状，吕柟提出了“君子贵行不贵言”[②]的口号，强调学者应在躬行实践上用力。对此，刘宗周评论说，阳明学“得先生尚行之旨以救之，可谓一发千钧”[③]。

第一节　“君子贵行不贵言”

吕柟“君子贵行不贵言”的思想主要体现在以下几个方面：

首先，吕柟反对离开具体的人事而空谈抽象的天理。

问：“下学人事，上达天理。请先生举一二事例之，是如何样子？”先生曰：“程子‘洒扫应对是其然，必有所以然’之言极明白。今孟禽欲举一二事为样子者，只是把天理看在苍然之表，以为上也，把人事看在眇然之躯，以为下也。孟禽只在人事上作，则天理自随，孟禽作处殊无高卑难易之别。”又曰：“上下只是精神显微字样。如

① 黄宗羲：《明儒学案·师说》（修订本），第11页。
② 吕柟：《泾野子内篇》卷1，第5页。
③ 黄宗羲：《明儒学案·师说》（修订本），第11页。

《易》云：'形而上者谓之道，形而下者谓之器。'此不是大样子耶？"[①]

在吕柟看来，理气只是"一物"，因此形而上与形而下只是"精神显微"的样子，并不是两个各不相同的东西，故天理、人事只是"一物"，人事之合理就是理。吕柟说："天理不在人事之外，外人事而求天理，空焉尔矣。"[②]天理就在人事之中，不能把天理和人事截然分割开来，当作两件毫不相关的事。所谓"下学人事，上达天理"，不是说既要学习人事，又要学习天理，以为人事之外还有一个天理，而是说人事之中就蕴含着天理，下学的同时即是上达，这是一种"理事合一"的思想，可能受到湛甘泉"随处体认天理"之说的影响，所以吕柟说："天下无一事非理，无一物非道，如《诗》云：'洒扫庭内，惟民之章。'夫洒是播水于地，扫是运帚于地，至微细的事，而可为民之章。故虽执御之微，一贯之道便在是也。"[③]

其次，对当时学者喜谈心性、言论高远的风气，吕柟进行了批评。他说："今之学者，平日都能道仁义气节。及遇小小利害，便改移了，何以为学！由是知高谈者之无益也。"[④]又说："人只是重厚笃实，人便信他是有德行的；若徒高谈阔论，其为害亦不细，虽谓之邪说可也。"[⑤]并指出："圣门教人，大以成大，小以成小。如季路习得一信，冉求做得一艺。今人未得斐然成章，便将高远处做口头语也。"[⑥]这种专言理气、心性的做法，虽然看起来高深玄远，颇能吸引学者的兴趣，但却不免忽视了躬行，对于进德修业并没有多大帮助，而这种学风、士习的出现与当时人们对所谓"道学"的看法是有极大关系的，吕柟就说：

皋陶说九德，皆就气质行事上说。至商周始有礼义、性命之名。宋人却专言性命，谓之"道学"，指行事为粗迹，不知何也？[⑦]

为了改变这一认识，吕柟强调宋儒专以理气、性命为道学的做法是不对的，真正的道学是包括躬行在内的，或者说更重视躬行。他说："性、命、理、气固要讲明，必措诸躬行，方是亲切，性命自在其中，庶不为徒讲也。""只论心论

---

① 吕柟：《泾野子内篇》卷17，第172页。
② 吕柟：《泾野子内篇》卷19，第195页。
③ 吕柟：《泾野子内篇》卷15，第149页。
④ 吕柟：《泾野子内篇》卷7，第54页。
⑤ 吕柟：《泾野子内篇》卷27，第283页。
⑥ 吕柟：《泾野子内篇》卷7，第51页。
⑦ 吕柟：《泾野子内篇》卷12，第118页。

性，不论行亦未是，须著自家行去方好。”[①]这也就是说，对于理气、心性这些问题的理解不能只停留在语言文字上，还要见之于躬行，也只有在日用实践中才能使这些抽象的道理真正为我所用，成为吾人生命中的东西，所以针对有人问“知行合一”之说，吕柟则告之曰：“尔如此闲讲合一不合一，毕竟于汝身心上有何益？不若且就汝未知者穷究将去，已明白者尽力量行去，后面庶有得处。”[②]又说：“圣人之道，极平易近人情，只在日用行事间见得。凡谈奥妙，念高远，俱是异端。”[③]最后，吕柟的主张是：“只做得不耻恶衣恶食，便是道学。”[④]

第三，对于朱子学的“支离”，吕柟则指出：“学者虽读尽天下之书，有高天下之文，使不能体验见之躬行，于身心何益，于世道何补！”[⑤]严厉地批评了当时学者只务博务多、知而不行的做法，认为这样的学问不过是口耳记诵而已。为改变这一学风现状，吕柟首先对朱子学的“格物穷理”进行了纠正。在肯定“格物”的重要性和必要性前提下，他指出：“若事事物物皆要穷尽，何时可了。”[⑥]因此，“格物”的“物”字并不是我们平时泛泛而言的“物”，不是与自己身心无关的东西，而是孟子讲的“万物皆备与我”的“物”，即“凡身之所到，事之所接，念虑之所起，皆是物”[⑦]。换言之，吕柟所说的“格物”一定是从人伦日用上入手，要与自我的身心修养和经世致用有关。因此他在回答学生提出像鸟兽草木之类的事物是否要格的问题时，一方面认为鸟兽草木也要格，但另一方面又指出所格之物必须与我相关，如果离开身心修养去格那些纯粹外在的事物，驰心于鸟兽草木上，这种“格物”就是理学家常常批评的“玩物丧志”。不过，吕柟把“念虑之所起”即念虑、意念也看作是“物”，认为在“心下有所想像，念头便觉萌动”处也有“物”可格，这一点比较接近于王阳明所说的“意之所在便是物”（《传习录上》），可能是受到了阳明学的影响。但吕柟并没有把“格物”完全看作是王阳明讲的“格心”或“正念头”，从而把学问转向内心，忽视儒家传统的学问思辨行。所以当有人把“默识自省”看作是获

---

① 吕柟：《泾野子内篇》卷10、卷15，第99、145页。
② 吕柟：《泾野子内篇》卷12，第118页。
③ 吕柟：《泾野子内篇》卷19，第190页。
④ 吕柟：《泾野子内篇》卷7，第48页。
⑤ 吕柟：《泾野子内篇》卷10，第91页
⑥ 吕柟：《泾野子内篇》卷10，第91页。
⑦ 吕柟：《泾野子内篇》卷21，第152页。

得“知”的方法时，吕柟则指出，这固然是一种方法，但这种方法与“念虑所起”紧密相关，很容易导致“恶与物接”而堕于禅，故“随事观理、因人辨义、读书穷理”这些方法皆不可或缺，因此“格物”还是指穷理。

建立在上述对“格物”的理解的基础上，吕柟指出“格物”所穷之理并不是指一般的客观知识，也不是形上超越的天理，而主要是指对日用常行之理的体认和躬行。他说：

> 只一坐立之间便可格物。何也？盖坐时须要格坐之理，“如尸”是也；立时须要格立之理，“如斋”是也。凡类此者皆是。如是，则知可致而意可诚矣。①
>
> 古人制物，无不寓一个道理。如制冠，则有冠的道理；制衣服，则有衣服的道理；制鞋履，则有鞋履的道理。人服此而思其理，则邪僻之心无自而入。……诸生今日之学，虽一衣解结，亦要存个念头，务时时有所见，方可谓满目皆忠信笃敬也。②

可见，“格物”所穷之理并不是什么高深玄妙之理，也不是为了追求博学多识，而只是人伦日用中平平常常的道理和对这些道理的体认、躬行。

第四，自王阳明提出“致良知”后，不少学者主张良知现成，强调在良知本体上做工夫，即本体以为工夫，如王畿（龙溪，1498—1583）说：

> 千古圣学，只从一念灵明识取，只此便是入圣真脉路。当下保此一念灵明，便是学；以此出发感通，便是教。随事不昧此一念灵明，谓之格物；不欺此一念灵明，谓之诚意；一念廓然，无有一毫固必之私，谓之正心。直造先天羲皇，更无别路，此是易简直截根源。③
>
> 千古圣学，只有当下一念。此念凝寂圆明，便是入圣真根子。时时保守此一念，动静弗离，便是缉熙真脉络，更无巧法。④

良知就是入圣之机，因此时时保任此一念灵明，便是学，便是致知。王龙溪的这种主张在当时影响很大，也很流行。后来泰州学派的颜钧（山农，1504—1596）就曾告诉罗近溪（1515—1588）“制欲非体仁”的道理，指出天命之性生生不息，流行于当下日用，所以如果能够像孟子扩充四端那样，直接在

---

① 吕柟：《泾野子内篇》卷10，第90页。

② 吕柟：《泾野子内篇》卷13，第121页。

③ 王畿：《水西别言》，《王畿集》卷16，南京：凤凰出版社，2007年版，第451页。

④ 王畿：《书查子警卷》，《王畿集》卷16，第225页。

良知本体上做工夫，就可以体会生生不息的仁之理了。受颜山农这种教法的影响，罗近溪一改过去以“克去己私，复还天理”为主的工夫路向，开始转向以“体仁”为主的良知现成论，并将其发挥到极致，强调“一切放下”，直下承当，认为“太阳一出而魍魉潜消”，而反对“扫尽浮云而见青天白日”，认为“此理生生不息，不须把持，不须接续，当下浑沦顺适。工夫难得凑泊，即以不屑凑泊为工夫，胸次茫无畔岸，便以不依畔岸为胸次，解缆放船，顺风张棹，无之非是”[①]。罗近溪的这一工夫主张固然简易直接，直指人心，但“一切放下”不免会导致后学末流重悟轻修，脱略工夫实践。因此，对王学那种即本体以为工夫，认为良知便是入圣之机的思想，吕柟批评说：

> 今世学者，开口便说一贯，不知所谓一贯者，是行上说，是言上说？学到一贯地位，多少工夫！今又只说明心，谓可以照得天下之事。宇宙内事固与吾心相通，使不一一理会于心，何由致知？所谓不理会而知者，即所谓明心见性也，非禅而何！[②]

在吕柟看来，即本体以为工夫只强调良知人人本有，因而工夫只在于顺应良知的发用流行而已，这种主张与释氏说的“明心见性”并无不同。吕柟又指出：

> 学者真积力久，自有所得，不可旦夕期效。今人气质不是贞元会和的，多有夹杂，或有禀得金多的，或有禀得木多的，或有禀得土重浊的。及胎生之后，有闻有见，被那习俗流入渐染，皆成私欲，不是一朝一夕，如何一时去得尽！须是“必有事焉而勿忘”“学而时习之”，久之习俗始去，贞元始复，此岂一朝一夕所能到！[③]

吕柟指出，常人气质多有夹杂，所禀之气并非贞元会和，而是有清浊昏明偏正之不同，再加上后天不良环境的影响，日积月累，如何能够只靠对良知本体的一悟就去得尽，所以吕柟主张要用工夫来复本体，强调必须真积力久，才能去除身上的习气，变化气质，而并非一朝一夕就能做到，因此真正的“一贯”是要靠长期的刻苦实践才能达致。吕柟说：“一贯先要逐事磨炼。如十事中虽不能一一做过，也要尽得数件，方可类推。此非小事，曾子不知苦过多少

---

① 黄宗羲：《泰州学案三》，《明儒学案》（修订本）卷34，第762页。
② 吕柟：《泾野子内篇》卷11，第103页。
③ 吕柟：《泾野子内篇》卷27，第283页。

事，孔子后方与他说一贯。今无孔子之质，又无曾子之学，遽要一贯，岂非妄想。"[1]又说：

"予一以贯之"，这"一"字非泛然的一，如《书·咸有一德》之"一"。然亦未尝不自多学中来，但其多识前言往行，便要畜德；多闻多见，便要寡悔寡尤。所以扩充是一而至于纯，故足以泛应万事。若只泛泛说个一，则或贰以二，或叁以三，元自不纯，理与我不相属了，又何以贯通天下之事！[2]

总之，从上述吕柟的"贵行不贵言"的主张来看，可以看到其目的就是要将理学的重心由对理气、心性等形上问题的讨论和思辨转移到日常的道德实践上，并以此作为安身立命的真正存在。

第二节　"致曲"工夫

一、与朱子"致曲"说的比较

如果说反对空谈高论，强调"贵行不贵言"是吕柟工夫论的第一个特点，那么其工夫上的第二个特点便是主张"致曲"，亦即强调从细微处做起以及工夫无时无刻无之。

"致曲"作为工夫出自《中庸》。《中庸》说：

唯天下至诚，为能尽其性；能尽其性，则能尽人之性；能尽人之性，则能尽物之性；能尽物之性，则可以赞天地之化育；可以赞天地之化育，则可以与天地参矣。其次致曲，曲能有诚，诚则形，形则著，著则明，明则动，动则变，变则化，唯天下至诚为能化。

根据朱子的解释，"天下至诚"指的是圣人之德，"其次致曲"则是指学者以至贤人的工夫，其间的差别则是由于气禀的不同。在朱子看来，"至诚"即是《中庸》讲的"自诚明"，属"不勉而中，不思而得，从容中道"的圣人之事；而"致曲"则是"自明诚"，属"择善而固执之"的学者和贤人之事。至于何为"致曲"，朱子指出："致，推致也。曲，一偏也。"故"致曲"就是"自其善端发见之

---

① 吕柟：《泾野子内篇》卷8，第65页。

② 吕柟：《泾野子内篇》卷15，第149—150页。

偏,而悉推致之,以各造其极也。”(《四书章句集注·中庸章句》)这也就是说,人性虽然无有不同,但每个人的气禀则有异,圣人所禀之气无所偏倚,故能“举其性之全体而尽之”,而一般人或禀得刚强,或禀得和柔,如“恻隐、羞恶、是非、辞逊四端,随人所禀,发出来各有偏重处,是一偏之善”①,“致曲”便是就这些善端发见之偏重处而推极其全,由“一曲”而至“全体”。可见,朱子“致曲”工夫的重心是在“推致”上,而善端发见只是工夫的入手处。朱子说:“人所禀各有偏善,或禀得刚强,或禀得和柔,各有一偏之善。若就它身上更求其他好处,又不能如此,所以就其善端之偏而推极其全。”②故对朱子来说,“致曲”的真正含义是从善端发见之偏入手而于事事上推致,“如事父母,便就这上致其孝;处兄弟,便致其恭敬;交朋友,便致其信”,能事事如此,就能够至于“诚”的境界。

吕柟继承了朱子的这一思想,也把“至诚”与“致曲”看作是分属于“自诚明”与“自明诚”的工夫。

> 问《中庸》。先生曰:“看来只是个诚明。故‘唯天下至诚’,申‘自诚明谓之性’。‘其次致曲’,申‘自明诚谓之教’。‘至诚’‘前知’,言‘诚则明’也。‘诚者自成’,言‘明则诚’也。‘至诚无息’以下,申言至诚之赞化育、参天地也。‘大哉圣人’以下,申致曲之功夫也。能有如是功夫,则亦能赞化育矣。故下遂言三重,能斯道者,其惟孔子乎!故遂言孔子,孔子诚明者也。其下‘至圣’‘至诚’,皆言诚明之事。然必本之以下学,故遂言下学。”③

不过,尽管吕柟认为孔子属于诚明者,但孔子之“至圣”“至诚”却是来自于下学,或者说是从下学学上来的,所以当学生问“至诚尽性”时,吕柟回答道:“尽性即尽其心之尽,此以前戒惧、慎独、格致、诚正工夫都已尽了,所谓‘穷理尽性以至命’亦此,乃是致中和,天地位。”(《四书因问》卷二)可见,要做到“至诚尽性”,此前必先有戒惧、慎独、格致、诚正等工夫,方能如此,故吕柟主张:“学者之入门,亦惟自为己之诚,知几之明,以求致其极耳。至于笃恭之妙,则所谓位天地、育万物者,不外乎此矣。”(《四书因问》卷二)对吕柟来说,要达到像孔子那样的圣人境界,只能通过下学实践,这就更加突出了学的

① 黎靖德:《朱子语类》卷64,第1573页。

② 黎靖德:《朱子语类》卷64,第1573页。

③ 吕柟:《泾野子内篇》卷11,第110页。

重要性。但与其他理学家把工夫看作是为了呈现本体、体证形上天理不同，吕柟指出，"'致曲'工夫就便是'明诚'尽头"，即工夫本身就有意义。

不过，对"致曲"的解释，吕柟则与朱子有所不同。他说：

> 君子之学，致曲为要。夫曲也者，委曲转折之处也。夫天体物而不遗，仁体事而无不在，故周旋中规，折旋中矩者，非专饰于外也。今夫仲路，信人也，至使千乘之国不用其盟；曾子，孝人也，至论其所以事亲者，止在对酒食有无之间。然求其致曲之功，无宿诺，请所与，则甚浅近耳。此孔子每欲无言，而高谈雄辩者离道之远也。是故言行合一之谓学，内外无二之谓道。[①]

> 致曲工夫甚难。曲即是委曲处，如水之千流万派，欲达江达海，中间不免有些沙石障碍，山谷转折，便有多少委曲处，须是悉致之，才得与江海会通着。……凡学者，惟是这一湾难过。故予尝说，致曲与《大学》之格物，《中庸》之慎独，皆是一样的工夫。[②]

对朱子来说，"曲"乃是指相对于性之"全体"（仁义礼智）而言的"偏"，故"致曲"是就个体善端发见之处来做工夫，但吕柟则将"曲"解释为："夫曲也者，委曲转折之处也。"这样，"曲"的意义便变成"细微、周全"等意，而不是专指善端发见处而言，"致曲"也就变成从细微处着手做工夫，如子路之信，能使千乘之国不信其盟而信其一言，其致曲之功只是"无宿诺"；曾子之孝，体现在回答酒食有无之间，其致曲之功也只是"请所与"[③]。故吕柟说："致曲工夫比集义还精密，譬如曾子说孝，其行孝便是义；说到斩一木、杀一禽，不以其时，非孝也，便是致曲。孟子说集义到行有不慊于心则馁，乃是曲之不致。譬如才方饮茶，长的不肯先，幼的不敢不后，不相错乱，其让的意思溢然，便是致曲。若一茶之间忽略了，便不是致曲。"（《四书因问》卷二）又如：

> 象先曰："如何是委曲处？"曰："如水之千流万派，欲达江达海，中间不免有些砂石障碍，山谷转折，便有多少委曲处，须是悉致之，才得与江海会通。昔日有二生同欲致书于其长，一生适有事，就浼无事的这生为之封装。其生于己的封装甚整饬，于人的便觉潦草，此便是不能致曲处。前日初启东来见，说他场屋中一友有寒疾，不

① 吕柟：《赠别林秀卿语》，《泾野先生文集》卷33。

② 吕柟：《泾野子内篇》卷16，第163—164页。

③ 曾子"请所与"事，见《孟子·离娄上》。

能终卷，他便把己身上衣服解下一件与他穿，其友还不能写，又教他面向里，背向外写，其友犹不能，又将两个军的衣服脱下来，将外面遮着，其友才得终卷出。看这一事，便是他能致曲处，但未知他每事皆能如是否耳？凡学者惟是这一湾难过，须要人逐念寻究耳。”（《四书因问》卷二）

可见，吕柟所说的“致曲”就是要从这些“纤悉委曲”之处做起，“曲是纤悉委曲处皆要推而致之，使无遗欠，如《易·系辞》所谓‘其言曲而中之’”（《四书因问》卷二）。又因为“仁体事而无不在”，故“致曲”又是无处无之的，就像孟子说的“必有事焉”一样，吕柟说：“近与学者论‘致曲’，凡事致其委曲纤悉合当处，才是工夫，无处无之也。”（《四书因问》卷二）

不过在另一方面，吕柟也没有完全舍弃朱子的看法，如有时候他也认为“曲如善端发见之偏”，“致曲”是“因其发见之一端而委曲推究，以造其极。理有未得者，力皆可得而至之，故能有诚也”（《四书因问》卷二），但这并不是吕柟“致曲”工夫的重点。

二、与张载“致曲”说的比较

对于“致曲”，张载说：“仁者不已其仁，姑谓之仁；知者不已其知，姑谓之知；是谓致曲。曲能有诚也，诚则有变，必仁知会合乃为圣人也。”①这里，张载说的“曲”即是指气质粹美而又偏于一曲者，如偏于仁、偏于智、偏于清、偏于和，这些人如果能够不已其仁，不已其智，不息其清，不息其和，就可以“曲能有诚”，从而达致圣人的境界，伯夷、柳下惠、伊尹等人即是如此，如伊尹，“虽然，得圣人之任，皆可勉而至，犹不害于未化尔”②。张载关于“致曲”的思想可以从其弟子吕大临那里得到进一步说明，吕大临在其《中庸解》中说：

致曲者，人之禀受存焉，未能与天地相似者也。人具有天地之德，自当致乎中和，然禀受之殊，虽圣贤不能免乎偏曲，清者偏于清，和者偏于和，皆以所偏为之道。不自知其偏，如致力于所偏，用心不二，亦能即所偏而成德。故致力于所偏，则致曲者也；用心不二，则曲能有诚者也。能即所偏而成德，如伯夷致清，为圣人之清；柳下惠

---

① 张载：《横渠易说·系辞上》，《张载集》，北京：中华书局，1978年版，第187页。

② 张载：《横渠易说》，《张载集》，第80页。

致和，为圣人之和，此“诚则形”者也。[①]

《中庸解》是吕大临早年从学张载时所作，按照二程的说法，吕大临“守横渠学甚固，每横渠无说处皆相从，才有说了，便不肯回”[②]，因此从《中庸解》中可以看到张载思想的影响。在这里，吕大临即明确指出，即使是圣贤其禀受也不能免于偏曲，如伯夷偏于清，柳下惠偏于和，但只要能够致力于所“偏”，用心不二，也能够成德，成为圣人。致力于所偏即是“致曲”，用心不二则是“曲能有诚”。可见，张载、吕大临对“致曲”的理解与朱子相近。然而不同的是，对朱子来说，“致曲”属于“自明诚”，是学者和贤人之事，但对张载而言，“致曲”与“至诚”一样同属“自诚明”，而这里的关键就是对“诚”与“尽性”的理解。

朱子认为，“诚者，真实无妄之谓，天理之本然也”，故圣人是“德无不实而明无不照”，因此，“诚则无不明矣”（《四书章句集注·中庸章句》）。对朱子来说，“诚”指的是一种境界或精神，而无工夫的意义。朱子的这一理解，本之于程颐。程颐曾针对张载提出的“由明以至诚，由诚以至明”说过：“‘由明以至诚’，此句却是。‘由诚以至明’，则不然，诚即明也。孟子曰：‘我知言，我善养吾浩然之气。’只‘我知言’一句已尽。横渠之言不能无失，类若此。”[③]程颐认为，“自诚明”的“诚”并不是修养方法，而是指工夫的果地或修养所达致的境界。既然工夫修养已到圣人境界，就无需再有一个“明”的过程，“诚即明也”，所以张载讲“自诚明”是不对的[④]。但张载关于“诚”的认识与程颐、朱子之说有所不同。

在张载看来，“诚”并非专指圣人的德性和境界，同时它还具有工夫实践的意义，可以用在学者、大人身上。如张载说：“诚者，虚中求出实。”[⑤]对张载来说，“虚”是仁之原、仁之本，故所谓“虚中求出实”就是要将仁落实为具体的道德实践，也就是指实行、实践，所谓“人之事在行，不行则无诚，不诚则无

---

① 吕大临：《礼记解》，《蓝田吕氏遗著辑校》，北京：中华书局，1993 年版，第 299 页。

② 程颢、程颐：《河南程氏遗书》卷 19，《二程集》，第 265 页。

③ 程颢、程颐：《河南程氏遗书》卷 23，《二程集》，第 308 页。

④ 有关张载“自诚明”与“自明诚”的理解和分歧，参见米文科：《张载工夫论研究综述》，载《儒家典籍与思想研究》（第六辑），北京：北京大学出版社，2014 年版，第 359—363 页。

⑤ 张载：《张子语录中》，《张载集》，第 325 页。

物，故须行实事”[1]，而圣人之所以能够“践形”，做到形色即天性即是因为“实之至”。又，张载说：“诚，成也，诚为能成性也，如仁人孝子所以成其身。柳下惠，不息其和也；伯夷，不息其清也；于清和以成其性，故亦得为圣人也。”[2]这里，“诚”依然是一个动词，指的是“成”，意为能够做到“诚”，就能成性。如何做到“诚”？就是要“不息”，如仁人孝子不息其仁孝，就能够成就其身；柳下惠和伯夷不息其清和，就能够成其性，成为圣人，而“不息”即是要不断地进行道德实践。可见，张载对“诚”的理解并不是朱子所说的“真实无妄，天理之本然”，指向的是一种境界，而是偏重于行，即工夫践履，这就是“自诚明”。张载说：“以诚而明者，既实而行之明也，明则民斯信矣。”[3]更加明确地指出了“自诚明”的意义。

不过，张载说的“自诚明”的“行”与一般意义上的道德实践不同，它主要是指在性体上做工夫，亦即“尽性”，如上面所说的“柳下惠，不息其和也；伯夷，不息其清也；于清和以成其性”，而“不息其和”“不息其清”即是“尽性”的一种表达，而这种“尽性”实际上也就是“致曲”。因为清、和都属于“性之一偏”即“曲”，故于清和上成性，即是“致曲”，这就显示出张载讲的“尽性”与朱子之说的不同。张载说：“自诚明者，先尽性以至于穷理也，谓先自其性理会来，以至穷理。”[4]而朱子所谓“尽性”则是指“举其性之全体而尽之”，亦即“尽性之全体”，而“致曲”则是“尽性之一偏”，故“致曲”不是“尽性”。但在张载，则无朱子的这种分疏，在他看来，“尽性之一偏”也是“尽性”，故“致曲”也是“尽性”。张载说：

> 所以成性则谓之圣者，如夷之清，惠之和，不必勉勉。彼一节而成性，若圣人则于大以成性。[5]
>
> 倚者，有所偏而系着处也。……所谓倚者，如夷清惠和，犹有倚也。夷、惠亦未变其气，然而不害成性者，于其气上成性也。清和为德亦圣人之一节，于圣人之道取得最近上，直邻近圣人之德也。[6]

---

① 张载：《张子语录中》，《张载集》，第325页。
② 张载：《横渠易说·系辞上》，《张载集》，第192页。
③ 张载：《经学理窟·学大原下》，《张载集》，第285页。
④ 张载：《张子语录下》，《张载集》，第330页。
⑤ 张载：《横渠易说·乾》，《张载集》，第77—78页。
⑥ 张载：《张子语录中》，第318页。

与常人所禀之气有清浊昏明之不齐不同，伯夷、柳下惠所禀之气则为清和之气，故夷、惠之性较少受气质的影响与限制，因此他们不必像一般学者还需要经历一个“变化气质”的过程，勉勉以成性，而只需要依靠自身所禀的清和之气就能成性，所谓“夷、惠亦未变其气，然而不害成性者，于其气上成性也”，“夷之清，惠之和，不必勉勉”。伯夷、柳下惠的这种“成性”方式就是张载说的“先自其性理会来”，“由尽性而穷理”的“自诚明”，而“于清和以成其性”也就是由“一节而成性”，亦即前面张载与吕大临说的“致曲”，所谓：“仁者不已其仁，姑谓之仁；知者不已其知，姑谓之知；是谓致曲。”“故致力于所偏，则致曲者也；用心不二，则曲能有诚者也。能即所偏而成德，如伯夷致清，为圣人之清；柳下惠致和，为圣人之和。”

当然，正如前面所言，吕柟同朱子一样，把“致曲”看作是“自明诚”，但他对“致曲”的具体理解又不完全同于朱子，更不同于张载，从而体现出《中庸》“致曲”思想在不同时期的发展变化。

最后，就是同为圣人，孔子与伯夷、柳下惠、伊尹何以不同？在张载看来，这是由于其“成性”的方式不同。伯夷、柳下惠、伊尹皆是依靠自身所禀气质的美好即于“一节”上成性而成为圣人的，但也正因为如此，他们只能体现圣人之德的某一个方面。张载说：“于一节上成性也，夷、惠所以亦得称圣人，然行在一节而已。”[①]可见，伯夷之清、柳下惠之和与伊尹之任都只是圣之“一节”，性之“一端”。而孔子“则于大以成性”，即通过学而至“大”再进而成为圣人，故只有孔子才能够体现出圣之全德，将性体全部展现出来[②]，这也说明了张载与吕大临为何都更重视“知礼成性”“变化气质”的“自明诚”工夫。张载说：“圣人之清直如伯夷之清，圣人之和直如（柳）下惠之和，但圣人不倚着于此，只是临时应变，用清和取其宜。”[③]又说：“清和犹是性之一端，不得全

---

① 张载：《横渠易说·系辞上》，《张载集》，第187页。

② 与张载不同，朱子认为“致曲”虽是就善端之偏处用力，但其结果却能与“至诚尽性”相同。“问：‘如此，恐将来只就所偏处成就。’（朱子）曰：‘不然。或仁或义，或孝或弟，更互而发，便就此做致曲工夫。’”又说：“凡事皆当推致其理，所谓‘致曲’也。如事父母，便来这里推致其孝；事君，便推致其忠；交朋友，便推致其信。凡事推致，便能有诚。凡事推致，便能有诚。曲不是全体，只是一曲。人能一一推之，以致乎其极，则能通贯乎全体矣。”（见黎靖德：《朱子语类》卷64，第1572、1574页。）这里就明确指出“致曲”的最后便能通贯性之全体，与至诚尽性相同。

③ 张载：《张子语录中》，第318页。

正，不若知礼以成性，成性即道义从此出。"[①]吕大临也指出：

> 君子所贵乎学者，为能变化气质而已。……盖均善而无恶者，性也，人所同也；昏明强弱之禀不齐者才也，人所异也。诚之者，反其同而变其异也。思诚而求复，所以反其同也；人一己百，人十己千，所以变其异也。孟子曰："居移气，养移体。"况学问之益乎！……夫愚柔之质，质之不美者也。以不美之质，求变而美，非百倍其功，不足以致之。今以卤莽灭裂之学，或作或辍，以求变不美之质，及不能变，则曰"天质不美"，非学所能变，是果于自弃，其为不仁之甚矣。[②]

然而在吕柟看来，孔子与伯夷、柳下惠、伊尹之所以不同并不在于"成性"的方式不同，而是"智"不同。

> 城问孔子"圣之时"。先生曰："亦是四时之时。此见孟子善言孔子，其源得于子思，故曰'譬如天地之无不持载'云云，此见孔子就是天也。四时当寒则寒，当暑则暑，何有一毫意、必、固、我之私乎！始终条理，总是论孔子之全。然三子之偏，各自成一个条理者，亦自可见。……此'智'字是孔子之智，可以兼圣字。此'圣'字是三子之圣，兼不得智字也。盖孔子之智，知至而行亦至也；三子之圣，圣虽至而智则有偏，故所成就的圣亦偏。如此说，才见取譬巧力之义，亦以见始条理之，知始而见终，终条理之。圣各自其小成处，而至其极，不能兼乎知也。故乐之圣，知有大小；射之圣，知有偏正；孔子之圣，知大而正。故三子不能及。"[③]

吕柟的这段话解释了同是圣人的孔子与伯夷、柳下惠和伊尹之不同的原因。其原因就在于三子之智有偏，"三子之圣，圣虽至而智则有偏，故所成就的圣亦偏"，而"孔子之智，知至而行亦至也"，亦即三子之智与孔子相比，有大小、偏全之不同，故所成就的圣人层次、体现出的大道也不同。换言之，孔子是"圣智合一"，三子只是圣，而智则有所不及。正是由于"智"的地位如此重要，故吕柟在论孔门仁学时，就特别注重"智"，强调"仁智合一"（详见后述），而这也是他始终坚持朱子"知先行后"以及格物穷理的根本原因所在。

---

① 张载：《横渠易说・系辞上》，第 192 页。

② 吕大临：《礼记解》，《蓝田吕氏遗著辑校》，第 297 页。

③ 吕柟：《泾野子内篇》卷 12，第 116 页。

虽然吕柟在对“致曲”和对孔子与伯夷、柳下惠、伊尹之不同的理解上有异，但他同张载一样，主张学问要从“自明诚”做起，他说：

自诚而明，是原初就是如此，无些夹杂，无些私欲，所以谓性，即“成之者性”字一般，自天生来然也。自明而诚，是有私欲杂了，必有所见闻而后有所得。故或师友之开通，典籍之觉悟，心思之扩充，言动之观法，至于见一草一木之微也，亦或触类知进，皆谓之教，如张子所谓“糟粕煨烬，无非教者”一般。……古人的学问，元只是打知上起，看他下个“明”字，见得元初本是明的，但受形时，或气少夹杂了些，且又加几番习染过来，便与元初的本体不同了，故必须在明上起，才到得圣的去处。正如一个镜一般，被尘垢污了，须要擦磨过，才得复明。又如作室一般，亦要把那地基上的蓁芜悉皆芟去，方好作室。故曰不明乎善，不诚乎身。大学谓在明明德，亦是如此。(《四书因问》卷二)

正是由于气禀的夹杂、后天的习染，使得我们不能像圣人一样能够自诚而明，而必须依靠“师友之开通，典籍之觉悟，心思之扩充，言动之观法，至于见一草一木之微也，亦或触类知进”，等等，如此才能恢复我们本来至善的本性。故对吕柟来说，“致曲”也不是真正意义上的“尽性”，真正的“尽性”，应该是：“尽性即尽其心之尽，此以前戒惧、慎独、格致、诚正工夫都已尽了，所谓‘穷理尽性以至命’亦此。乃是致中和，天地位，是性本合天地万物为一原，由是扩之，与天地同其大，万物同其体，斯谓之尽，而人物之性亦在尽己之性已兼了。”(《四书因问》卷二)

总之，从以上所述可以看到，吕柟与张载、朱子的“致曲”之工夫有同有异。比较而言，张载的“致曲”主要是指在“其气上成性”“于一节上成性”，依靠的是气禀的清明，但因为不是从“学”做上来的，故即使成为圣人，也不能体现出圣之全德。朱子的“致曲”强调的是从善端发见处即从性体呈现的地方来做工夫，重点在于“推致”，个体若能“推极其全”，“致曲”的最后结果便与“至诚尽性”相同，所成就的圣人也与“生而知之”的圣人一样。而吕柟的“致曲”虽近于朱子，但其重心则在于“细微”“周全”，即从“委曲”之处做起，并强调每事“致曲”，就像孟子说的“必有事焉”。

第三节　戒慎恐惧与慎独

一、戒惧与慎独

在朱子学中,戒慎恐惧与慎独一般被看作是分属涵养与省察两边的工夫,前者为"未有事时",后者则是已思虑,"已有形迹了",故戒慎恐惧为存养工夫,是"存天理之本然",而慎独则是"遏人欲于将萌",即于私意初起时加以省察克治。朱子说:

"戒慎"一节,当分为两事,"戒慎不睹,恐惧不闻",如言"听于无声,视于无形",是防之于未然,以全其体;"慎独",是察之于将然,以审其几。①

对于戒惧和慎独分为两事,朱子是很肯定的,当时有学生认为这种分别过于分析,指出"能存天理了,则下面慎独,似多了一截"。朱子则说:"虽是存得天理,临发时也须点检,这便是他密处。若只说存天理了,更不慎独,却是只用致中,不用致和了。"②在朱子看来,"独"是"人所不知而己所独知之地",所以既要常常戒惧,使此心常存敬畏,凝聚于理上,同时更要在"独"处小心谨慎,以"遏人欲于将萌,而不使其滋长于隐微之中,以至离道之远也"(《四书章句集注·中庸章句》)。戒慎恐惧与慎独同时并进、不偏一边虽然体现了朱子工夫的细密,但其背后却是理气二元论的思维模式所致,故有致中、致和的区别。而吕柟在理气论上已由朱子的"理气二分"转向"理气一物",因此在工夫上,他也认为戒慎恐惧与慎独只是一个工夫,并非朱子说的"两事"。

康恕问:"戒慎恐惧是静存,慎独是动察否?"先生曰:"只是一个工夫。静所以主动,动所以合静。不睹不闻,静矣;而戒慎恐惧便惺惺,此便属动了。如大《易》'闲邪存诚'一般,闲邪则诚便存。故存养、省察,工夫只是一个,更分不得。"③

存省之功固不可分,能存天理,便能遏人欲;能遏人欲,便能存

① 黎靖德:《朱子语类》卷62,第1502页。
② 黎靖德:《朱子语类》卷62,第1503页。
③ 吕柟:《泾野子内篇》卷15,第147页。

天理。故君子用功，惟于一念将萌之初加之意焉，戒慎于己所不睹，恐惧于己所不闻，道在我矣。盖此不睹不闻之境，人皆以为隐微而可忽，孰知其至见至显也。故君子必谨其一念将萌之独焉，原无二截。①

大器问："戒慎恐惧与省察，只是个慎独工夫否？"先生曰："王介庵先生尝言戒慎恐惧及慎独是一个工夫。王虎谷先生曰：'某只作两个工夫做。'然予尝以问刘近山先生，近山先生曰：'才说一个工夫，便是不曾用工。'然以今日吾辈各求于心，静坐体验，才省察便涵养，才闲邪便存诚，才克己便复礼，实非有两事也，岂不是一个工夫？不然，则天下有二独矣。"（《四书因问》卷二）

吕柟指出，《易》之"闲邪存诚"，不是说"闲邪"之外或之后还有一个"存诚"的工夫，而是"闲邪则诚便存"。同样，能存天理，便能遏人欲，能遏人欲，便能存天理，并不是在"存天理"外另有一个"遏人欲"的工夫，因此不能把戒慎恐惧和慎独分作存天理、遏人欲两件事来看，存养与省察只是一个工夫。若从动静关系来看，不睹不闻虽然属于静，但戒慎恐惧则是指此心常惺惺，便是动了，可见动与静亦非截然分析为二，故所谓静存动察，不是真的有一个静时的工夫，又有一个动时的工夫，而是"静所以验动，动所以合静，交相为用也"（《四书因问》卷二）。因此，吕柟说："不睹不闻与隐微一也，皆是慎独工夫。"②又说："才省察是天理，便要扩充；是人欲，便要遏塞。戒慎是人己不交，耳不闻声，目不见形时候，于念虑之萌处著工，便是慎独工夫，亦无两样。"③"不睹不闻"即是"隐微"，而此心常惺惺其实就是说要慎独，故戒慎恐惧与慎独、存养与省察只是一个工夫，而非两个，即所谓"才省察便涵养，才闲邪便存诚，才克己便复礼，实非有两事也"。当然，如果就戒慎恐惧与慎独来说，吕柟更偏重于在慎独上做工夫，他说：

子思推原学问大根本在"慎独"，故"致中和"便能"位育天地"。万物原同一气来历，圣人自有"中和"，学者必先"慎独"，而后有此。④

---

① 吕柟：《泾野子内篇》卷22，第230页。
② 吕柟：《泾野子内篇》卷14，第140页。
③ 吕柟：《泾野子内篇》卷22，第226页。
④ 吕柟：《泾野子内篇》卷9，第75页。

此只在于心上做。如心有偏处，如好欲处，如好胜处，但凡念虑不在天理处，人不能知而已所独知，此处当要知谨自省，即便克去。若从此渐渐积累，至于极处，自能勃然上进，虽博厚高明，皆自此积。[1]

在强调“戒慎恐惧”与“慎独”只是一个工夫的同时，吕柟又继承了朱子涵养省察与格物致知当两面夹进，不偏一边的思想。朱子说：“涵养、穷索，二者不可废一，如车两轮，如鸟双翼。”“学者工夫，唯在居敬、穷理二事。此二事互相发。能穷理，则居敬工夫日益进；能居敬，则穷理工夫日益密。”[2]吕柟也指出：“夫格物是知，必须意诚心正，然后见之躬行，不是一格物便能了尽天下事。”[3]这都说明了心性的修养要与知识的学习同时并进，二者相辅相成。但如果从逻辑之先后关系来说，吕柟则认为格物致知当在戒惧、慎独之前，他说：

做慎独工夫，亦先须讲究。如《大学》定静安虑，必先知止。王材曰：“故格物致知而后可以诚意，故‘诚意章’才言君子必慎其独，若不先知何者为善所当为，何者为恶所当去，则何以慎其独也。”先生曰：“是。正是我辈如今要讲得明白，明日临事庶乎不差。”（《四书因问》卷二）

吕柟认为，在进行戒惧、慎独这样的心性修养之前，必先格物穷理，若不先知道何者为善，何者为恶，也就无法戒惧、慎独，只有在认识了何者是天理，何者是人欲的前提下，才能“是天理便做将去，是人欲即便斩断”[4]，所以说：“格物致知又在省察前一步。”[5]“圣门知字工夫是第一件要紧的，虽欲不先，不可得矣。”[6]吕柟的这一思想也是来自朱子，朱子就说：“须先致知而后涵养。”“万事皆在穷理后。经不正，理不明，看如何地持守，也只是空。”[7]即首先要通晓义理，然后才能说涵养省察，但穷理最终是为了德性的修养。

从以上所论可见，吕柟在为学工夫与方法上可以说基本继承了朱子的思

---

① 吕柟：《泾野子内篇》卷 13，第 123 页。
② 黎靖德：《朱子语类》卷 9，第 150 页。
③ 吕柟：《泾野子内篇》卷 22，第 233 页。
④ 吕柟：《泾野子内篇》卷 16，第 163 页。
⑤ 吕柟：《泾野子内篇》卷 22，第 226 页。
⑥ 吕柟：《泾野子内篇》卷 16，第 163 页。
⑦ 黎靖德：《朱子语类》卷 9，第 152 页。

想,如强调涵养省察与格物穷理,亦即心性修养与知识学习不可偏废,注重读书穷理对于道德修养的意义,强调“知先行后”,等等。但与朱子相比亦有不同之处,如更重视从细微之处去做“致曲”工夫,反对将工夫过于分析,而认为戒慎恐惧与慎独只是一个工夫等。

二、静坐与体验未发

由于把戒慎恐惧和慎独看作是同一个工夫的两面,并注重在慎独上用功,故吕柟对属于“存养”方面的静坐、体验喜怒哀乐未发气象等传统工夫不能契合,如对于“体验未发”,他说:

> 若说喜怒哀乐前求个气象,便不是。须是先用过戒惧的工夫,然后见得喜怒哀乐未发之中。若平日不曾用过工夫来,怎么便见得这“中”的气象?
>
> 应德问:“观喜怒哀乐未发之前气象,如何观?”先生曰:“只是虚静之时,观字属知属动,只是心上觉得。然其前只好做戒慎恐惧工夫,就可观也。”[①]

“静中看喜怒哀乐未发气象”是程门“道南一脉”的工夫指决,主要是指通过静坐、戒惧等修养方式来体证心性本体。这一工夫方法到了明代心学家手中被发挥到极致,陈白沙、王阳明等人不仅自身有这方面的静坐体验,而且还以此来教学者,如陈白沙主张为学要“从静坐中养出个端倪来”,认为“作圣之功,其在兹乎!有学于仆者,辄教之静坐”[②]。而王阳明也有龙场悟道以及早期专教人静坐的经历。王门后学中如徐爱、聂豹、罗洪先、王艮、蒋信、胡直、万廷言、罗汝芳、邹德涵,以及与阳明学有渊源关系而学尊程朱的高攀龙等人都有类似冯从吾说的那种静坐体验和对心性本体的体悟[③]。如聂双江,“狱中闲久静极,忽见此心真体,光明莹彻,万物皆备”,他认为这就是所谓的“未发之中”,因此在出狱后,便以主静来教学者,而工夫亦从静坐入手,使之“归寂以通感,执体以应用”[④]。罗念庵的工夫亦以静坐体验为主,他曾自述

---

① 以上引文分别见吕柟:《泾野子内篇》卷16、卷8,第156、63页。

② 陈献章:《复赵提学佥宪》,《陈献章集》卷2,北京:中华书局,1987年版,第145页。

③ 参见陈来:《儒学传统中的神秘主义》,《中国近世思想史研究》,第345—355页。

④ 黄宗羲:《江右王门学案二》,《明儒学案》(修订本)卷17,第370页。

其所得曰：

> 当极静时，恍然觉吾此心虚寂无物，贯通无穷，如气之行空，无有止极，无内外可指、动静可分，上下四方、往古来今，浑成一片，所谓无在而无不在。吾之一身，乃其发窍，固非形质所能限也。[①]

不过到了后期，王门中的此类心性体验在一些学者那里却成了“玩弄光景”，黄宗羲就批评说：“第其时同门诸君子单以流行为本体，玩弄光影。”[②]“学人不省，妄以澄然湛然为心之本体，沉滞胸膈，留恋景光，是为鬼窟活计，非天明也。”[③]在黄宗羲看来，学者不能只以体悟为事，以为有此体悟，心体就自然能够发用流行，一切合于道，而是应该实下工夫，所谓“此流行之体，儒者悟得，释氏亦悟得，然悟此之后，复大有事，始究竟得流行”[④]。

吕柟也指出，观喜怒哀乐未发气象必须先在喜怒哀乐上做戒慎恐惧的工夫，如此才能体验到未发之中，而不是一味在静坐中去体验、去观。他说：

> 人之喜怒哀乐，即是天之二气五行，亦只是打天命之性上来的。但仁义礼智隐于无形，而喜怒哀乐显于有象，且切紧好下手做工夫耳。学者诚能养得此中了，即当喜时体察这喜心，不使或流；怒时体察这怒心，不使或暴；哀乐亦然。则工夫无一毫渗漏，而发无不中节，仁义礼智亦自在是矣。[⑤]

“仁义礼智隐于无形，而喜怒哀乐显于有象”，显然，这是一种“即气显理”的思维方式，亦即理只能在气上见，离开了气，理也就无从显现而成为一空理。因此，工夫要在气上做，“当喜时体察这喜心，不使或流；怒时体察这怒心，不使或暴；哀乐亦然”，如此喜怒哀乐之发就会无不中节，而仁义礼智也自在其中，此时气之流行即是理之发用，可以说全气为理，全理为气。总而言之，对学者来说，“中”的气象一定是来自平时的戒惧与慎独工夫。

此外，吕柟也不赞成静坐。在他看来，所谓“静”，并不是指摒绝思虑，安坐不动。有些人表面上虽然容貌端拱、安坐不动，但其实内心杂念不断，这就是庄子说的“坐驰”（《庄子·人间世》）。因此吕柟认为“静”，应该像朱子解

---

① 罗洪先：《与蒋道林》，《罗洪先集》卷8，南京：凤凰出版社，2007年版，第298页。

② 黄宗羲：《浙中王门学案三》，《明儒学案》（修订本）卷13，第272页。

③ 黄宗羲：《泰州学案三》，《明儒学案》（修订本）卷34，第762页。

④ 黄宗羲：《泰州学案三》，《明儒学案》（修订本）卷34，第762页。

⑤ 吕柟：《泾野子内篇》卷16，第156—157页。

释的是指“心不妄动”那样。而更为重要的是，吕柟认为，“若只是静便感而遂通，除非是浑然的圣人。故一于定静，而恶与物接，恐又堕于禅佛”①。这是说，《周易》讲的“无思也，无为也，寂然不动，感而遂通天下之故”（《系辞上》），也只有天生的圣人才能做到。若学者一心于求“静”，很可能就会导致“恶与物接”，从而堕于禅佛。所以吕柟主张学者要在动处求静，即在事上磨炼以克治自我的私意、私欲，做到“心不妄动”，这才是真正的“静”，他说：

凡学，即于纷华杂扰中求得静定方好。且如禅僧，在深山野谷修行，此心亦能收敛；或至城市，见纷华即能移其念，遇杂扰即乱其中，盖由不能于动处求静也。吾辈做工，正要识得此意。②

又说：

用功不必山林，市朝也做得。昔终南僧用功三十年，尽禅定了。有僧曰：“汝习静久矣，同去长安柳街一行。”及到，见了妖丽之物，粉白黛绿，心遂动了，一旦废了前三十年工夫。可见亦要于繁华波荡中学。故于动处用功，佛家谓之消磨，吾儒谓之克治。③

可见，吕柟反对“静坐”，不仅与他上面强调的“心事不相离”、每事“致曲”、“必有事焉”等思想相一致，而且还反映了他对佛老的态度。不仅吕柟不赞成静坐，当时关中以朱子学为宗的学者也大都反对这一修养方法，如马理就说：“工夫要在随事谨恪做去，若只闭门静坐，即是禅学，有体无用。”④韩邦奇也认为静坐根本不可能取得人们预想中的效果，使此心全是天理流行，他更认同朱子讲的省察克治。韩邦奇说：“此心运而不息，有如江河汪洋浩荡，流而不息。养心之道如禹之治水，去其壅塞耳。若夫闭目静坐，使此心如槁木死灰，是池沼之澄清耳。”（《见闻考随录一》）可见，如果与阳明学者对静坐的认可与喜好相比，关中学者对静坐的态度显然构成了这一时期关学的一个特点。

---

① 吕柟：《泾野子内篇》卷 20，第 198 页。

② 吕柟：《泾野子内篇》卷 14，第 139 页。

③ 吕柟：《泾野子内篇》卷 7，第 60 页。

④ 冯从吾：《关中四先生要语录》卷 2，《冯恭定公全书》附录二。

第四节　甘贫改过

“甘贫改过”是吕柟非常重视的一种修养工夫，晚清关中理学家贺瑞麟（复斋，1824—1893）说：“先生（吕柟）虽不欲显立门户，而确然程朱是守，真知实践，其教人以安贫改过为主。”并认为：“读先生之书，亦必以安贫改过立其本，真知实践要其归，取法乎程朱，而明辨乎王氏，斯为善学先生者。”[①]而吕柟之重视“甘贫改过”，甚至将其视为“今日之急务”。他说：

> 圣贤之道，虽千言万语不能尽，切于今日之急务者，惟有二焉：一曰改过，二曰甘贫。何谓也？改过不惟能尽己之性，人物之性皆可尽矣，行之列国，则为仲由，行之天下，则为成汤。甘贫不惟能足一家之用，百姓之用皆可足矣。行之于己，则为颜子；行之于人，则为大舜。[②]

在给好友马理的信中，吕柟也说：

> 东郭之学信如来谕，然其言论虽如此，而行实不诡于古人。但言论流敝，未免使后生废学，或他处觅耳。近其门下人及王氏门人及吾湛先生之门人或来相访，某只说学只是“甘贫改过”四字，虽三五翻应对，百十遍发挥，不过如此。中有一二切实之士，亦未尝不以予言为救时之弊也。[③]

可见，“甘贫改过”是吕柟的一项重要的教育内容，也是为救当时学风之弊而提出来的。如他听说学者常往来权贵门下，便指出：“‘人但伺候权倖之门，便是丧其所守。’是以教人自甘贫做工，立定跟脚自不移。”[④]

吕柟又说：

> 吾人只是贫富二字打搅，故胸中常不快活。试尝验之：自朝至暮，自夜达旦，其所戚戚者此贫此富也；自少自壮，自壮至老，其所戚戚者此贫此富也。君臣之相要，贫富二字要之也；父子之相欺，贫富二字欺之也；兄弟之相戕，贫富二字戕之也。纵使求而得之，尚不可

---

① 吕柟：《泾野子内篇》附录二，第313页。

② 吕柟：《赠邓汝献掌教政和序》，《泾野先生文集》卷8。

③ 吕柟：《答马谿田书》，《泾野先生文集》卷21。

④ 吕柟：《泾野子内篇》卷7，第50页。

为,况求之未必得耶![1]

在吕柟看来,贫与富是当时学者面对的一个最大问题,许多人无论是读书还是做官,都只是为了追求富贵利禄。而正因为学者不能甘贫,故常常会犯错误,吕柟说:"大抵过失亦多生于不能安贫中来。贫而能安,过亦可少,观于颜子可见矣。"[2]颜回是孔门中"安贫"的典型,孔子曾说:"贤哉,回也!一箪食,一瓢饮,在陋巷,人不堪其忧,回也不改其乐。"(《论语·雍也》)但颜回仍然好学不倦,"不迁怒,不贰过"(《论语·雍也》),并且能够做到"其心三月不违仁"(《论语·雍也》)。在吕柟看来,颜回之所以很少有过错,与其能安贫、甘贫有密切关系。因此,当有学生提出"回也其庶乎,屡空"(《论语·先进》)的"空"字"只是虚字,若言贫,恐小了颜子"时,吕柟则回答说:"屡贫亦非小事。知破此,便寻得仲尼、颜子乐处也。"[3]在学生看来,说屡贫恐怕会有损颜子形象,所以主张还是将"屡空"的"空"字像一些先儒那样解释为"虚"字,以说明颜子的精神境界很高。但吕柟则认为,"空"还是指贫而言,正因为颜子能安贫,处常人之所不能处的地位,才能见"道",才有后来所谓的"孔颜乐处"。吕柟说:

夫颜子心胸何等宏大,何等洒乐,视世之富贵、贫贱、利害、夭寿,举无足以动其中者,此诚见大心泰,无不足也。颜子之乐处正在于此。[4]

吕柟指出,对颜子来说,世上的一切富贵、贫贱、利害、夭寿等都不足以扰动其心,这是因为颜子已见"道",对"道"有深刻的体认,故箪瓢陋巷,他人则忧,颜子便乐,即所谓"见大心泰,无不足也"。而在吕柟看来,颜子之所以能够见"道",与其能甘贫有极大关系,他说:

如今日聚讲一般,或思下处何事,或思朋友何事,或思居室不安,或思衣服不美,胸中有这许多夹杂,虽有言语,如何能入!若颜子一心只在学上,陋巷亦安,箪瓢亦乐,故言之惟恐其不多,入之惟恐其不勇也。[5]

---

① 吕柟:《泾野子内篇》卷22,第232页。
② 吕柟:《泾野子内篇》卷10,第88页。
③ 吕柟:《泾野子内篇》卷6,第41页。
④ 吕柟:《泾野子内篇》卷10,第91页。
⑤ 吕柟:《泾野子内篇》卷27,第287—288页。

因此，吕柟在讲学时，常常以颜子和舜为例，要求学者能够甘贫，将心思放在学上。他说："舜无间然，只在菲饮食；回称为贤，只在箪瓢陋巷不改乐处。尽学者只去其一切外慕，无所系累，方为实学。"[1]如果学者能把一切外慕都去除掉，把一切富贵利禄都斩断，无所系累，一心只是为学，学问、德性就会有进步，所以吕柟说："能甘贫，则凡一切浮云外物，举不足为累矣。"[2]

其次，在吕柟看来，甘贫即是安于义。他说：

> 南轩"无所为而为"之言极精，舜、跖之分，正在于此。推之家国存亡、天下理乱，罔不由之。如尚义者在位，则所用皆义人，所行皆义政，天下无不治矣。尚利者在位，其弊可胜言哉！然其初要在谨独，但于一言之发，一事之动，一财之临，就当审处，不可有一毫适己自便之心，久之自然纯熟，可以造于无所为而为矣。昔舜"饭糗茹草，若将终身"，正见义不见利之大节。学者能甘贫俭约，不为利所动，自无往而非义。"[3]

吕柟指出，舜之"饭糗茹草也，若将终身焉"(《孟子·尽心下》)正是见义不见利，可见学者若能甘贫，不为利所动，自然能做到无往而非义，故甘贫即近道。

> 顾问："'庶乎屡空'，是安贫又能近道否?"先生曰："说安贫近道则可，说安贫又能近道则不可。盖贫之在人，亦最难处，如日用常行、饮食衣服，少有不足，则便歉然于中，于此都能安得，却非见大心泰者不能，便是道了。至如子贡是个明敏的人，却又不能受命而货殖焉。"(《四书因问》卷四)
>
> 安贫就是近道，如孔子之赞颜子，亦只云"不改其乐"。《易》曰："颜氏之子，其殆庶几乎。"亦只是见得这个"道"字，故"屡空"者常常如此，非止一空便了也。看来宋时周茂叔亦将到颜子田地，如光风霁月、胸次洒落，那里有一毫富贵利达之心，故二程每见茂叔归来，有吾与点也之意。虽二程亦惟见他光霁气象，周子是何等襟怀！学者也要识得，常存光霁之心，则于富贵处亦略打破几分方好。(《四书因问》卷四)

① 吕柟：《泾野子内篇》卷7，第48页。
② 吕柟：《泾野子内篇》卷10，第88页。
③ 吕柟：《泾野子内篇》卷12，第111页。

另外，甘贫还可以培养气节。吕柟说："如管宁、茅容、孔明，皆圣门之徒也。管宁终身戴一破帽，信贯金石。是以汉儒多气节。故常谓诸生当自甘贫做。"[①]在吕柟看来，气节的培养与一个人能否甘贫有密切关系，而汉儒之所以多气节，就在于其能甘贫。

当然，吕柟虽然强调学者要甘贫，认为为学要去除一切富贵利禄之心，然后学问德性才能进步，但他也并不否定富贵。他说：

> 如今学者把富贵说是人爵，不肯说他，不知君子非不欲富贵，但不溺于富贵耳。若非富贵，何以遂其博施济众之心？好色、好货、好乐，孟子且说"与民同之"，于王何有。至论禹、稷，则曰"思天下有溺，由己溺之也"，"天下有饥者，由己饥之也。是以如是其急也"。可见圣贤之为仁，亦不外于富贵、宫室、饮食、男女而得之也。[②]
>
> 中不得举心忧，便为举人牵扯去了；中不得进士、做不得官心忧，不免又为进士与官牵扯去了。如此等心，便不属己身了。非是不要功名富贵，须不累于功名富贵才是。[③]

我们知道，孔子虽然称赞颜回安贫乐道，而他自己也是："饭疏食，饮水，曲肱而枕之，乐亦在其中矣。"（《论语·述而》）但孔子并不否定富贵，只不过富贵的取得要有道，如：

> 富与贵是人之所欲也，不以其道得之，不处也。贫与贱是人之所恶也，不以其道得之，不去也。君子去仁，恶乎成名？君子无终食之间违仁，造次必于是，颠沛必于是。（《论语·里仁》）
>
> 富而可求也，虽执鞭之士，吾亦为之。如不可求，从吾所好。（《论语·里仁》）
>
> 不义而富且贵，于我如浮云。（《论语·述而》）

虽然孔子是从是否合于道义的角度来说富贵，与吕柟主张的"君子非不欲富贵，但不溺于富贵耳"，"非是不要功名富贵，须不累于功名富贵才是"，强调"不溺于""不累于"，其侧重点有所不同，但其精神却是一致的，都说明了学者在对待富贵时所应有的态度。

最后需要指出的是，吕柟不仅以"甘贫"来教育弟子和他人，而且他自己

---

① 吕柟：《泾野子内篇》卷7，第59页。

② 吕柟：《泾野子内篇》卷27，第292页。

③ 吕柟：《泾野子内篇》卷15，第143页。

也在身体力行着，后人曾记载了这样两件事："客有谒先生者，先生方食谷麫饼，家人将收避，先生曰：'今人疏食菜羹却去房里吃，食前方丈又向人前吃，此最不可。'遂与客共食之。先生弟病，凤翔毛尹善医，先生留之，与同寝食，待之甚厚。毛见先生足布破损，语其婿周丰曰：'泾野子天下士，其勤俭如此，尔辈识之。"①从这两件事中可以看出，吕柟可谓是言传身教者。

至于"改过"，虽然是行为已经发生之后的工夫，而不像戒慎恐惧与慎独、静坐与体验未发那样属于事前的修养，但吕柟也非常重视，他说：

> 人之生，不幸不闻过，夫子亦以闻过为幸。圣人心地平易，有过随人去说，人亦争去说他的过，是以得知，真以为幸。今人所以不闻过，如何只是訑訑声音颜色，拒人于千里之外，有过人亦不肯说与他，是以成其过。学者贵乎使人肯言己的过，便是学问长进。②

在吕柟看来，"能改过，则可以日新而进于善矣"③，学问便有长进，当然，过不宜频复，而且贵于速改。这可以看作是对颜子"不贰过"的继承和发挥。

① 吕柟：《泾野子内篇》附录二，第313页。

② 吕柟：《泾野子内篇》卷13，第131页。

③ 吕柟：《泾野子内篇》卷10，第88页。

第五章　吕柟的仁学

虽然从理学思想上来说，吕柟仍然属于程朱一派，但他又有感于当时学术的纷争和学风的不正，于是在以程朱为学的同时，吕柟又提出了“学仁学天”的思想，这可以说是其思想上的一个特色。“学仁学天”就是要向先秦孔孟之学回归，而重点则在“仁”上。不过，吕柟所说的“仁”并不单纯地指孔子之“仁”，而是建立在“民胞物与”与“万物一体”精神基础上的，是理学与先秦儒学的结合，其最终目标就是要使“万物各得其所”，因此吕柟的仁学具有鲜明的实践特色。

第一节　以天为学

在张载哲学中，“由太虚，有天之名；由气化，有道之名；合虚与气，有性之名；合性与知觉，有心之名”（《正蒙·太和篇》）的这种“天”“道”“性”“心”一贯而下的顺序无疑揭示了“天”是其哲学体系的一个核心概念，乃或者说是其整个哲学的基础[①]。张载就说：

> 易，造化也。圣人之意莫先乎要识造化，既识造化，然后其理可穷。彼惟不识造化，以为幻妄也。不见易则何以知天道？不知天道则何以语性？
>
> 不见易则不识造化，不识造化则不知性命，既不识造化，则将何谓之性命也？
>
> 释氏之言性不识易，识易然后尽性，盖易则有无动静可以兼而不偏举也。[②]

可以说，张载的“先识造化”、把握天道之理既奠定了其气学思想的理论

---

① 参见林乐昌：《张载天道论对道家思想资源的吸收与融贯》，《道家文化研究》第26辑，北京：生活·读书·新知三联书店，2012年版，第247—280页。

② 张载：《横渠易说·系辞上》，《张载集》，第206页。

基础,同时也与佛老在本体—宇宙论上划清了界限[1]。作为关学后学的吕柟,虽然在为学方向上是以程朱为宗,但受关学学风的影响,他也继承了张载对"天"的重视,但他又不像张载那样以天道论作为其思想的重心,也不是为了与佛老进行区别,而是将"天"下贯到人生,作为学者志学的目标,这就是吕柟的"学仁学天"说。他说:"凡尽力于学,须要学仁学天,方是无有不足处。孔颜之所为乐处者,盖得于此。"(《四书因问》卷三)在这里,吕柟明确指出为学只有"学仁学天",才能"无有不足",才能体会到宋明理学家津津乐道的"孔颜之乐"。那么,吕柟究竟为何要主张"学仁学天",其含义具体指的是什么呢?

首先,主张"以天为学"的原因。

> 问"致良知"。先生曰:"阳明本孟子'良知'之说,提掇教人非不警切,但孟子便兼'良能'言之。且人之知行自有先后,必先知而后行,不可一偏。傅说曰:'非知之艰,行之惟艰。'圣贤亦未尝即以知为行也。纵是周子教人曰静曰诚,程子教人曰敬,张子以礼教人,诸贤之言非不善也,但亦各执其一端。且如言静,则人性偏于静者,须别求一个道理。曰诚曰敬,固学之要,但未至于诚、敬,尤当有入手处。如夫子《鲁论》之首,便只曰'学而时习',言学则皆在其中矣。"诏曰:"此可见圣人之言约以弘,譬之于天;诸子则或言日月,或言星辰,或言风云、霜露,各指其一者言之。若圣人则言天,而凡丽于天者,举在其中矣。然言天之道'於穆不已',君子之学当'自强不息',此希天之道也。若是,则前所谓静,所谓诚,所谓敬与礼者,一以贯之矣。诏鄙见如斯,未知可否?"曰:"然。"[2]

这是一段关于教育方法的讨论。在吕柟看来,宋明诸儒的学问虽然各有特点,如周敦颐的主静立诚,二程的主敬穷理,张载的"以礼为教"以及王阳明的"致良知"等,这些言论和主张并非不好或不对,但吕柟认为,却都是"各执一端",而学者若是执著于某一方面,反而不利于学业的进步,如有人性格本

---

[1] 参见李存山:《"造化先识":张载的气本论哲学》,《中国哲学史》2009年第2期。并认为"先识造化"与"先识仁"也是造成张载关学气本论与二程洛学理本论不同的逻辑起点。见李存山:《"先识造化"与"先识仁"——略论关学与洛学的异同》,《气论与仁学》,郑州:中州古籍出版社,2009年版,第405—417页。

[2] 吕柟:《泾野子内篇》卷10,第89页。

来就偏于静，这时就不能再教其“主静”，“须别求一个道理”，敬与诚亦是如此，“未至于诚、敬，尤当有入手处”，即需要用别的工夫来做到诚与敬。如果借用比喻来说的话，诸儒之学就好像日月、星辰、风云、霜露，只是“各指其一者言之”，而孔子之学却像天一样广大，一以贯之，能够范围周、张、程、朱、王等所有人的学问。正因为如此，吕柟提出学者应以天为学，亦即要以圣人为学，他说：“日月亦天之运用者耳。苟为云雾所障，则明掩矣。若天地，日月、风云、雷霆，皆所驰使运行者也。”①

从表面上看，吕柟的“以天为学”是起于“因材施教”的教育方法。但若进一步分析，可以看出，吕柟的“以天为学”，实际上是要从更广阔的儒学天地对宋明理学各派思想重新进行定位，意在通过回归先秦孔孟之学来跳出当时那种多元学术思想纷争的局面。

其次，吕柟主张“以天为学”的主要内容就是要学“天”的公与仁。他说：

凡看《论语》，且须要识得圣贤气象。若天地之所以为天地，只是一个至公至仁。如深山穷谷中，草木未尝不生，如虎、豹、犀、象也生，麟、凤、龟、龙也生。圣人与之为一，如有一夫不得其所，与天地不相似。观夫舜欲并生，虽顽谗之人也要化他，并生与两间，要与我一般，此其心何如也！②

又说：

圣门教人，常以这“仁”字来说。盖天地以生物为心，元气一动，盈天地间，麒麟、凤凰生之，昆虫、蜂蛇亦生之；松柏、灵芝生之，菌蓬、荆棘亦生之，熙熙然，都是这生意所到。吾人之心，元与天地这个心一般大，再无远近、彼此之别。大舜能全得这个心，故于庶顽谗说也要引他入于忠直，并生天地之间。范文正公“先天下之忧而忧，后天下之乐而乐”，他亦有这襟怀。吾辈能体得这个意思，则所遇者，即天地间声色、货利、富贵、势力，俱敌吾这仁不过。凡尽力于学，须要学仁学天，方是无有不足处。孔颜之所为乐处者，盖得于此。（《四书因问》卷三）

吕柟指出，天地之所以为天地，就在于其至公至仁，如即使是深山穷谷，

---

① 吕柟：《泾野子内篇》卷10，第89页。

② 吕柟：《泾野子内篇》卷19，第190页。

也有草木生长。又如世间既有麒麟、凤凰之类的灵兽,也有老虎、豹子之类的猛兽;既有松柏、灵芝,也有菌蓬、荆棘,凡此种种,都是天之至公至仁的体现。而这同时也就是圣人的品德,圣人与天为一,天的至公至仁则体现为圣人的"并生"之心,亦即要使天下万物"各得其所",并生于天地之间,哪怕是"顽谗之人"也要像大舜一样去教化他,"如有一夫不得其所,便与天地不相似"。吕柟的这两段话虽然说的是圣人与天,但其实也反映了他的人生理想和价值追求,故吕柟主张"凡尽力于学,须要学仁学天,方是无有不足处"。

我们从吕柟的"以天为学"思想中可以看出,他的这一为学主张既要通过回归孔子之学来消除朱子学与阳明学之间的纷争,又试图将宋儒的"万物一体"精神与孔孟行动的"仁学"结合起来,从而使传统的仁学既有形上追求的一面,又能够落实为人生的具体实践。

第二节　以仁为学

一、"圣人之学,只是一个仁"

正如我们前面所指出的,吕柟提出"学仁学天"意在通过回归先秦孔子之学来消除当时特别是朱子学与阳明学之间的思想纷争,回到一个更广阔的儒学天地来。在吕柟看来,孔子之学的实质即是仁学,"仁"是圣门教人第一义,因此要学圣人,首先要先学仁。他说:

> 学圣人要先读《论语》,读《论语》莫先讲仁。仁至大而切,学道者不学此,则终身路差无所成。
>
> 圣人之学,只是一个仁。
>
> 圣门之教,只是一个仁,惟颜子能"克己复礼",方许"三月不违仁"。如《西铭》言仁,言天下之长皆吾之长,天下之幼皆吾之幼。
>
> 孔门教人,只是求仁。
>
> 仁是圣门教人第一义,故今之学者必先学仁。
>
> 所谓用力,不在别处,只要学仁。①

---

① 以上引文分别见吕柟:《泾野子内篇》卷7,第55页;卷8,第67页;卷8,第75页;卷16,第167页;卷20,第202页;卷27,第282页。

我们知道，在《论语》中孔子关于“仁”的论述很多，而且基本上是随弟子所问而答，相互之间并不相同，这在吕柟看来是孔子“因人施教”，专门针对学生的不足之处或病处而发的（详见后述）。因此，“仁”在孔子那里虽然指的是一种“全德”，但其主要体现为各种具体的行为，表现在一事一物上，故“仁”并不抽象。而到了北宋，张载与二程在建构自己的形上理论体系时，也分别发展了孔子的仁学思想，张载在《西铭》中提出：“民，吾同胞；物，吾与也。”程颢也指出：“仁者，以天地万物为一体，莫非己也。”“仁者，浑然与物同体。”[①]从而使先秦儒家的“仁”成为一种终极的人生理想和价值追求，并同时赋予了“仁”以一种形上的性格和理论思辨性，如程颢说：“此道与物无对，大不足以名之，天地之用皆我之用。”[②]张载虽然说：“尊高年，所以长其长；慈孤弱，所以幼吾幼。圣其合德，贤其秀也。凡天下疲癃残疾、茕独鳏寡，皆吾兄弟之颠连而无告者也。于时保之，子之翼也；乐且不忧，纯乎孝者也。”（《西铭》）但他讲的“孝”是从天地境界来讲的，体现的是一种天地气象，故程颢屡屡称《西铭》说的乃是“仁之体”，而程颐、朱子则认为说的是“理一分殊”。

吕柟在与弟子讲学时，经常以张载的《西铭》和程颢的“万物一体”为例来说明“仁”，这是他对张载、程颢仁学思想的一种自觉继承。不过在另一方面，吕柟也发展了张、程之说，这具体表现为：

一是将张载、程颢偏重于“仁”的精神境界的追求与孔子表现为具体行为的“仁”结合起来，这就使学者既摆脱了“仁”只是一时一事之“仁”的认识，而使其具有终极的意义，同时也使学者更容易下手去做“仁”的工夫。吕柟说：

> 仁者，人也。凡万物生生之理，即是天地生生之理，元非有两个。故人生天地间，须是把己私克去，务使万物各得其所，略无人己间隔，才能复得天地的本体。夫孔门诸贤，于一时一事之仁则有之，求万物各得其所，与天地同体气象便难。惟颜子克己复礼，几得到此境界。
>
> “我欲仁，斯仁至矣。”今讲学甚高远。某与诸生相约，从下学做起，要随处见道理。事父母这道理，待兄弟、妻子这道理，待奴仆这道理，可以质鬼神，可以对日月，可以开来学，皆自切实处做来。[③]

① 程颢、程颐：《河南程氏遗书》卷2上，《二程集》，第15—16页。

② 程颢、程颐：《河南程氏遗书》卷2上，《二程集》，第17页。

③ 以上引文分别见吕柟：《泾野子内篇》卷15，第145页；卷9，第83页。

这两段话,前者明确表达了在吕柟看来,孔门诸贤除颜子之外,都只是一时一事之仁,唯有颜子以“克己复礼”为仁,接近于“万物各得其所,与天地同体”这种境界,可见吕柟所追求的“仁”并不只是一时一事之具体之仁,而是像宋儒一样具有终极的、超越的性格。对于“仁”的精神境界,吕柟则指出,如果能够保持吾心之仁生生不息,“‘出门如见大宾,使民如承大祭’,与凡处朋友,会亲戚,待僮仆,这个道理皆在这里”,就会“如古人看见一个鸢,便如天一般大;看见一个鱼,便如渊一般深。眼前皆是这个道理,流动不息,无有窒碍,胸中何等快乐!荣显也不见得荣显,寂寞也不见得寂寞,只见得我这里面是这样美,是这样大,是这样富,是这样贵,外面那些富贵,那些势力,那些功名,都如浮云一般,那里见得”①。

而后一段引文则说明了要实现“仁”的理想追求和价值目标,就必须从下学做起,“从切实处做来”,事事去体贴这个“仁”。显然,这一主张与吕柟注重躬行实践的学问倾向相一致。

二是吕柟将“民胞物与”与“万物一体”进一步具体化,提出“仁”的目标是“万物各得其所”,亦即“并生”上。吕柟说:

> 见那鳏寡孤独无告穷民,皆要使之各得其所。
>
> 圣人视四海九州之人,鳏寡孤独不得其所,皆与我相通,只要去救他。
>
> 天下之人疾痛疴痒与我相关,一民饥曰我饥之也,一民寒曰我寒之也。②
>
> 天地之大德曰生,称圣人之德亦只曰好生。观天之生物,气化无所不到,虽至贱一草一木,无处不生育长养,如石孔中亦生一草木出来。尧之德则非但恩及济民而已,无告者则不虐,困穷者则不废,虽这等人亦要使之各得其所,这便是与天准处求。其所以能此,则本于钦明、文思、安安、允恭、克让耳。如其不能恭敬克让,又无条理,又无明见,则如何能使人各得其所?便是不能生万民。故即此又可见与天准处在于德也。(《四书因问》卷三)

从上面引文中可以看到,吕柟讲的“万物一体”重点在现实的民生关怀

① 吕柟:《泾野子内篇》卷27,第282页。

② 吕柟:《泾野子内篇》卷27,第292—294页。

上，关注的对象主要是那些鳏寡、孤独、困穷、无告之人，这可以说是对张载"民胞物与"与程颢"万物一体"之精神的具体展开和落实，故吕柟说："圣人见天下陷溺荼毒，性未复，生未遂，皇皇然要出去救他。盖其民胞物与之心，视天下疾痛疴痒与己相关，故如此。学者须要有这样心肠。若他人之汲汲于仕者，盖为富贵利禄计耳，故曰'同行异情'。"①

二、"王道只以养民为本"

吕柟的这种"以天下为一家，视中国犹一人，见不如己者方哀矜悯恤之不暇"②的仁学思想体现在外王经世上，便是其"养民为先"的政治主张。

> 问王道。曰："只当以养民为先。如孟子五亩宅，百亩田，'鸡豚狗彘之畜无失其时'，使'老者衣帛食肉，黎民不饥不寒'，然后'谨庠序之教，申孝弟之义'，此正是王道之大，为治切要诚不出此。后世敷陈王道者，虽千万言而不足，不知其要安在。"③

在这里，吕柟批评后世花费许多言语来解释何谓"王道"而犹嫌不足，但别人看了却不知要点何在，如何下手去做。他指出，王道之大者，其切要处就是要以养民为先。所谓"养民"，就是孟子说的：

> 五亩之宅，树之以桑，五十者可以衣帛矣。鸡豚狗彘之畜，无失其时，七十者可以食肉矣。百亩之田，勿夺其时，八口之家可以无饥矣。谨庠序之教，申之以孝悌之义，颁白者不负戴于道路矣。老者衣帛食肉，黎民不饥不寒，然而不王者，未之有也。(《孟子·梁惠王上》)

吕柟之所以如此重视"养民"，与他注重社会现实有密切关系。在其文集、语录中曾多次提到灾荒之年百姓生活疾苦的情景，如成化二十年(甲辰，1484)、弘治六年(癸丑，1493)、嘉靖三年(甲申，1524)、嘉靖七年(戊子，1528)时"岁大凶""岁大饥"，在这种灾年时，"人相食"的惨剧屡屡出现，如："成化末年，岁大凶，人相食，母出所藏以给日用，予家得以全。"④这是吕柟为其好友马理之母李氏所撰写的墓志铭，描述的是当时陕西关中的景象。另

---

① 吕柟：《泾野子内篇》卷27，第277页

② 吕柟：《泾野子内篇》卷18，第185页。

③ 吕柟：《泾野子内篇》卷10，第93页。

④ 吕柟：《马母李氏墓志铭》，《泾野先生文集》卷22。

外，如“（嘉靖）甲申，岁大饥，人相食，公竭力赈济，设粥以食流民”[1]，等等。大灾之年使得众多百姓无法生存，不得不起来反抗，从而造成社会动荡，如：“当成化甲辰，岁大凶，饥民啸聚于垣曲山者数千人，盘据劫掠，势甚猖獗”[2]等。正因为怀抱如此强烈的现实关怀，吕柟于是在政治上提出要以养民为先，在思想上推崇张载的“民胞物与”与程颢的“万物一体”说，并将这一思想主张具体化到百姓民生上，提出要“以天下为一家，视中国犹一人，见不如己者方哀矜悯恤之不暇”，并发出“一民饥曰我饥之也，一民寒曰我寒之也，一民有罪曰我陷溺之也”[3]的口号，认为为守令者，应当如父母待子女般来对待百姓，他说：

> 守令之设，凡以父母斯民也。民饥则思食之，民寒则思衣之，民劳则思逸之，民愚则思导之，民危则思安之，民强悍盗窃则思惩而除之。有父之严，有母之亲，斯可为守令矣。然必本之以忠信，敦之以慈祥，优之以宽厚，守之以廉洁者，而后能之也。[4]

当然，为政者要做到能养民和爱民如子，必须首先要加强自身的道德修养，正如吕柟说的，“必本之以忠信，敦之以慈祥，优之以宽厚，守之以廉洁者，而后能之也”。总之，吕柟的“万物各得其所，与天地同体”的仁学思想是建立在“以民为本”的基础之上的，是中国古代民本思想的现实反映。

其次，吕柟所说的“养民”，其内容不仅是使“老者衣帛食肉，黎民不饥不寒”，而且还包括教化在内，即孟子说的“谨庠序之教，申之以孝悌之义”。吕柟说：

> 王政以养民为首，故先弃养而后契教。教而有不率者，故次皋陶氏教兴。而器用不可缺也，故次垂。民而后及于物焉，故次益。民事举而神可事，故次之以伯夷。既有作于前者，不可无所继于后，有修养待用之教焉，故次之以夔。其终之以龙者，所以严保治之防也。[5]

弃即周人的先祖后稷，在舜时主管农业，教百姓种植谷物。契则是商人

① 吕柟：《兵部右侍郎涂水寇公墓志铭》，《泾野先生文集》卷27。
② 吕柟：《重建李太守行水碑记》，《泾野先生文集》卷16。
③ 吕柟：《泾野子内篇》卷22，第231页。
④ 吕柟：《赠招芜湖考绩序》，《泾野先生文集》卷7。
⑤ 吕柟：《泾野子内篇》卷11，第107—108页。

的祖先,在舜的时候掌管百姓教化之事。《尚书·舜典》云:“帝曰:‘弃,黎民阻饥,汝后稷,播时百谷。’帝曰:‘契,百姓不亲,五品不逊,汝作司徒,敬敷五教,在宽。’”因此,“养民”不仅仅只是“养”,使百姓过上富足的生活,还要“教”,要化民成俗,所以说“先弃养而后契教”。“教而有不率者”,然后才运用刑罚,“故次皋陶氏教兴”,接着是器用、百物以及祭祀、音乐等。从这里可以看出,吕柟的仁政主张主要继承了孟子与《尚书》中的思想。

然而与古人相比,今天的为政者却恰恰相反,吕柟说:

> 王道只以养民为本。后之仕者,却又办簿书,急催科,理狱讼,善逢迎,事上官者为贤,甚至贪残,肆无畏忌。乃习成一样虚套,遮饰哄人。至于养民之事,漠然略不加意。哀哉!斯民如之何不穷且盗也。如今只要不谄谀,不贪残,不说谎者,便可以安百姓。
>
> 当时尧茅茨不剪,土阶不砌,设官只是去管百姓的事,要六府之事修和而已。其设刑官,亦只是于民事不修的,要他敬戒,作个提防。后世的刑官,全非此意,将罪人锻炼成狱,舞文弄法,惟恐他走脱了,甚失设官之初意。①

吕柟指出,王道本以养民为本,以养民为先,但当今之世为官者却多以办簿书、急催科、理狱讼、善逢迎、事上官者为贤,而对于养民之事,“漠然略不加意”,完全与古人相反,甚至贪残,肆无忌惮。特别是对于刑罚,吕柟更是强调古人设立刑官只是针对那些不修民事之人,“要他敬戒,作个提防”,但后世则全非此意,一定要将罪人锻炼成狱,唯恐其逃脱,换言之,古人设刑法是以警戒为目的,而今人之刑法则以惩罚为目的,完全不同。当然,吕柟并不否定刑法的必要性,在他看来,刑法是为养民而服务的,使社会稳定和谐,他说:“夫士之仕也,其闲于法者,常弃经不治,以为腐也;其专于经者,又率薄其法,以为俗也。”②正确的做法应当以经为体,以法为用,既要以养民为本,也要对那些“教而不率者”使用法律。

三、“举业与德业为一”

既然王道应以养民为先,这里就涉及一个为政者的德性问题。而在当时

---

① 以上引文分别见吕柟:《泾野子内篇》卷10、卷11,第98、106页。

② 吕柟:《东楼书院记》,《泾野先生文集》卷16。

科举制度的影响下,举业与德业对一般士子来说,似乎已成了两条完全不同甚至有时是相互对立的为学道路。如王阳明就指出:"自科举之业盛,士皆驰骛于记诵辞章,而功利得丧分惑其心,于是师之所教,弟子之所学者,遂不复知有明伦之意矣。"[①]吕柟也常常感叹说:"近人读经书,徒用以取科举,不肯用以治身。即如读医书,尚且用以治身,今读经书反不若也。"[②]"人真实为举业陷溺久矣。讲书只求分截,不求义理,乃利心害之。需要将旧所填塞的尽扫去了,又换一个心肠方可。"[③]而吕柟弟子下面的这段话更清楚地表达了当时视举业与德业(包括讲学)为二的现象,其曰:

> 学者皆有为善之心,而今只被举业缠绕不去,故德不能修,学不能讲尔。[④]

举业与德业的二分不仅关系到士风人心的问题,同时还关系到为政者的德性、社会的治理和百姓的福祉等,因此如何处理好举业和德业(包括讲学)的关系便成了王阳明和吕柟等人所需要解决的重要问题。在王阳明看来:"只要良知真切,虽做举业,不为心累。……志立得时,良知千事万为只是一事。读书作文安能累人?人自累于得失耳。"(《传习录下》)在这里,内心的良知是一切行为的最高准则,只要以良知为主宰,读书考科举也就不再是为了一己的名利富贵,从而也就具有了合法性,举业自然也不会妨碍德业。同样,为官只要不违背自己的良知,就能够做到以民为本。然而,与王阳明用"良知"来统摄一切的做法不同,吕柟则试图从举业与德业统一的角度来解决二者之间的矛盾,他说:

> 夫世有二学,一曰性命学,二曰举子业学。为举子业学者,或背经而荡于辞;为性命学者,或浚经而沦于空。之二者,于治道皆损焉。夫举子业与性命岂有二乎哉?……昔程子教门人,十日为举子业,余日为学,予亦尝疑焉,将程子不以圣人道待举子邪?若知性命与举子业为一,则干禄念轻,救世意重,周之德行道艺由此其选也,汉之贤良、孝廉由此其出也。[⑤]

---

① 王守仁:《万松书院记》,《王阳明全集》卷7,第253页。
② 吕柟:《泾野子内篇》卷8,第64页。
③ 吕柟:《泾野子内篇》卷9,第83—84页。
④ 吕柟:《泾野子内篇》卷18,第180页。
⑤ 吕柟:《易经大旨序》,《泾野先生文集》卷4。

吕柟指出,从现实的情况来看,那些专攻举业的人常常陷溺于辞章记诵之中,而那些究心性命之学的人又常常陷入空谈之中,这二者“于治道皆损焉”,因此强硬地把举业和德业分开来,认为二者毫无关系是不对的。举业和德业其实是“一道”,所谓:“心纯则理纯,理纯则文纯。蕴之而为德行,措之而为事业,道相贯也,岂有二乎哉!”[①]具体来说,吕柟认为:

> 举业中即寓德业。试观所读经书,及应举三场文字,何者非圣贤精切之蕴,仁义道德之言!试以是体验而躬行之,至终其身不易,德业在是矣。
>
> 诸士读尧、舜、周、孔之书,将尧、舜、周、孔心事措诸躬行,临题历历写出,作为文章,出仕时即将此言措诸政事上,何妨功、夺志之有!若作两项看,岂惟妨夺者哉![②]

这就是说,科举考试无非是让学者将平时所读之书中的道理写成文章,而学者所作文章“又皆是发圣人之精蕴,皆是为尧舜为周孔的说法”[③],所以举业与学并非“二道”,而是相贯通的。如果学者在出仕时能将所读经书和所作文章的言行措之于政事上,就是“举业中即寓德业”。可见,德业与举业其实只是“一道”,二者是一个连续的过程,也是一个统一的整体。故吕柟说:“有这样心肠,他日得位,便要有这样博施济众的事业。见那鳏寡孤独无告穷民,皆要使之各得其所。若不能预求其具,虽见这样人,将何以济之?如今学者把富贵说是人爵,不肯说他,不知君子非不欲富贵,但不溺于富贵耳。若非富贵,何以遂其博施济众之心?”[④]

况且,如果懂得德业与举业为一,就会“干禄念轻,救世意重”,为政之时自然会以养民为先。如果我们将吕柟关于德业与举业为一的思想与王阳明的说法相比较就会发现,王阳明是要用“良知”来统摄举业,而在“良知”的观照下,举业与德业便成为“一事”,就像牟宗三先生说的,此“只是一心之朗现,一心之申展,一心之遍润”[⑤],因此学问的重心是在良知道德本体上。而

---

① 吕柟:《泾野子内篇》卷24,第254页。

② 引文分别见吕柟:《泾野子内篇》卷10,第88页;卷11,第102页。

③ 吕柟:《泾野子内篇》卷13,第122页。

④ 吕柟:《泾野子内篇》卷27,第292页。

⑤ 牟宗三:《心体与性体》(上),长春:吉林出版集团有限责任公司,2013年版,第42页。

吕柟则是将德业与举业看作是一个连续的过程和统一的整体，故对他来说，能否躬行实践才是二者相统一或者说维持其过程连续性的关键，因此学问除了涵养本原之外，还要见之于躬行，由此再一次展现了吕柟“重行”的学问特色。

第三节 仁智合一

在孔子的仁学思想中，“智”具有一个重要的地位。孔子说：“好仁不好学，其蔽也愚。”（《论语·阳货》）便指出了“学”（智）对于“仁”的重要性。孔子更是以“学知”的实际行动诠释了自己对“学”这一智慧产生的根源的理解，而我们以往在讲孔孟仁学的时候常常会忽略这一点。吕柟不仅继承了孔子对“仁”的重视，同时还注意强调“智”的作用，并将二者重新结合起来，使之成为一个统一的整体。

具体来说，在吕柟看来，学者不仅要有一颗仁心，同时还要知道“所以处之之方”，亦即如何才能发挥此仁心的实际或理想效果。他说：

> 圣人视四海九州之人，鳏寡孤独不得其所，皆与我相通，只要去救他。然不知所以处之之方，虽有此心何益？故终日不食，终夜不寝，或考于古，或问于今，这样发愤！及得此理，便乐以忘忧。若不是仁，怎能如此！看来孔子之道，岂是老佛可并！老佛只是面壁，将自己欲火退去，再不管人。孔子便欲以天地万物为一体，何等样大！诸生须要学仁，凡昼之所为，夜之所思，与夫一言一动相比，常常把这仁来体验，自然有益，不可说过便了。①

> 天地之大德曰生，称圣人之德亦只曰好生。观天之生物，气化无所不到，虽至贱一草一木，无处不生育长养，如石孔中亦生一草木出来。尧之德则非但恩及济民而已，无告者则不虐，困穷者则不废，虽这等人亦要使之各得其所，这便是与天准处求。其所以能此，则本于钦明、文思、安安、允恭、克让耳。如其不能恭敬克让，又无条理，又无明见，则如何能使人各得其所？便是不能生万民。故即此又可见与天准处在于德也。（《四书因问》卷三）

---

① 吕柟：《泾野子内篇》卷27，第293页。

在这里,吕柟举例说,圣人看到那些鳏寡孤独不得其所之人,便想要去救他,但如何能使之各得其所,便成了一个重要问题。如果不能使人各得其所,那么,“虽有此心何益”? 可见,学者光有一颗仁心还不够,还要知道“所以处之之方”,才能将仁心具体落实下去,充分发挥此心的实际作用。在吕柟看来,孔子好古敏求,“发愤忘食,乐以忘忧,不知老之将至”(《论语·述而》)就是要寻找那个“处之之方”,所以仁与智是相互为用的。

> 仁智实相为用。舜有并生之心,天下之人疾痛疴痒与我相关,一民饥曰我饥之也,一民寒曰我寒之也,故好问好察,以求所以处之之方。不但问于君子,虽耕稼陶渔之人亦往问之,不自知其为圣人。若自以为圣人,这些人怎肯与他说! 惟舜好问好察,以天下之闻见为一己之闻见,故曰大知。颜子也有舜这样心肠,故以能问于不能,以多问于寡。《中庸》言舜之大知,即以颜子继之,亦是此意。如今人不肯好问,看来只是不仁。若有这样仁心,便汲汲皇皇,终日不食,终夜不寝,要去问人,岂肯自足![1]

吕柟指出,舜之所以被称为“大知”(《中庸》第6章),不仅是因为其有“并生之心”,民饥我饥,民溺我溺,而且好问好察,以求解救之方,不只向君子询问办法,“虽耕稼陶渔之人亦往问之”,能够“以天下之闻见为一己之闻见”,而不自以为是圣人,所以被称为“大知”。可见,舜因为有“并生之心”,故能好问好察,而好问好察又是为了具体落实此“并生之心”。因此,仁与智是相辅相成、相互作用的。同样,颜子之好学,也是因为有舜这样的心肠,故“以能问于不能,以多问于寡,有若无,实若虚”(《论语·泰伯》)。吕柟说:

> 观舜虽至谗顽,犹欲并生;至于有苗,尚欲来格。视天下的人有一不得其所,皆是己性分有欠缺处。便如此,他人怎么得有这等心肠! 后来若颜子庶几,是为得舜的样子,观其自谓“舜何人也? 予何人也? 有为者亦若是”,他自是能担当得起。故子思序舜,即继以颜子。诸生中亦有为舜的心否? 有为舜的心,须是要以能问于不能,以多问于寡,先把颜子学起。[2]

当然,吕柟从“仁智合一”的角度来说明舜之好问好察,孔子之好古敏求

---

① 吕柟:《泾野子内篇》卷27,第294页。

② 吕柟:《泾野子内篇》卷16,第158页。

以及颜子之好学,是否符合《论语》和《中庸》之原意已经很难知道了,我们在此也只能将这看作是吕柟对经典文本的一种发挥,或者说是一种创造性诠释,同时也是为了构建自己仁学思想的需要。

在说明"仁智合一"的基础上,吕柟又指出,正是由于对"智"的重视,才使得圣人之所以成为圣人。

> 诏问:"夫子答子贡以'博施济众',曰'何事于仁,必也圣乎?'他处言仁甚大,此则必归之圣,似有大小之差者何?"先生曰:"此仁字当指仁心而言。今有仁爱之心而恩不能遍及于下民者,亦多矣。若圣人则不惟有是仁心,其作用处自别,要亦不外于用人,故谓之圣者,其间自有'裁成''辅相'的意。[①]

这里,吕柟指出,"今有仁爱之心,而恩不能遍及于下民者亦多矣",这种"不能遍及"的原因其实就是缺乏"智"的缘故。为此,吕柟举了一个"博施济众"的例子说:

> 即如今有司赈济的一样,如发仓廪散财以赈民,亦可谓博施矣,然或不能立法,或用不得人,致使奸人作弊。故有饥民而不得领者,有方领二三钱,先已用去大半者。所以斯民全不沾其实惠,便是不能济众。故学者以"克己复礼为仁",能见之施为运用处方可。[②]

由此可以看到,"博施济众"之难不仅在于是否具有此仁心,而且还在于能否在具体实施的过程中取得实际的效果,就像有司赈济一样,虽能博施,然而却因为缺少"智",故最后的结果仍然是百姓得不到实惠,还是不能济众。可见,仁心固不可无,但只有仁心还不够,还要"能见之施为运用处方可",而圣人之所以为圣人,"则不惟有是仁心,其作用处自别",所以说:"孔子至圣,只在好古敏求;舜之大智,只在好问好察。"[③]学者除了培养仁心之外,还应该像舜一般好问好察,像孔子、颜子那样好学才行。

以上虽然说的是"智"的重要性,但吕柟也并没有忘记"仁",而且从逻辑先后的关系来看,仁在智先。

> 诏问:"舜之大智如何?"先生曰:"千古圣贤道统之传惟在于此。如舜之好问好察,皆出于心之至诚,无一毫勉强。其所以然者

---

① 吕柟:《泾野子内篇》卷10,第99—100页。

② 吕柟:《泾野子内篇》卷10,第100页。

③ 吕柟:《泾野子内篇》卷20,第203页。

何故？只是欲天下百姓各得其所。欲天下百姓各得其所，惟有此'中'可以近人情合天理。'中'虽具于吾之一心，而散见于天下之人，故一人之善未得，即一民之生未遂，抱仁民之心者，虽欲不问不察以求此'中'不可得已。隐恶扬善，执其两端，皆由是出。故欲观舜之大知者，当先观其欲并生之仁，孟子曰舜由仁义行者以此。后之学者执泥己见而訑訑自用，岂惟其知之小，亦以其仁之未闻耳！夫子曰：'三人行，必有我师。'颜子以能问于不能，皆原于此。"（《四书因问》卷三）

在上述引文中，吕柟就指出，舜之好问好察，皆出于心之至诚，无一毫勉强，其所以然者就在于"欲天下百姓各得其所"，亦即有一"并生之心"。换言之，舜之好问好察，"必先有并生之仁"①，而有此仁民之心，自然能好问好察，"便汲汲皇皇，终日不食，终夜不寝，要去问人，岂肯自足"②。可见，"仁"（仁心）是为学的基础，也是为学的动力，而后世学者之所以不好学，不仅在于其知小，更在于不知道什么是"仁"。所以吕柟强调，学者"欲观舜之大知者，当先观其欲并生之仁"，即首先要志于仁，所以他说：

舜之大智，止是一个仁。盖仁者以天地万物为一体，"欲并生哉"，无一毫私意间隔于其中，无一物处之不当，故人有善必取之于己，己有善必推以与人，问于耕稼，问于陶渔，问于在朝，皆非心之所得已也。今学者只是见不破这个仁，与人物若不相干，其有不得其所者，就不肯思量去处他，更肯好问人邪？颜子之心亦与舜同，故其言曰："舜何人也？予何人也？有为者亦若是。"何等激昂！"③

同样，在日常生活中，如何处理好交友、居家、处世等事，在吕柟看来，也须先有一仁心，他说："此须有怜悯之心方好。能怜悯，便会区处。……此仁智合一之道，舜'欲并生'，张子《西铭》具言此理。"④

总之，对吕柟来说，"仁"是圣人之学的核心，但"仁"之中包含"智"。分而言之，仁是智的基础和动力，智是仁的作用。合而言之，仁与智是"合一"的。

---

① 吕柟：《泾野子内篇》卷16，第167页。
② 吕柟：《泾野子内篇》卷27，第294页。
③ 吕柟：《泾野子内篇》卷18，第176页。
④ 吕柟：《泾野子内篇》卷6，第40页。

第四节　为仁工夫

然而,无论是"仁智合一",还是"学仁学天",又或是为政上的"养民",最终都要落实在平日里真实的工夫修养上。吕柟就指出,"事必经历过,然后知之真也",故学者应当实用力于"仁",随处体认,方能做到"好仁者无以尚之"(《论语·里仁》),达到天地万物为一体的境界。

> 先生曰:"学者开口便说仁,怎么便能令有诸己?"象先曰:"经礼三百,曲礼三千,无一事而非仁也。故学者在随处体认,则得之。"曰:"正是。鸢飞鱼跃,无往非此,会得时活泼泼地。然学者须要用参前倚衡之功,才见得鸢飞鱼跃,无往非此。"①

又说:

> 所谓用力,不在别处,只要学仁。彼人之心,元与天地一般大,只为有己便窒碍了。须要使吾心中生意常常流动,"出门如见大宾,使民如承大祭",与凡处朋友,会亲戚,待僮仆,这个道理皆在这里。如古人看见一个鸢,便如天一般大;看见一个鱼,便如渊一般深。眼前皆是这个道理,流动不息,无有窒碍,胸中何等快乐!荣显也不见得荣显,寂寞也不见得寂寞,只见得我这里面是这样美,是这样大,是这样富,是这样贵,外面那些富贵,那些势力,那些功名,都如浮云一般,那里见得!故孔子说"好仁者无以尚之",这般滋味惟是孔子晓得。……若不是经历过,如何实见得这样滋味!……可见事必经历过,然后知之真也。须在此处用力。②

可以说,吕柟在这里为我们描述了孔子说的"好仁者无以尚之"的那种感觉与境界:"荣显也不见得荣显,寂寞也不见得寂寞,只见得我这里面是这样美,是这样大,是这样富,是这样贵,外面那些富贵,那些势力,那些功名,都如浮云一般,那里见得"。不过同时吕柟也指出,要体验到这一点,必须先用力学仁,然后才能"实见得这样滋味"。

首先,吕柟指出,工夫要在自身上做,先要"换个心肠"。

---

① 吕柟:《泾野子内篇》卷18,第175页。

② 吕柟:《泾野子内篇》卷27,第282页。

先生每谓仁是圣门教人第一义，故今之学者必先学仁。一生初见先生，多不省。先生曰："今欲为这学，须是换了这个心肠才好。"其生愕然，曰："何谓也？"曰："天始生人，这心肠元来人人都是有的。只为生来或是气禀欠些，或是习染杂些，把这心肠都失了，只是个块然血肉之躯，与仁相隔远着。所以要把这气习变易尽了，才得与这仁通，如修养家所谓脱胎换骨一般，非是教诸生外面讨个仁来也。"①

这就是说，"以天地万物为一体"之仁是每个人生来都具有的，但由于气禀和习染的影响，故不能为"仁"，"所以要把这气习变易尽了，才得与这仁通"。而对于学者来说，首先就是要用仁心来取代富贵利禄之心，亦即"换个心肠"。吕柟说："人惟为声色货利所缠缚，如坠于井底一般。须斩去世间一切可爱、可惜、可喜、可慕的心，一于天理便好。如日月之明一般，此何等气象！"②因此："今日为学，须是把一切富贵杂事都斩断了，一心只是为学，然后有进。今人皆被这事缠绕了，如何得好？"③这其实就是要求学者要志于仁，要"好仁"。

其次，"克己"是为仁的切要工夫。吕柟说：

学者切要工夫只在克己。克己之要，须自家密察此心，一有偏处即力制之，务有以通天下之志。故曰"一日克己复礼，天下归仁"。④

在吕柟看来，人之所以不能与天地万物为一体，其中最主要的原因就是私意私欲的遮蔽，从而离仁越来越远。他说："这个'仁'字是天地生生之理。吾之心原与天地万物为一体，第人为私意所蔽，遂将此仁背去了。诚能好仁，则必视天下犹一家，万民犹一人，心中自然广大，凡其富贵贫贱莫得而加尚之。"(《四书因问》卷三)又说：

人只为私欲，起了藩篱，生了物我，有了亲疏，立了异同，胸中皆是一团私意，故不能为君子。若能随事精察，渐渐克去，撤了这藩篱，忘了这物我，知了这亲疏，合了这异同，视天下之民毛发骨爪、疾

① 吕柟：《泾野子内篇》卷20，第202页。
② 吕柟：《泾野子内篇》卷19，第190页。
③ 吕柟：《泾野子内篇》卷13，第133页。
④ 吕柟：《泾野子内篇》卷15，第87页。

痛痾痒与我相关,便可以为君子。故曰:"一日克己复礼,天下归仁焉。"①

可见,"私"是阻挡天人、物我一体和实现"仁"的最大因素,"故人生天地间,须是把己私克去,务使万物各得其所,略无人己间隔,才能复得天地的本体"②。因此对吕柟来说,学者最重要的工夫首先是"克己",即"自家密察此心,一有偏处即力制之"。

在吕柟看来,能克己,心中自然广大,而富贵贫贱也就不能扰动吾心。他说:

仁道至大,而为任最重也。能克己,认得为己,始能胸襟阔大,与物为体而无间。……欲任仁,须以曾子论孝意思推将去,孝即仁也。事君不忠,非仁也;交友不信,非仁也;居处不庄,非仁也;战阵无勇,非仁也。知其非仁,则所行皆仁。日日新之而不已,则量无不弘,物无不容,真如天之无所不覆,地之无所不载,其任不亦重乎!③

显然,吕柟的"克己"说是对孔子"克己复礼为仁"的继承。对此,吕柟也指出:"克己便是为仁的工夫,这个工夫孔门惟颜子知之。"④可见其对"克己"的重视。当然,"克己"还需要"知"即格物穷理的工夫,所谓:"心有所蔽,故不能弘。苟格物以致其知,始见己私之难为存也。故孟子论尽心,由于知性知天。"⑤

而能克己,便能"大其心"。

诏以为欲大其心,莫先于克己。先生问:"如何为克己?"诏曰:"人之心本自广大,但为私意蔽之,则狭小矣。故学者之心一有偏私,即务克去,庶以复其广大之体,如何?"先生曰:"固是。必如曾子之'弘毅',《西铭》所谓'民胞物与'始得。且如'尊高年,所以长其长;慈孤弱,所以幼其幼',人虽或力量不逮,却不可无是心。如张子见皇子生则喜,见饿殍则戚的心方好。然此心安从生?"诏未及对。

---

① 吕柟:《泾野子内篇》卷27,第273页。
② 吕柟:《泾野子内篇》卷15,第145页。
③ 吕柟:《泾野子内篇》卷24,第254页。
④ 吕柟:《泾野子内篇》卷18,第185页。
⑤ 吕柟:《赠王左卿语》,《泾野先生文集》卷33。

他日又问，曰："只是预养仁心，自无己之可克矣。"①

"大其心"一语来自张载，《正蒙·大心篇》谓："大其心则能体天下之物，物有未体，则心为有外。世人之心，止于闻见之狭。圣人尽性，不以见闻梏其心，其视天下无一物非我，孟子谓尽心则知性知天以此。天大无外，故有外之心不足以合天心。"显然，吕柟的"大其心"思想是来源于这里。而如果说二者有何区别的话，那么可以说张载的"大其心"讲的是工夫，亦即孟子的"尽心"，所以说"大其心则能体天下之物"。而吕柟的"大其心"则是从精神境界来说的，亦即指《西铭》讲的"民胞物与"之心，二程说的"仁者以天地万物为一体"，故吕柟指出"大其心"，自然无己之可克，而这也可以从下面的一段话中看出："如人心不大，虽一家兄弟长幼，宗族邻里，亦分一个彼此，何况于天下！惟大其心，则圣贤与鳏寡皆吾兄弟，何有一毫之间。"②另外，张载的"大其心"是由孟子的"尽心"而来，而吕柟的"大其心"则是建立在"克己复礼为仁"的基础上的。

第三，为仁要求"放心"，即"各随其放处收敛之"。

问："求仁之要，在放心上求否？"先生曰："放心各人分上都不同，或放心于货利，或放心于饮食，或放心于衣服，或放心于宫室，或放心于势位。其放有不同，人各随其放处收敛之，便是为仁。如朋友相会，或一言之善，一行之善，或威仪言语处，相观而善。若能为得这个仁的学问，则他日居官自会爱民爱国也。"③

孟子曰："学问之道无他，求其放心而已矣。"(《孟子·告子上》)意即要将那善良的本心找回来，但怎样去"求放心"，孟子并没有明确说明。吕柟发挥了孟子的这一思想，肯定求仁、为仁要在"放心"上求，并进一步指出每个人所放之心不同，"或放心于货利，或放心于饮食，或放心于衣服，或放心于宫室，或放心于势位"，因此工夫应该是"各随其放处收敛之"，也就是随各人的缺点和偏处做工夫，而不是笼统的去"求放心"，就像"变化气质"一样：

德问："'刚、毅、木、讷近仁。'如无这样近仁的资质，又当如何用功？"先生曰："此须要先变化了那不刚、毅、木、讷气质，寻向上去，

① 吕柟：《泾野子内篇》卷10，第92页。

② 吕柟：《泾野子内篇》卷13，第125—126页。

③ 吕柟：《泾野子内篇》卷22，第223页。

就可近仁。若徒恃有这好气质,不去用功,亦不济事。”①

吕柟指出,所谓“变化气质”就是要变化那不好的气质,如果说刚、毅、木、讷近仁,那么就需要先变化那不刚、毅、木、讷的气质。当然,吕柟也强调,也不能凭借自身的气质好就不去用功,否则亦无所成就。

第四,学仁、行仁应该从孝弟做起。吕柟说:

然学仁从那里起?只于孝弟上起。孝弟则九族惇睦以此,百姓昭明以此,于变时雍,鸟兽鱼鳖之咸若者以此。孝弟便是个根,因而仁民爱物之枝叶花萼油然而生,不能已也。②

孔门之学,只是一个仁,其本只是孝弟。君子为仁,必欲使天下之民各得其所,使天下之物各遂其生,而后快于心,此非仁乎?然无孝弟于先,则性真自伐,和顺自沮,推之民,必犯上,推之物,必至作乱而伤害,犹蠹其木而沮枝叶之茂也。③

吕柟指出,孝弟如同树木之根,而仁民爱物则是枝叶花萼,所谓“君子务本,本立而道生”(《论语·学而》),根本培养好了,枝叶花萼自然繁茂盛大,故能做到孝弟,仁民爱物则自不容已,因此学者学仁,应当先从孝弟做起。而且孝弟属于人伦日用之常,对于学者来说,是最切近可行的工夫,“是故君子务本,不可专靠《西铭》。不然,则墙屋上贴的仁与身体上贴的仁岂能相干邪”④,这就是说,《西铭》是从理论上讲如何弘仁,而“民胞物与”说的也是一种境界之仁,不像孝悌,是具体的行动,是能够在日常生活中切切实实体贴到的东西。

最后,为仁需要“集义”。

这是说,为仁是一个长期艰苦的过程,需要不断的工夫积累,因此学者应该像孟子说的“必有事焉”,也就是要不断地“集义”,进行为善去恶的道德实践。吕柟说:“孟子说:‘必有事焉,而勿正,心勿忘也。’故或是对朋友讲论,或是对着书册,或是察吾的念虑,皆是有事勿忘的工夫。故孟子说养气以集

① 吕柟:《泾野子内篇》卷18,第185页。
② 吕柟:《泾野子内篇》卷21,第216页。
③ 吕柟:《赠王左卿语》,《泾野先生文集》卷33。
④ 吕柟:《泾野子内篇》卷21,第216页。

义为事。”[1]又说:“集得义,便是能体仁;体仁,义亦在其中矣。”[2]

① 吕柟:《泾野子内篇》卷16,第166页。
② 吕柟:《泾野子内篇》卷16,第167页。

第六章 吕柟与阳明学

明代正、嘉年间,正是阳明学兴起流行之时,如同这个时候的其他地方和其他学者一样,关学也面临着如何对待王学的问题。然而最后的结果证明,整个正、嘉期间直至万历初的十来年,关学的主流仍然是朱子学,关中学者也多以程朱为宗,虽然在渭南一带王学比较盛行,但这并没有改变当时关中作为程朱理学的重镇之一。那么,这一现象是如何发生的呢?本章即围绕这一问题,通过吕柟与阳明学者之间的交往和论学来看明代中期关学与王学的互动情况。

第一节 吕柟与阳明学者的交往

一、吕柟与王阳明的交往

吕柟作为明代中期关学的主要代表,又曾长期在南京讲学,名动江南,因此与其同时的其他关中学者相比,吕柟与王学学者有着更多的接触。据记载,吕柟在北京任翰林院修撰期间曾多次与王阳明讨论过《论语》。吕柟说:

> 昔者予之守史官也,阳明王子方在铨部,得数过从说《论语》,心甚善之。后阳明子迁南太仆及鸿胪,而予再以病起。当是时,穆伯潜为司业于南监,寇子惇为府丞于应天,尝寄书于二君曰:"阳明子讲学能发二程之意,可数会晤也。"①

这段回忆文字中不仅清楚地记述了吕柟与王阳明交往讲学的情况,而且也写下了他初听阳明讲《论语》时的感受,即认为王阳明能够"发二程之意"。不过可惜的是,二人当时讲学的具体内容现已无法知晓,不知王阳明究竟讲了些什么让吕柟"心甚善之"。而根据文中吕柟"守史官"和王阳明"方在铨部"这两个时间点,我们可以得知此事发生在正德七年(1512)十一月至十二

① 吕柟:《赠玉溪石氏序》,《泾野先生文集》卷6。

月间。吕柟曾三次"守史官"或者说为翰林院修撰（史官是其主要职务之一），一是在正德三年至正德五年，二是在正德七年至正德九年，三是在嘉靖元年至嘉靖三年。而据《王阳明年谱》，能与上述时间段相重合的是第二次，王阳明曾于正德六年至七年任职于京师吏部，正德七年十二月即升为南京太仆寺少卿，转官南京。另外，据吕柟文集中的《游浒西集序》《刘侯戮虎记》和《与康太史德涵书》等篇可知，吕柟在正德七年起复旧职，十一月多抵达京师。这也就是说，吕柟与王阳明讲说《论语》之事即发生在这一年的十一、十二月间，这是二人第一次也是最后一次在一起讲学，此后则因各自仕途的不同而一直没有机会再见面，以至后来吕柟对王阳明之学产生疑问时也没有机会再向其请教，他说：

> 比予再告且谪，而阳明子官益尊，道益广，讲传其说者日益众，然视予初论于史官者颇异焉，于是日思见阳明子以质疑而未获也。及改官南来，而阳明逝矣。[1]

这里，吕柟说的"再告且谪"是指从正德九年到嘉靖六年的这段时间，在这段时间里，吕柟经历了居家讲学（高陵）、官复原职（京师）到贬官解州（山西）等一系列的人生起起落落。而同一时期，王阳明则主要活动于南京、江西、浙江、广西等地，故吕柟说"日思见阳明子以质疑而未获也"。等到嘉靖六年冬吕柟"改官南来"，即从解州判官转官南京吏部考功郎中时，王阳明还在广西平叛，第二年（1528）十一月便病逝于江西大庾。可见，相聚讲学时间的短暂以及用程朱学作为标准来判断阳明的讲学，这是后来吕柟始终无法理解和接受阳明学的一个主要原因。

不过，即使在这短短的一个多月中，也给双方留下了较好的影响。据吕柟说："予之学，不能阳明子之万一，而阳明子尝曰：'夫夫也，是可与语者也。'"[2]将吕柟视为可共谈学者。而对吕柟来说，不仅认为王阳明讲《论语》精确，"心甚善之"，而且后来还专门写信给在南京的两位好友穆孔晖（玄庵，1479—1539）与寇天叙，并劝其一同前往王阳明处讲学（约在正德九年）。在《与穆司业伯潜书》中，吕柟说："王伯安讲学亦精，足得程氏之意，可与寇子数去聚论，不可缓视之也。"[3]而在《与寇大理子惇书》中也说："王伯安讲学近

① 吕柟：《赠玉溪石氏序》，《泾野先生文集》卷6。

② 吕柟：《赠玉溪石氏序》，《泾野先生文集》卷6。

③ 吕柟：《与穆司业伯潜书》，《泾野先生文集》卷20。

精，亦得程氏之意，幸与穆子数去聚论乎！”[①]从字里行间中我们可以体会出吕柟在发现有人讲学能够不蹈流俗、陷溺于词章记诵之中之后的那种喜悦之情，这是对共同倡明圣学的一种期待。

二、吕柟与其他阳明学者的交往

除王阳明之外，吕柟还与其几个著名弟子和一些后学也有着较多的交往。

首先是穆孔晖。穆孔晖是吕柟认识较早且有着深厚交情的一位阳明学者，据徐爱《同志考》，穆孔晖在正德七年与其一同受业于王阳明，黄宗羲称穆孔晖："学阳明而流于禅，未尝经师门之锻炼。"[②]吕柟的《送玄庵穆公致政序》一文则记述了二人交往的具体情况。正德三年（1508），吕柟中进士后，便与穆孔晖同官翰林院，比邻而居，属志同道合之人。但在第二年，穆孔晖就因得罪权宦刘瑾而改官南京。不久，吕柟也因病辞官回乡，此后便聚少离多，但后曾在南京一起讲学。尽管相聚日短，但吕柟对穆孔晖的评价却很高，称其："有不愧屋漏之学，有忠信博雅之器，有独立不惧之操。其戆直近汲长孺，隐厚如隽不疑，孚信如韩康伯，经术近刘向，史通近司马子长，道学近程正叔。乃且益笃其道，益邃于《易》，兼究老佛，折中孔孟。在位固表仪朝著，不在位则益式是乡党，风流四海。"[③]总之，在吕柟眼里，穆孔晖是一位忠信端正之士。

其次是邹守益。在吕柟交往的众多阳明学者之中，邹守益是与其一起讲学次数最多的一位，吕柟对阳明学的具体看法也大多是通过与邹守益的讲学而体现出来的，可以说邹守益是吕柟最重要的讲友之一。吕柟与邹守益之间的相互交往，最早在嘉靖二年（1523）。是年，久居家乡江西的邹守益入京，官复原职，任翰林院编修，而此时吕柟为修撰，两人同官翰林，且同为经筵讲官，并一同纂修国史《武宗实录》，从此相识。嘉靖三年五月，吕柟因上疏言事，语涉"大礼"，被下锦衣卫狱。而此前邹守益亦因议"大礼"被下狱，于是两人在狱中讲学不断，邹守益还著有《狱里双况集》。直至七月，吕柟被贬为山西解州判官，而邹东廓亦降为广德州判官，相继离开京师。二人的再次重逢则是

① 吕柟：《与寇大理子惇书》，《泾野先生文集》卷20。
② 黄宗羲：《北方王门学案》，《明儒学案》（修订本）卷29，第635页。
③ 吕柟：《送玄庵穆公致政序》，《泾野先生文集》卷9。

在三年后的嘉靖六年(1527),这一年冬,吕柟与邹守益同时转官南京,直到嘉靖十年(1531)四月的这段时间里,一起与湛若水在南京讲学,南都讲学之风于是大盛。在南京期间,吕柟与邹守益交谊日厚,但在学问上却多有不合,多次往来辩论,如在嘉靖十年四月,邹守益北上考绩之前,吕柟在《别东郭子邹氏序》中说道:

> 予与东郭邹氏之在南都也,三年矣,每以居室之远,会不能数。然会必讲学,讲必各执所见,十二三不合焉。……东郭且行,恐予犹懵然于是也,过予复论之,其爱厚之心甚盛也。然予终不能解,惟以前说宛转开陈,遂讲及执一之学、喜同恶异之弊,累数千言而后已,东郭子始少然之。恐东郭子别后,犹前说也,书之卷以赠。①

邹守益在考绩之前曾前往吕柟居住的鹫峰东所论学一事,又见于吕柟《答程君修书》中,信中说:"近四月间,东郭子有考绩之行,过鹫峰东所讲论,将达旦始寝,然其意亦渐觉相合。"②从吕柟的信和序可以看到双方论学的不合,至于吕柟带着一些喜悦之情而特别谈到的邹守益"始少然之""其意亦渐觉相合",也可能是在某些问题形成了比较一致的看法,或者只是吕柟主观上的一种感觉,并不意味着邹守益就认可或完全接受了吕柟的说法,所以吕柟仍有"恐东郭子别后,犹前说也""恐亦未肯尽从也"的担心。尽管在学问上不尽相合,但吕柟仍肯定邹守益的为人,他在给好友马理的一封信中说:"东郭之学信如来谕,然其言论虽如此,而行实不诡于古人。"③

再次是欧阳德。吕柟初识欧阳德时大概在嘉靖二年二月,吕柟时为会试副考官,当时朝廷不喜王学,故会试策问以心学为题,有阴辟阳明之意,作为副考官的吕柟在阅完欧阳德之卷后,认为当置之于前列,但因受到主考官的反对而不果,吕柟在作于嘉靖十四年(1535)的《赠欧阳南野考绩序》中曾回忆说:"昔予校文癸未会试,尝见欧阳子试卷矣,叹其弘博醇实,当冠《易》房也。然欧阳子学于阳明王子,其为文策,多本师说。当是时,主考者方病其师说也,予谓其本房曰:'是岂可以此而后斯人哉?'其本房执诤,终不获前列,一时遇阅其卷者皆惜之。"④

---

① 吕柟:《别东郭子邹氏序》,《泾野先生文集》卷7。
② 吕柟:《答程君修书》,《泾野先生文集》卷21。
③ 吕柟:《答马谿田书》,《泾野先生文集》卷21。
④ 吕柟:《赠南野欧阳子考绩序》,《泾野先生文集》卷10。

此外,如徐爱、钱德洪、南大吉、蔡宗兖(我斋,1474—?)、石简(玉溪,1487—?)、周冲(道通,1485—1532)、黄省曾(五岳,1490—1540)等阳明学者,吕柟也都与之相识。

徐爱为吕柟同年进士,吕柟曾为其父徐玺(号古真)作传,其曰:

古真先生姓徐氏,名玺,字克用,浙江余姚人也。生而介特严正,不习淫媚。尝为吏,亦不能吏行,终亦弃吏不仕,安于贫贱。乃叙曰:……生一子曰爱,予同年进士也。爱六岁时,尝携行田间。爱有所指曰:"吾后必得之。"即厉声嗔曰:"小子即思黩货耶?"比谒选时,以伯安讲明濂、洛之学,遂遣爱师事之。爱举进士,出知祁州,适天下多故,廉能大闻于畿甸。而先生至祁,俭朴滋甚。人或语及贫富事,曰:"昔人教儿谄世且嗤之,吾将教儿贪耶?"①

钱德洪曾为王阳明继母赵氏向吕柟问寿序,吕柟在《寿诰封一品夫人王母赵内君六十序》中说道:

诰封一品夫人王母赵内君者,南京吏部尚书致仕、进封新建伯龙山先生余姚王公之配,今新建伯兵部尚书阳明伯安公之继母也。六月十六日,夫人悬帨之期,是年盖甲子一周矣。阳明之门人钱进士宽与其同志者走状问寿。钱进士曰:……②

南大吉是王阳明在关中的传人,正是靠了南氏兄弟,阳明学才得以在关中地区传播开来。吕柟曾为其父南金(字楚重)撰写墓碑,曰:

渭南南先生楚重者,今户部主事元善大吉之父也。予自为童子于学时,闻其名,其后竟未谒。比元善以户部遭先生之丧,乃始知其止。……今已受赠如元善官。即使先生身有甲科,荣亦不过是,则天于善人又曷尝忘耶!况元善博学笃志,寡言修行,所为诗赋,骎骎乎汉魏之风,而元善又不以此自已,则先生之声,又何啻止此赠官哉!③

吕柟与蔡宗兖则相识于嘉靖六年冬。这年冬,吕柟从解州转官南京,蔡宗兖派人在途中迎接吕柟并为其代寻住处,得之于柳树湾西。吕柟在《送提

---

① 吕柟:《古真先生传》,《泾野先生文集》卷11。

② 吕柟:《寿诰封一品夫人王母赵内君六十序》,《泾野先生文集》卷5。

③ 吕柟:《敕赠承德郎户部江西清吏司主事渭南南先生墓碑》,《泾野先生文集》卷30。

学四川我斋蔡君序》中说：

> 昔予在史馆，仙居应元忠数言我斋之学可敬也。及谪判解州，德清沈南厓数言我斋之行可爱也。故予与我斋虽未面睹，想象其形容，推测其志意，固已神交而玄识矣。丁亥之冬，予南转考功，闻我斋适同寮宷，乃欣然就道，求偿素怀。比马过东葛，而我斋已遣吏迓予黄岩山中。及解州江口，方兴邸舍之念，而我斋已遍国中为予问屋，得之柳树湾西，实予心所欲也。①

不过，正当两人相约以讲学时，蔡宗兖因升为四川提学佥事而离开了南京。在蔡宗兖离开之后，王阳明的另一个弟子南中王门的周冲也大约在此段时间来到南京，并前往柳树湾精舍拜访吕柟。周冲曾先后从学于王阳明与湛甘泉，是阳明门下折中王、湛之学的代表人物②，认为："湛师之体认天理，即王师之致良知也。"吕柟与邹守益都称其有"淳雅气象"③。两人就工夫如何不间断、颜子之"屡空"以及如何看待讲学等问题进行了讨论。在周冲离开南京时，吕柟作序送之并为其《周氏族谱》撰序，吕柟记述道：

> 宜兴周道通自其家偕其门生邵武人鲁守约入南京，过予柳树湾精舍以谈学。……每言至适意处，辄喜动颜色，不知其他；若有未安，亦善婉转开白，实有学之士也。④

吕柟在柳湾精舍讲学的时间大约从嘉靖六年（1527）冬至嘉靖八年（1529）夏，因此他与周冲论学的时间也大致在这段时间里。

吕柟与石简相识则在嘉靖八年左右，吕柟说：

> 及改官南来，而阳明逝矣，方切悼叹。居一年，得见其徒玉溪石氏廉伯，则喜曰："斯人也，非他止效其言者可比，其善为阳明子之学乎！其闻其言，得于心，见于身，发于事者乎！"⑤

---

① 吕柟：《送提学四川我斋蔡君序》，《泾野先生文集》卷5。按：钱宽即钱绪山，本名宽，字德洪。

② 周冲（1485—1532），字道通，号静庵，正德五年（1510）举人，授万安县训导，从学王阳明于虔。嘉靖元年（1522）改知应城县，入觐之京，复受学于湛甘泉，得"随处体认天理"之教。他与楚中王门的蒋信（道林，1483—1559）是阳明门人中折中王、湛之学的代表人物。

③ 黄宗羲：《南中王门学案》，《明儒学案》（修订本）卷25，第583页。

④ 吕柟：《送周道通序》，《泾野先生文集》卷5。

⑤ 吕柟：《赠玉溪石氏序》，《泾野先生文集》卷6。

对于石简，吕柟称其虽为阳明学，但却能不喜同好异，他说："今石氏为阳明子之学而取予，予未能为阳明子之道而心敬石氏至形诸寝食，则石氏非善为阳明子之学者乎？"[1]并称石简为实致良知者，而不是仅仅停留于言语之上。在《赠石高州序》中，吕柟说："夫玉溪子尝师事阳明王公。阳明以致良知为教，学者类能言之，然或当行而不知向背、临言而不知从违者亦有之。玉溪子真可谓不背师说者矣。"[2]

黄省曾亦属南中王门，是吕柟认识较晚的一位阳明学者[3]，吕柟在《刻横渠先生易说序》中说：

> 予访《横渠先生全书》有年矣，往在解州刻其《东》《西铭》《正蒙》《理窟》《语录》并《文集》一二卷，其他未之见也。去年，苏州举人黄省曾谒予，言及之，获此《易说》。……[4]

根据今存嘉靖十七年(1538)吕柟刻本《横渠先生易说》，可知二人相识于嘉靖十六年。

除了与王阳明的诸多第一代弟子相识之外，吕柟还结识其不少后学，并在一起论学，如邹东廓门人易宽(栗夫，1494—?)，吕柟在为其所写的《秋江别意诗序》中说：

> 安福易栗夫学于东郭邹氏，以东郭子予友也，亦数枉论学焉。予曰："夫为学莫如去过。去过殆如去病，所病不同，为医亦异，一病既去，百体咸嘉，故虽商汤以改过不吝为称，而孔子以闻过为幸、见过自讼为未见也。"他日，栗夫又曰："宽也贫甚，然亦尝求处乎贫矣无怨，虽未至乐，然已过于无谄矣。"曰："为学之道，惟此为难。苟处贫而乐，则道已在我。昔夫子以颜氏箪瓢不改其乐为贤，苟或因贫改乐，虽破瓢半箪亦夫子所不与也。昔周子令两程寻孔颜乐处，其自言见大心泰无不足者，则正其乐处也。世之人所以长戚戚者，正为有不足处耳。"栗夫曰："只此改过处贫之言能行之，于道亦近

---

① 吕柟：《赠玉溪石氏序》，《泾野先生文集》卷6。

② 吕柟：《赠石高州序》，《泾野先生文集》卷8。

③ 黄省曾(1490—1540)，字勉之，号五岳，江苏苏州人，嘉靖十年(1531)以《春秋》中举，后累举不第，遂绝意科举，从王阳明学，为南中王门。

④ 吕柟：《刻横渠先生易说序》，《泾野先生文集》卷34。

乎?”曰:“然,此实学也。夫子谓回‘其庶乎’者,惟屡空耳。”①

可见,由于与邹东廓交好的关系,邹氏门人也多前往吕柟处问学,而易栗夫即是其中的一例。根据序文来看,吕柟与易栗夫论学的内容主要是关于“甘贫改过”,这正如吕柟写给马理的信中说的一样:“东廓之学信如来谕,……近其门下人及王氏门人及吾湛先生之门人或来相访,某只说学只是‘甘贫改过’四字,虽三五翻应对,百十遍发挥,不过如此。中有一二切实之士,亦未尝不以予言为救时之弊也。”②

第二节　吕柟与邹东廓的论学

一、对阳明学的评价

在《仰止亭记》中,吕柟集中概况地表达了他对阳明学的总体看法。他说:

> 予敢以阳明之学为是乎?予敢以阳明之学为不是乎?……昔者先正以一言一字发人,而况阳明之学,痛世俗词章之繁,病仕途势利之争,乃穷本究源,因近及远,而曰行即知也,知本良也,亦何尝不是乎!但人品不同,受病亦异,好肉者不可与言禁酒也,好奕者不可与言禁财也。故夫子切牛之噪言,色商之直义,达师之务外,惧由之好勇,故德无不成,材无不达。如人之病疮,有在手者,有在足者,有在肩背者,有在面目者,皆足以滞一身之气而壅百骸之肿,所病去,则全体无不安矣。故受药亦易,而起其病亦不难。故有知而后能行,未有不知而能行者也,犹目见而后足能走,未有不见而能走者也。若曰见守齐举,知行并进,此惟圣人能之。故阳明之学,中人以上虽或可及,中人以下皆茫无所归,故《论语》不道也,亦曷尝尽是乎!虽然,自夫俗儒而言,忘其良知而又不知以行之为急也,其弊至于戕民而病国,则阳明之学又可少乎哉!③

从这段引文中,我们可以看到吕柟对阳明学既有积极肯定的一面,也有

① 吕柟:《秋江别意诗序》,《泾野先生文集》卷6。

② 吕柟:《答马谿田书》,《泾野先生文集》卷21。

③ 吕柟:《仰止亭记》,《泾野先生文集》卷17。

不赞同的一面。从肯定的一面来说，他指出，王阳明提出“良知”说，其出发点在于“痛世俗词章之烦，病仕途势利之争”，亦即为了纠正当时以口耳记诵为学，以功名利禄为目的的学风，所以才穷本究源，揭示出学问根本所在，强调知行合一，就是为了使人们回到身心修养、力行实践上来。从这一点来说，阳明学“亦何尝不是乎”，而对于那些“忘其良知而又不知以行之为急也，其弊至于戕民而病国”的人来说，阳明学更加显得不可缺少。但从另一方面，吕柟认为，阳明讲学一是看不到“人品不同，受病亦异”，即不能因材施教，只是一味告之以“致良知”，从而使学者不知从何处下手做工夫；一是不懂得“有知而后能行，未有不知而能行者”，而主张“知行并进”“知行合一”。在吕柟看来，“知行合一”唯有圣人才能够做到，而学者则必先知后行。因此，阳明之学，“中人以上虽或可及，中人以下皆茫无所归”，故阳明学“亦曷尝尽是乎”。

就对阳明学的肯定来看，吕柟也是感同身受，他在讲学时就常常批评当时那种以辞章记诵为学的学风。而就对阳明学的批评来看，这是吕柟的两个基本观点，他对阳明学的认识以及与邹东廓的论辩都是围绕这两点来展开的。

二、与邹东廓的辩论

1. 因人变化

“因人变化”是吕柟针对阳明学的教育方法而提出来的一个观点，就是说在讲授学问时要因人而异、因材施教。

> 诏问：“讲良知者如何？”先生（吕柟）曰：“圣人教人，每因人变化。如颜渊问仁，夫子告以‘克己复礼’；仲弓，则告以敬、恕；樊迟，则告以‘居处恭，执事敬，与人忠’。盖随人之资质、学力所到而进之，未尝规规于一方也。世之儒者诲人，往往不论其资禀造诣，刻数字以必人之从，不亦偏乎！”①
>
> 何廷仁言：“阳明子以良知教人，于学者甚有益。”先生言：“此是浑沦的说话。若圣人教人，则不如是。人之资质有高下，工夫有生熟，学问有浅深，不可概以此语之。是以圣人教人，或因人病处说，或因人不足处说，或因人学术有偏处说，未尝执定一言。至于立

① 吕柟：《泾野子内篇》卷10，第87—88页。

成法,诏后世,则曰'格物致知''博学于文,约之以礼'。盖浑沦之言可以立法,不可因人而论。"①

同样的问题亦见于吕柟与邹东廓的论学中。

> 予前日亦曾与邹东廓说来,圣贤说话,亦有不曾一句就说尽了的。如首章言个戒慎恐惧的工夫,可位育得天地了;然下面便继以智、仁、勇,又继以九经、五达道,又继以诚明;然又必须要个好资质,才做得这工夫。故说个慎独,中间便自有许多条理。不然,只一句说了,下学怎么得下手的去处?②

按照吕柟的看法,"因人变化"是圣人的教学方法。圣人教人,根据来学者的性格、资质、学力或就其病处、不足处、偏处等进行教诲。如孔子,当学生颜渊问"仁"的时候,告之以"克己复礼";当仲弓来问的时候,则告之以"敬"和"恕";而樊迟来问的时候,又告诉他要"居处恭,执事敬,与人忠"等。总之,孔子的回答每次都不同,之所以如此,就是因为颜渊、仲弓、樊迟等人在做到"仁"上的情况不同,故所问的问题虽然一样,但答案却不同,"未尝规规于一方也"。又如《中庸》,其首章指出能戒慎恐惧就能致中和、位育天地万物,但《中庸》并没有停留于此,而是接着又讲了三达德(智仁勇)、治国九经、五达道(君臣、父子、夫妇、昆弟、朋友)以及自诚明与自明诚,最后在资质上又分至诚与致曲。换言之,《中庸》并没有"刻数字以必人之从",只说一个戒慎恐惧或慎独,而是列举了多种方式和途径来实现"道",其目的也是"因人变化"。

除了用外在经典和权威来证明讲授学问要"因人变化"外,吕柟还用日常生活中的事例来说明这一教育方法的合理性。他说:

> 凡学者各受病处,如疮疥之类一般,有发之手者,有发之足者,有发之面目者,须是自其脉络贯通紧要处整治,才易愈。圣人之教人,正如医者之用药,必是因病而发。子路刚勇,说这个强,于中则不足,故夫子语之以"中立不倚""和而不流",亦对症用药之一验。其于诸弟子皆然。③

在这里,吕柟用疮疥来比喻学者身上的缺点和不足处,指出不同的人得

① 吕柟:《泾野子内篇》卷13,第121页。
② 吕柟:《泾野子内篇》卷16,第167页。
③ 吕柟:《泾野子内篇》卷15,第147页。

疥疮的地方也会不同,有发之手者,有发之足者,还有发之面目者,因此医者用药,也必是因人而异,对症下药。这正如子路刚勇,而在“中”这方面做得不够,所以孔子告诉子路要“中立不倚”“和而不流”。但王阳明则不同,不管前来问学的人如何,一概告之以“良知”或“致良知”,从而使学者不能针对自身的实际情况去做工夫,也不知道该怎么去下手做工夫。

不仅在理论上主张“因人变化”,而且在实际的教育过程中吕柟也强调学者应该先从自身的偏处去做工夫,如他说:“省察自何处为先?漫漫从哪里下手?盖须如曾子之三省,从受病痛重处医治。若重处医治得,其他轻处都可了。如好酒从酒上克,如好货从货上克,久之自有效。”[①]又说:“读书无他,只要克去自己病处。如好博洽,如好文字,如好货财,如好名之类,皆是一偏之病。各自其好而克之,即是学矣。”[②]更何况,学问并不只是一个“致良知”就能了事。

> 或质阳明致良知。先生曰:“阳明凡百事皆习过了,老来静坐,学者来问,亦以此告人,忒自在了。然孔子不是这般学,好古敏求,发愤忘食,终夜不寝,问礼问官之类,未尝少懈,况下圣人者乎!学者当日夜勤力不息,犹恐知之不真,得之或忘。”[③]

在吕柟看来,即使圣如孔子也是好古敏求,发愤忘食,终夜不寝,因此学者更不能只满足于致良知,而应日夜勤奋不息地追求学问。

不过,对于吕柟的“因人变化”说,黄宗羲则有不同意见,他说:“夫因人变化者,言从入之工夫也。良知是言本体,本体无人不同,岂得而变化耶?非惟不知阳明,并不知圣人矣。”[④]黄宗羲认为,“因人变化”讲的是入手工夫,但良知则是指本体,作为本体的良知是每个人生来固有的,是无人不同的,不能用“变化”一词,吕柟从工夫的角度来批评良知说,这是不对的。黄宗羲的说法虽然有道理,但他认为吕柟的“因人变化”是针对王阳明的良知本体来说的,根据我们上述的分析可知,并非如此。然而,吕柟认为王阳明晚年专以“致良知”教人,过于浑沦,欠缺分明,不够具体,这说明他并没有进入到阳明学的思想体系之中,对良知学缺少足够的理解。“致良知”作为王阳明的学问

① 吕柟:《泾野子内篇》卷22,第226页。

② 吕柟:《泾野子内篇》卷23,第236页。

③ 吕柟:《泾野子内篇》卷7,第52页。

④ 黄宗羲:《河东学案下》,《明儒学案》(修订本)卷8,第138页。

宗旨,是其全部思想的概括,并非像吕柟说的那样是浑沦含糊之言。

2. 知行合一与知先行后

知行关系是吕柟与邹东廓在南京论学的一个主要问题,两人曾就此往复辩论,但始终未能达成共识。总的来说,邹东廓坚持王阳明的"知行合一"说,强调"行";而吕柟则恪守朱子的"知先行后"说,强调"知"。

吕柟在《别东郭子邹氏序》中特别记述了他与邹东廓关于知行问题的讨论:

> 予与东郭邹氏之在南都也三年矣,每以居室之远,会不能数,然会必讲学,讲必各执所见,十二三不合焉。初会于予第,东郭曰:"行即是知。譬如登楼,不至其上,则不见楼上所有之物。"予应之曰:"苟目不见楼梯,将何所于加足,以至其上哉?"东郭亦不以为然。他日,同适太学,雪中行已过长安街北矣,东郭曰:"今之太学,非行安能知哉?"予指前皂曰:"非斯人先知适太学之路以引马,予与子几何不出聚宝门外乎?"盖自是所讲数类此。乃东郭又以学、问、思、辨以为笃行,于"知及之"亦然也。予曰:"'非知之艰,行之惟艰',非有商傅说之言乎?世之先生长者,恐人徒知而不能行,至于立论过激,以为行然后真知耳,非谓以知便是行也。是故格物致知、明善知天皆属知;诚正修齐、存心养性皆属行。但行必由知而入,知至必能行耳。"……间有从予游者亦谒东郭氏,东郭子诲之曰:"知即是行。人能致良知焉,则非义袭而取也。"予曰:"此说固然,然必知义之所在而后可集耳。"①

而且根据吕柟的说法,邹东廓在北上考绩前,还专门前往其居住的鹫峰东所几乎通宵达旦来讨论这一问题。可见,知行问题确实是二人论学的中心问题。相关的讨论又见于以下一段文字:

> 先生曰:"君尝谓知便是行,向日登楼,云不至楼上,则不见楼上之物。"东郭子曰:"非谓知便是行,但知便要行耳。如知戒慎就要戒慎,如知恐惧就要恐惧,知行不相离之谓也。"先生曰:"若如此说,则格致固在戒慎之先矣,故必先知而后行也。"东郭子曰:"圣人原未曾说知,只是说行,行得方算得知。譬如做柗,须是做了柗,才晓得柗;

① 吕柟:《别东郭子邹氏序》,《泾野先生文集》卷7。

譬如做衣服,须是做了,才晓得衣服。若不曾做,如何晓得?此所以必行得,方算作知。"先生曰:"谓行了然后算作知亦是。但做衣服,若不先问衿多少尺寸,领多少尺寸,衿是如何缝,领是如何缝,却不错做了也?必先逐一问知过,然后方能晓得缝做,此却是要知先也。"东郭子犹未然。[①]

"知行合一"是王阳明于正德四年(1509)提出来的一个命题,后来的"致良知"说也包含了"知行合一"的精神[②]。王阳明提出"知行合一"主要是针对朱子的"知先行后"、分知行为二以及由此而产生的知而不行的弊病。他说:"今人却就将知行分作两件去做,以为必先知了然后能行,我如今且去讲习讨论做知的工夫,待知得真了方去做行的工夫,故遂终身不行,亦遂终身不知。此不是小病痛,其来已非一日矣。某今说个知行合一,正是对病的药。又不是某凿空杜撰,知行本体元是如此。"(《传习录上》)在《与道通(周冲)书》中王阳明也说:"'知行合一'之说,专为近世学者分知行为两事,必欲先用知之之功而后行,遂致终身不行,故不得已而为此补偏救弊之言。"[③]又说:"今人学问,只因知行分作两件,故有一念发动,虽是不善,然却未曾行,便不去禁止。我今说个知行合一,正要人晓得一念发动处,便即是行了。发动处有不善,就将这不善的念克倒了。须要彻根彻底,不使那一念不善潜伏在胸中。此是我立言宗旨。"(《传习录下》)依照王阳明所说,知行的本体亦即在本来意义上是相互联系、相互包含的,所谓"知是行的主意,行是知的功夫;知是行之始,行是知之成"(《传习录上》)。

虽然王阳明的"知行合一"说是从本体上来讲的,但实际上强调的却是行,所谓"未有知而不行者,知而不行只是未知"(《传习录上》),而后来的"致良知"说则更加强调工夫的意义,无论"致"是指去除遮蔽,复其本心之明,还是推行、依照良知去做,都指向的是实践力行,故吕柟有"致良知之说,以行为知之论,由此其发也。……故天下之士,是阳明之学者半,不是阳明之学者亦

---

① 吕柟:《泾野子内篇》卷13,第127—128页。

② 一般认为,"致良知"强调的是工夫上的合一,而"知行合一"则是指本体上的合一。参见陈来:《有无之境——王阳明哲学的精神》,北京:人民出版社,1991年版,第110—112、181—183页。

③ 王守仁:《王阳明全集》卷32,第1207页。

半”[①]之论。

而从吕柟与邹东廓的辩论来看，东廓讲“知即是行。人能致良知焉，则非义袭而取”，“如知戒慎就要戒慎，如知恐惧就要恐惧，知行不相离之谓也”，“行得方算得知”等都可以说是坚持了阳明“知行本体”的意义，但从上面引文的内容可以看到，吕柟对邹东廓之说的理解却是非本体层面的，亦即不是从知行的本来意义上来进行理解，而是从实践实行的角度加以反驳的。因此吕柟认为邹东廓的说法是以行为知，即用行来取代知，故他依照朱子“知先行后”论，指出“人之知行自有先后，必先知而后行，不可一偏”[②]，就像做衣服，必须先要知道尺寸大小，领子、袖子如何缝，然后才能做好衣服，否则就会做错，所以吕柟说：“知得便行为是，谓知即是行却不是。故知者行之始，行者知之随，犹形影然，又犹目视而足移然。”[③]总之，对吕柟来说，“圣门知字工夫是第一件要紧的，虽欲不先，不可得矣。”[④]

当然，吕柟并非不重视行，而是双方论辩视域不同，故最终使他们无法在知行问题上取得一致意见。不过，如果我们认为邹东廓也是从工夫上来讲“知行合一”的，强调知与行在工夫上的合一，或者说邹东廓讲的“知”是指“良知”，“行”则意味着良知的自我实现，那么，邹东廓说“知即是行”“行得方算得知”也并无不对，因为对阳明学来说，良知是每个人生来固有的、不学不虑的先天道德本体，故学问的重点是如何去致良知，亦即如何通过工夫实践去呈现良知，如果只是空守一个良知，不能使之发用流行，这与王阳明所批评的知而不行并无任何不同。但显然吕柟不是这样来理解“知”的含义的，即使是就善恶的道德之知来说，在吕柟看来，现实之人的良知也不会时时都能呈现发用，而是如同沾染尘垢的镜子一样，还必须先要格物穷理，知道何者是天理，何者是人欲，才能“是天理便做将去，是人欲即便斩断”[⑤]，“不然，戒慎恐惧个甚么？盖知皆为行，不知则不能行也”[⑥]。可见，如果回到双方各自的思想体系中，他们的说法各有其道理。

---

① 吕柟：《仰止亭记》，《泾野先生文集》卷17。
② 吕柟：《泾野子内篇》卷10，第89页。
③ 吕柟：《泾野子内篇》卷15，第146页。
④ 吕柟：《泾野子内篇》卷16，第163页。
⑤ 吕柟：《泾野子内篇》卷16，第163页。
⑥ 吕柟：《泾野子内篇》卷15，第146页。

3. 知行合一与学

随着双方论辩的不断深入,对知行问题的理解已不仅仅限于谁先谁后了,还涉及如何看待"知"本身或者说儒家传统中所重视的"学"的问题了。

> 东郭子曰:"圣人教人,只是一个行。如'博学之,审问之,慎思之,明辨之',皆是行也。笃行之者,行此数者不已是也,就如'笃恭而天下平'之'笃'。"先生曰:"这却不是。圣人言学字,有专以知言者,有兼知行言者。如'学而时习之'之'学'字,则兼言之;若博学之对笃行之而言,分明只是知,如何是行?如'好学近乎智,力行近乎仁'亦如是。此'笃恭'之'笃',如云到博厚而无一毫人欲之私之类;若'笃行'之'笃',即笃志努力之类,如何相比得?夫博学分明是格物致知的工夫,如何是行?"
>
> 东郭子曰:"大抵圣人言一学字,则皆是行,非是知。'知及之,仁不能守之','及之'亦是行,如'日月至焉','至'字便是一般。'守之'是守其'及之'者,常不失也。如孔门子路之徒,是知及之者;如颜子三月不违,则是仁能守之者。"先生曰:"知及之分明只是知,仁守之才是行。如何将知及亦为行乎?真予之所未晓也。"①

在上述引文中,邹东廓认为《中庸》"博学之,审问之,慎思之,明辨之"以及《论语·卫灵公》中说的"知及之,仁不能守之"的"知及之"都是行,其意是在反对把知与行分成二事,这显然是王阳明"知行合一"的思路,而且亦有人问过王阳明相似的问题,如:

> 问:"自来先儒皆以学问思辨属知,而以笃行属行,分明是两截事。今先生独谓知行合一,不能无疑。"曰:"此事吾已言之屡屡。凡谓之行者,只是着实去做这件事。若着实做学问思辨的工夫,则学问思辨亦便是行矣。学是学做这件事,问是问做这件事,思辨是思辨做这件事,则行亦便是学问思辨矣。若谓学问思辨之,然后去行,却如何悬空先去学问思辨得?行时又如何去得做学问思辨的事?行之明觉精察处便是知,知之真切笃实处便是行。若行而不能精察明觉,便是冥行,便是'学而不思则罔',所以必须说个知;知而不能真切笃实,便是妄想,便是'思而不学则殆',所以必须说个行;元来

① 吕柟:《泾野子内篇》卷13,第128页。

只是一个工夫。”[①]

根据王阳明所说，之所以说学问思辨行“只是一个工夫”，而不是“两截事”，是因为行是“着实去做这件事”，亦即实实在在地去做这件事，由此出发，着实去博学之，着实去审问之，着实去慎思之，着实去明辨之，因此在此意义上，学问思辨都可以说是行。另一方面，人在做一件事时，也离不开学、问、思、辨，行的过程本来就包含着学问思辨亦即知的过程，因而从这方面来说，行也是学问思辨。可见，学问思辨与行是相互包含、相互并进的，知中有行，行中有知，故知与行只是一个工夫。邹东廓本来的意思当然也是如此，但从上述引文中可以看出，他只是强调了行的一面，即认为博学、审问、慎思、明辨本身也是一种行，并由此得出“圣人教人，只是一个行”“大抵圣人言一学字，则皆是行，非是知”的结论，这就不免忽略或者说模糊了“知”的地位和意义，没有显示出王阳明“知行合一”的另一个层面，即行中有知，从而让本来就很重视知并主张知先行后的吕柟无法接受。

从吕柟的回答中可以看出，他不再强调知先行后而是转向强调博学与笃行、知及之与仁守之是不同的两件事，前者只是知，而不是行，所谓“若博学之对笃行之而言，分明只是知，如何是行”，“知及之分明只是知，仁守之才是行，如何将知及亦为行乎”。这就显示出吕柟与王阳明、邹东廓之间的不同，他并没有把“博学之”或“知及之”本身也当作一种行来看待，而是认为它们只属于“知”的范畴，是格物致知的工夫。吕柟这样做的目的显然是要维护“知”和“学”的独立地位，因为如果按照邹东廓所说，譬如事亲，只需要去做去行就可以，但吕柟则指出事亲并非如此简单，其中还有许多要学的东西，了解了之后才能将事亲一事做好，他说：“夫事亲中间有温凊定省、出告反面，‘疾痛疴养而敬抑搔之，出入则或先或后而敬扶持之’，自有许多节目，皆无所不学，然后为博。”[②]另外，如果像邹东廓那样，把“学”归入到行，那么在儒家传统中占有重要地位的博学就会变得毫无意义，但吕柟却不这么看，他指出：“一事不知，儒者之耻。如礼乐、制度、钱谷、甲兵、狱讼之类，皆当究心，庶几他日可以应用。至于各年通报，诸臣条陈政务，亦各有善处，可览记之。但不可骛其心，骛其心则本心之仁已亡所，多识者犹口耳也，亦不足以应务。”[③]因而对吕

---

① 王守仁：《答友人问（丙戌）》，《王阳明全集》卷6，第208页。

② 吕柟：《泾野子内篇》卷13，第128—129页。

③ 吕柟：《泾野子内篇》卷10，第88页。

柟来说,可以说“知皆为行”,却不能说“知即是行”。

也正因为要维护“知”在为学过程中的重要地位和意义,吕柟反对把“格物”理解成“正物”,而仍然坚持程朱的“穷理”说。他说:“格物还只是穷理,若做正物,我却不能识也。”[①]在回答弟子提问时,他也说:“格物之义,自伏羲以来未之有改也,仰观天文,俯察地理,远求诸物,近取诸身。其观察求取,即是穷格之义。格式之格,恐不是孔子立言之意。”[②]我们知道,王阳明曾一反程朱的格物穷理说,而把格物之“格”训为“正”:“格者,正也。正其不正,以归于正也。”并把“物”训为“事”,且又以“意之所在”为事,他说:“格物,如孟子‘大人格君心’之‘格’,是去其心之不正,以全其本体之正。但意念所在,即要去其不正以全其正,即无时无处不是存天理,即是穷理。天理即是明德,穷理即是明明德。”(《传习录上》)又说:“意之所在便是物。如意在于事亲,即事亲便是一物;意在于事君,即事君便是一物;意在于仁民爱物,即仁民爱物便是一物;意在于视听言动,即视听言动便是一物。所以某说无心外之理,无心外之物。”(《传习录上》)在王阳明的这种解释下,“格物”就成了“格心”,即去其心之不正以归于正,而完全转向了内在的心性领域,朱子学中“格物”的认识意义和“知”的功能则被取消,从而知识的学习和积累在德性修养过程中变得不再那么重要,一些后学于是逐渐流入猖狂无忌惮之中。故吕柟不仅坚持知先行后,还更坚持格物只是穷理,格物致知是知而不是行,并从具体实践中指出,若不穷理,必将流于冥行妄作。

简言之,在上述两小节内容中,吕柟与邹东廓讨论了知行问题的两个方面的内容,即“知先行后”与“知行合一”,知是知而不是行与知本身即是一种行,但由于双方知识结构和论辩视域的不同,并没有得出什么结论来,以至于在分别之际,邹东廓还念念不忘,专门前往吕柟住处与其讨论,而吕柟也“终不能解,惟以前说宛转开陈”,甚至担心邹东廓离去后,“犹前说也,书之卷以赠”。

4. 修己以敬

邹东廓的良知学是以“敬”为主,工夫在戒慎恐惧。从其著作中即可以看到大量有关“敬”和“戒慎恐惧”的论述。他说:“圣门之教,只在修己以敬。

---

① 吕柟:《泾野子内篇》卷13,第129页。

② 吕柟:《泾野子内篇》卷19,第189页。

敬也者,良知之精明而不杂以私欲也。故出门使民,造次颠沛,参前倚衡,无往非戒惧之流行,方是须臾不离。圣学之篇,以一者无欲为要,而定性之教,直以大公顺应,学圣人之常。濂洛所以上接洙泗,一洗支离缠绕之习,正在于此。"[①]刘宗周即说:"东廓以独知为良知,戒惧慎独为致良知之功。"[②]黄宗羲也指出:"先生之学,得力于敬。"[③]

而在关于"修己以敬"的问题上,吕柟与邹东廓也有过激烈的讨论。

> 东郭子曰:"圣贤论学,只是一个意思,如'修己以敬"一句尽之矣。如曰'戒慎乎其所不睹,恐惧乎其所不闻',此敬也;如曰'出门如见大宾,使民如承大祭',亦敬也;如曰'战战兢兢,如临深渊,如履薄冰',亦敬也。我看起来,只是一个'修己以敬'工夫。"先生曰:"'修己以敬'固是,然其中还有'格物致知''诚意正心'许多的工夫。此一言是浑沦的说,不能便尽得。"东郭子曰:"然则'修己以敬'可包得'格物致知''诚意正心'否?"先生曰:"也包得。然必格物致知,然后能知戒慎恐惧耳。"东郭子曰:"这却不是。人能修己以敬,则以之格物而物格,以之致知而知致,以之诚意而意诚,不是先格物致知,而后能戒慎恐惧也。"先生曰:"'修己以敬'如云以敬修己也,修字中却有工夫。如用敬以格物致知,用敬以诚意正心。"[④]

> 东郭子曰:"人子果有敬存于中,则外面自有许多的事。且如敬以搔之,敬以扶持之,皆由有敬于中,故能如此。"先生曰:"敬抑搔,敬扶持,是用敬抑搔,用敬扶持也。"东郭子曰:"用字却不是。孝子之有深爱者必有和气,有和气者必有愉色,有愉色必有婉容,自然能得许多节目。"先生曰:"深爱言却好,然未能如此者,必敬搔、敬扶持之,却是学。"[⑤]

一般来说,程朱理学中讲的"敬"是心的一种涵养,主要指身心的收敛、敬畏、主一无适、整齐严肃等[⑥],亦即使意识常常凝聚于理上并顺理而行,但这并

---

① 邹守益:《简吕泾野宗伯》,《邹守益集》卷10,第515页。

② 黄宗羲:《明儒学案·师说》(修订本),第8页。

③ 黄宗羲:《江右王门学案一》,《明儒学案》(修订本)卷16,第332页。

④ 吕柟:《泾野子内篇》卷13,第127页。

⑤ 吕柟:《泾野子内篇》卷13,第129页。

⑥ 参见陈来:《宋明理学》,第194页。

不是对本体的体证,而只是一种"常惺惺"的态度,因此还必须有格物穷理、诚意正心等工夫,而这正是吕柟所坚持的,故他虽然一方面承认要"修己以敬",另一方面则指出除了"敬"之外还要格物穷理、诚意正心,等等。因为在吕柟看来,"修己以敬"只是说用敬修己、以敬修己,如用敬来格物致知,用敬来诚意正心,用敬抑搔,用敬扶持等。

但邹东廓却不是这样来理解"修己以敬"的,他所说的"敬"与程朱理学在工夫修养上讲的"主敬""用敬"不同,而是"敬也者,良知之精明而不杂以私欲也","敬也者,此心之纯乎天理而不杂以人欲也"[①]。也就是说,"敬"即是良知本体,意味着良知处于明觉状态而无一毫私欲之杂,这是从本体来说的"敬"。另外,"敬"在邹东廓那里也是一种工夫,即戒慎恐惧。换言之,要保持良知明觉或此心纯乎天理,就要用敬的工夫亦即戒慎恐惧。所以邹东廓说,只要能戒慎恐惧,如出门使民、造次颠沛、参前倚衡等"无往非戒惧之流行",则亦无往非性体之流行,如果离开戒慎恐惧,那么良知也就无从得见。故黄宗羲在解释邹东廓的"敬"时说:

> 吾性体行于日用伦物之中,不分动静,不舍昼夜,无有停机。流行之合宜处谓之善,其障蔽而壅塞处谓之不善。盖一忘戒惧则障蔽而壅塞矣,但令无往非戒惧之流行,即是性体之流行矣。离却戒慎恐惧,无从觅性;离却性,亦无从觅日用伦物也。[②]

正是出于对"敬"的这种认识,邹东廓反对吕柟把"修己以敬"解释成用敬修己。因为"修己以敬"就是以良知为主宰,所谓"心有主宰,便是敬,便是礼;心无主宰,便是不敬,便是非礼"[③]。只要能"敬存于中",自然就会温凊定省、出告返面、出入扶持,以之格物而物格,以之致知而知致,以之诚意而意诚,就像"孝子之有深爱者必有和气,有和气者必有愉色,有愉色必有婉容,自然能得许多节目"。但吕柟却无法理解邹东廓的说法,因此也就不能同意把"敬"理解为良知自作主宰,故他坚持"修己以敬"是用敬修己或以敬修己,认为"修"字中还有许多工夫,而不能只靠自我的"良知"就够了。可见,吕柟对邹东廓"修己以敬"的理解并没有进入到其良知学体系中,故他们之间的论学可想而知,正如吕柟在写给好友马理的信中说道:"东郭执守师说,牢不可破。

---

① 邹守益:《简复马问庵督学》,《邹守益集》卷10,第529页。

② 黄宗羲:《江右王门学案一》,《明儒学案》(修订本)卷16,第332页。

③ 邹守益:《简方时勉》,《邹守益集》卷9,第504页。

近与屡辩之，殆少然诺，恐亦未肯尽从也。”[1]虽然吕柟不认可邹东廓的说法，但邹氏之学在阳明学中却具有重要的地位，刘宗周即指出邹东廓之学有功于师门，使学者不致流入猖狂无忌惮中去，他说：“东廓以独知为良知，戒惧慎独为致良知之功。此是师门本旨，而学焉者失之，浸流入猖狂一路。惟东廓斤斤以身体之，便将此意做实落工夫，卓然守圣矩，无少叛援。诸所论著，皆不落他人训诂良知窠臼，先生之教，率赖以不敝，可谓有功师门矣。”[2]

总之，从以上吕柟与邹东廓的论辩中我们可以看出，无论是对“知行合一”的批评，还是对“修己以敬”的理解，吕柟之所以不认可邹东廓的说法，归结到最后则集中在一点上，即认为这样讲学容易使学者“废学”[3]。在吕柟看来，要迈入圣域，成为圣人，不能单凭一个“良知”就够了，还需要其他更多的功夫与学问在里面。

第三节　其他关中学者对阳明学的回应

一、马理与杨爵对阳明学的批评

马理与杨爵是与吕柟同时且与阳明学者有较多往来的著名关中学者，他们与吕柟一样也对阳明学进行了质疑和批评。所不同的是，吕柟的批评主要集中在知行关系和学上，而马理与杨爵则对“良知”和“无善无恶”分别提出了不同看法。马理在《上罗整庵先生书》中说：

> 夫良知者，即孩提之童良心所发，不虑而知者也，与夫隐微之独知异矣，与夫格致之后至知则又异矣。其师曰：此知则彼知也。又以中途有悟如梦斯觉为言，此真曹溪余裔！其师如此，徒可知矣。乃又以其所见非程朱之学。夫程朱释经之言，自今观之，千百言中似亦有一二误处。然语其体认宗旨之真，持守斯道之正，续孔孟既坠之绪，辟佛老似是之非，则千古不可泯灭，可遽轻议之哉？今乃往往是陆非朱，又复阴主僧说排吾儒焉。……於戏，辨苗莠而锄之，以粒食后人，良亦劳矣！今乃复拾锄去之莠，播而种之，以乱我苗，其

---

① 吕柟：《答豁田书》，《泾野先生文集》卷21。
② 黄宗羲：《明儒学案·师说》（修订本），第8页。
③ 吕柟：《答马豁田书》，《泾野先生文集》卷21。

亦不知唐虞之政、孔孟之教、斯人之功矣？夫其亦不知斯害之大矣。①

马理认为，王阳明所说的“良知”其实是孩童在无意识状态下自然生发出来的一种表现为善的知觉之心，这种“良知”是时有时无的，它与先天的道德本体即《中庸》所说的“独知”不同，也与《大学》中通过格物穷理后对道德之知的自觉不同，因而以此为“良知”，实际上就是禅宗说的“作用是性”。而且王阳明还主张“悟”，以为“中途有悟，如梦斯觉”，一“悟”就能够证入圣域，从而脱略日常的道德实践，故马理指责王阳明之学为“曹溪余裔”，是“复拾锄去之莠，播而种之，以乱我苗”，对儒学危害极大。而在另一方面，马理则对程朱之学进行了极力维护。他指出，程朱虽然对儒家经典的解释有不当之处，但其“体认宗旨之真，持守斯道之正，续孔孟既坠之绪，辟佛老似是之非，则千古不可泯灭”，不可随随便便议论。

另外，马理对阳明后学中出现的那种“糠尘经籍”、专事良知而废诸学问思辨行的现象也进行了严厉的批评，他说：

吾见有糠尘经籍者矣，见有专事良知废诸学问思辨笃行者矣，此达摩、慧能之徒也。率是而行，则将弃儒焚典，聋瞽天下，孟子所谓“邪说之言甚于洪水猛兽”者正谓是耳，可不惧哉？吾愿今之君子辟邪以力而施经正之政，今之学者辟邪以心而明经正之学，则庶乎民无邪慝，洪水猛兽之言息矣。②

虽然相对于朱子外向性的“格物穷理”，阳明学更重视内在的心性体认和良知的道德创造性，但这并不意味着就会脱略工夫实践。不过，以主敬穷理为主、重视躬行、以礼教人的马理来说，阳明学的致思方向和工夫理路都是他所不能接受的，更何况阳明后学中确实出现的那种“糠尘经籍”和专事良知的风气更使他对阳明学持有一种异乎寻常的严厉态度，不仅指责其为“达摩、慧能之徒”，而且认为率此而行，则将“弃儒焚典，聋瞽天下”，而这正是孟子所谓的“邪说”与“洪水猛兽”。

总之，如果说吕柟对阳明学的批评还只是属于儒家内部不同理论形态的争论的话，即认为良知之教容易使学者“废学”，那么马理的批评则已超出儒

---

① 马理：《谿田文集》卷4。

② 马理：《重修商州文庙记》，《谿田文集·搜遗》，清道光二十年李锡龄刻本。

家内部之争而上升到儒释之辨的程度了。也许正因为马理的这种决绝态度，邹东廓在《赠马伯循西归》诗中说道："君未登牛首，还知牛首未？传闻非自得，悬料终疑似。何如陟其巅，万象无遁视。归去大华山，轻举时自试。"[①]希望马理能对阳明学亲身体验之。

杨爵师从朝邑的韩邦奇，与杨继盛（椒山，1516—1555）同称"韩门二杨"。杨爵与阳明学者之间的讲学主要涉及王阳明后来所提出的"无善无恶"说。杨爵的具体观点，今天我们已难以知晓，但从钱绪山给杨爵的信中可以看出一些线索来。钱绪山说：

> 来教承举"无善无恶"与"感物而动"二言之疑。如兄所辨，更复奚辞。……以兄之高明，少离成说，精研此体于湛寂之地，必有超然独悟，沛决江河，而莫之能御者矣。如以辞而已矣，则如兄所举数条，前人论说既详，信而无疑矣，又何必为是殊方之论，以起纷纷之辨耶？人之心体一也，指名曰"善"可也，曰"至善无恶"亦可也，曰"无善无恶"亦可也。曰"善"，曰"至善"，人皆信而无疑矣，又为"无善无恶"之说者何哉？至善之体，恶固非其所有，善亦不得而有也。至善之体，虚灵也，犹目之明、耳之聪也。虚灵之体，不可先有乎善，犹明之不可先有乎色，听之不可先有乎声也。目无一色，故能尽万物之色；耳无一声，故能尽万物之声；心无一善，故能尽天下万事之善。今之论至善者，乃索之于事事物物之中，先求其所谓定理以为应事宰物之则，是虚灵之内先有乎善，是耳未听而先有乎声，目未视而先有乎色也。塞其聪明之用而窒其虚灵之体，非至善之谓也。……此心不可先有乎一善，是至善之极，虽谓之无善亦可也。故先师曰"无善无恶者心之体"，是对后世格物穷理之学为先有乎善者立言也。[②]

从钱绪山对"无善无恶"含义的解释来看，杨爵的怀疑应该与"无善无恶"与孟子的性善论不符有关，而这也是"无善无恶"说最受当时学者诟病的一个方面。[③] 按照钱绪山的说法，"无善无恶"不仅与性善论不相冲突，而且

---

① 邹守益：《邹守益集》卷25，第1144页。

② 杨爵：《杨忠介集·附录》卷3，《景印文渊阁四库全书》第1276册。

③ 参看彭国翔：《良知学的展开——王龙溪与中晚明的阳明学》，北京：生活·读书·新知三联书店，2005年版，第394—420页。

在某些方面还展现了性善论的内涵。钱绪山指出，所谓“无善无恶”一是指“至善”，这里的“至善”是就本体而言的，在本体的世界里只有“善”，而不存在现象世界中那种与恶相对的善，故在此意义上可以说心体是“无善无恶”的，而这与说心体是“善”或“至善无恶”是同一个意思。二是指境界意义上的“虚灵”。钱绪山认为，至善之心体应该始终处于一种虚灵的状态，而不能先横立一个“善”在里面，亦即先在心中预设一个善恶的道德标准，以此作为我们行为的准则，如果是这样，那么就好像“耳未听而先有乎声，目未视而先有乎色”，如同从一开始就戴上“有色眼镜”来看这个世界的人和事物，反而会窒塞我们原本虚灵的心体，做不到“虚灵”了，所以说“目无一色，故能尽万物之色；耳无一声，故能尽万物之声；心无一善，故能尽天下万事之善”，这才是真正的“至善”。钱绪山认为，王阳明提出“无善无恶”就是为了批评后世学者于事事物物之中先求其所谓“定理”作为道德判断的标准，这也是“无善无恶”说的意义所在。如果从性善论的角度来看，钱绪山的第一种说法显然是从另一个角度对“善”进行的理解，而显得更加抽象、思辨，第二种说法则是对孟子“由仁义行”的发挥，反对有所为而为，强调动机之善。

但不管钱绪山是如何去解释“无善无恶”和其他阳明学的有关内容，作为学宗朱子、传承关学躬行实践学风的杨爵并没有接受阳明学，正如《四库全书总目提要》所指出的，杨爵虽“与罗洪先、钱德洪诸人游，以讲学相勖。然德洪等源出姚江，务阐良知之说，爵则以躬行实践为先”[①]，双方始终在论学上有所不合。

吕柟、马理、杨爵是正德、嘉靖年间关中地区最有影响力的学者，他们的学问宗旨和对阳明学的态度，无疑影响了阳明学在关中的传播与发展，因此在此后的数十年间，朱子学仍然是关中理学的主流。不过，虽然受到吕柟、马理等人的批评，但在南大吉兄弟的努力下，阳明学仍然在渭南地区得到广泛传播。

二、南大吉与阳明学在关中的传播

南大吉早年曾以古文鸣，入仕后逐渐转向理学，后遂以理学闻名关中。

---

① “《杨忠介集》十三卷”条，《四库全书总目提要》卷172，第905页。

吕柟就称赞南大吉"博学笃志,寡言修行,所为诗赋,骎骎乎汉魏之风"[①]。而南大吉在《示弟及门人》诗中亦云:"昔我在英龄,驾车词赋场。朝夕工步骤,追踪班与杨。中岁遇达人,授我大道方。归来三秦地,坠绪何茫茫。前访周公迹,后窃横渠芳。愿言偕数子,教学此相将。"诗中的"达人"即是指王阳明。[②] 嘉靖二年(1523),南大吉任绍兴府知府,正值王阳明倡道东南讲良知之学,于是南大吉与其弟南逢吉一同师事王阳明。据说,南大吉跟随王阳明学习良知学后,因实践有得,遂相信"人心果自有圣贤也,奚必他求"[③],其后一生服膺于阳明之教。嘉靖三年,南大吉修葺稽山书院,增建明德堂、尊经阁等,选诸生优秀者进入书院读书,并延请王阳明及其弟子讲学其中,《(万历)绍兴府志》说:"文成振绝学于一时,四方云集,庖廪相继,皆大吉左右之。"[④]后来,南大吉又刻《传习录》(相当于今本《传习录》的上、中两卷)于越。南大吉的这些举措为当时王学的传播与流行做出了一定贡献。嘉靖五年(1526),南大吉因得罪地方大族而在当年的考绩中被罢官。归渭途中,他曾寄书于王阳明,"勤勤恳恳,惟以得闻道为喜,急问学为事,恐卒不得为圣人为忧,亹亹千数百言,略无一字及于得丧荣辱之间"。阳明复信,称赞南大吉为"庶几于有道之士",并说:

> 关中自古多豪杰,其忠信沉毅之质,明达英伟之器,四方之士,吾见亦多矣,未有如关中之盛者也。然自横渠之后,此学不讲,或亦与四方无异矣。自此关中之士有所振发兴起,进其文艺于道德之归,变其气节为圣贤之学,将必自吾元善昆季始也。今日之归,谓天为无意乎?谓天为无意乎?[⑤]

从阳明的信中可以看出,他希望南大吉兄弟回到关中之后能够在家乡传播良知学,使关中之士振发兴起,"进其文艺于道德之归,变其气节为圣贤之学"。故不久之后,阳明又写信给南大吉问其"里中英俊相从论学者几人?学绝道丧且几百年,居今之时,而苟知趋向于是,正所谓空谷之足音,皆今之豪

---

① 吕柟:《敕赠承德郎户部江西清吏司主事渭南南先生墓碑》,《泾野先生文集》卷30。

② 张骥:《南瑞泉先生·诗录》,《关学宗传》卷21。

③ 张骥:《南瑞泉先生》,《关学宗传》卷21。

④ 萧良幹、张元忭:《(万历)绍兴府志》卷38,《中国方志丛书》,台北:成文出版社,1983年版。

⑤ 王守仁:《答南元善(丙戌)》,《王阳明全集》卷6,第210—211页。

杰矣。便中示知之”[1]。而南大吉也没有辜负王阳明的厚望,归乡之后,便先后在所居之地秦村、启善寺和湭西书院(或称湭西草堂)等处宣讲良知之学,其讲学活动一直持续到嘉靖二十年(1541)去世为止。其后继续在关中传播良知学的是南大吉之弟南逢吉。南逢吉在嘉靖十七年(1538)中进士之前即与其兄在家乡讲学,后来从山西按察司副使任上致仕后,又在渭南建姜泉书院,“收训子侄门人,接引后学”[2]。在南氏兄弟的门人中,较为著名者有薛腾蛟(号南冈)、王麟(号石鼓)和裴贞(号灵阴)等。另外,南大吉有三子,也颇有声名,能得良知之旨,“鼎峙诸生间,时人目为三凤”[3]。

南大吉的良知学,“以致良知为宗旨,以慎独、改过为致知工夫,饬躬励行,惇伦叙理,非世儒矜解悟而略检押者可比。”[4]可见,南大吉比较注重良知的道德实践,亦即由工夫而至本体,而非以体悟良知本体为事。这既突出了阳明学本来具有的强烈的实践性格,又避免了当时阳明后学流于玄虚、荡越情识的弊病。至于南大吉之所以重视“改过”(包括身过与心过),当来自他在绍兴府任上王阳明的教导。据说,南大吉初治绍兴时,为政苛急,常悔其过。对此,王阳明加以勉励说,“改过”正是“入圣之机也”[5]。

总之,南大吉兄弟在关中渭南对阳明学的传播,无疑给当时以程朱学为主的关学增添了新的思想资源与发展动力。晚清关中学者柏景伟就说:“关中沦于金、元,许鲁斋衍朱子之绪,一时奉天、高陵诸儒与相唱和,皆朱子学也。明则段容思起于皋兰,吕泾野振于高陵,先后王平川、韩苑洛,其学又微别,而阳明崛起东南,渭南南元善传其说以归,是为关中有王学之始。”[6]张骥也说:“迨石渠公唱道三原,康僖缵承家学,学风丕变,而渭南南氏兄弟以姚江高弟开讲湭西,稍稍门户分矣。”[7]不过,阳明学虽然通过南大吉兄弟的讲学而得以在关中流传,但其影响却主要局限于渭南一地,这一时期关学的主流仍然是以吕柟、马理为代表的朱子学,而这一状况的改变一直到万历中冯从吾在关中书院的讲学。

---

① 王守仁:《答南元善(丙戌)》,《王阳明全集》卷6,第212页。
② 马自强:《山西按察司副使南公逢吉志铭》,见焦竑:《国朝献征录》卷97。
③ 岳冠华:《人物志·儒林》,《(雍正)渭南县志》卷10,清雍正十年刊本。
④ 冯从吾:《瑞泉南先生》,《关学编(附续编)》卷4,第52页。
⑤ 张骥:《南瑞泉先生》,《关学宗传》卷21。
⑥ 柏景伟:《小识》,见冯从吾:《关学编(附续编)》附录,第69页。
⑦ 张骥:《关学宗传·自序》。

第七章　吕柟的讲学思想与关学特色

讲学，是明代学术思想的一个重要特征，以吕柟为代表的关中讲学，虽然其宗旨不同于阳明讲学，也不如阳明讲学那么兴盛和活跃，但仍然具有自身的特色，并使关中成为当时程朱理学的一个思想重镇。除了在理学上以程朱为宗，力辨王学之非，通过向孔子仁学的回归来实现宋儒的“万物一体”精神之外，吕柟还继承了张载“躬行礼教”“崇尚气节”的关学宗风，以及重视经学、强调力行实践的思想特色。

第一节　讲学思想

一、吕柟讲学思想的主要特点

讲学，是明代学术思想的一个重要特征。黄宗羲即说：

有明事功文章，未必能越前代，至于讲学，余妄谓过之。诸先生学不一途，师门宗旨，或析之为数家，终身学术，每久之而一变。二氏之学，程朱辟之，未必廓如，而明儒身入其中，轩豁呈露。[①]

在这里，黄宗羲肯定了明儒之讲学在义理辨析、区别儒佛等方面对于理学发展的贡献，所以他在《明儒学案发凡》中又说：“尝谓有明文章事功，皆不及前代，独于理学，前代之所不及也，牛毛茧丝，无不辨析，真能发先儒之所未发。程朱之辟释氏，其说虽繁，总是只在迹上；其弥近理而乱真者，终是指他不出。明儒于毫厘之际，使无遁影。”[②]当然，明儒热衷于讲学，不仅在于义理上的辨析，还在于他们中有许多人认为可以通过讲学而实现经世的理想，如晚明时期的关中讲学代表冯从吾就规定，讲会之日，“不谈朝政、不谈私事、不谈仙佛，千言万语，总之不出父子有亲、君臣有义、夫妇有别、长幼有序、朋友

① 黄宗羲：《明儒学案·序》（修订本），第7页。

② 黄宗羲：《明儒学案发凡》，《明儒学案》（修订本），第14页。

有信五句及高皇圣谕‘孝顺父母、尊敬长上、和睦乡里、教训子孙、各安生理、毋作非为’六言”[1]。这里面就已看不出任何有关义理、学术宗旨异同等方面的内容,而是开始朝着“民间化”的方向发展了,即通过讲学来劝善以移风易俗,从而实现经世的理想。冯从吾的这一思想在当时并不是一个独立的个案,而是代表了他那个时代的社会发展趋势。除冯从吾之外,我们还可以从泰州学派以及其他一些阳明后学身上看到这一点。

明代的讲学始于曹端、薛瑄、吴与弼、陈献章、胡居仁等人,但总的来说,这一时期讲学并不怎么盛行,基本上属于个人行为,较为分散,也缺乏稳定的基础设施——书院。但到了嘉靖时期,随着阳明学和湛学的流行,明代讲学开始走向兴盛,以书院为基础的讲学和大规模的地方性讲会活动不仅推动了学术交流与思想传播,而且也为阳明学派、湛氏学派的建构起了关键性的作用。此后讲学之风一直延续百余年,最终成为明代学术的一大特点。[2] 作为明代中期朱子学的一位重要代表,吕柟也非常热衷讲学,在南京时曾与湛甘泉、邹东廓共主讲席,共同推动了南都讲学的兴盛,成为嘉靖初期最著名的讲学者之一。

不过,与同时的邹东廓、欧阳南野等阳明弟子相比较,吕柟的讲学有着明显的不同。首先,吕柟一生主要是在三个地方进行讲学,即陕西高陵、山西解州和江苏南京,而这些地方除高陵之外,其余都是其任职所在之地,而并没有像阳明弟子那样往来各州县讲学。其次,就讲学的具体场所而言,除了在解州时有专门的解梁书院作为讲学之地以外,吕柟并没有一个固定的讲学书院,像家乡高陵的云槐精舍、东郭别墅、东林书屋和北泉精舍,都是他自己所构建的别舍;而南京的柳湾精舍、鹫峰东所、太常南所和礼部北所,要么是平时生活所居之地,要么是借助于寺庙或官署之地来讲学。最后,吕柟的讲学没有什么“会约”,也没有形成固定的讲会活动,而完全是靠自身的学术与人格力量来维持,所以随着吕柟的去世,以其为代表的关中讲学也就逐渐沉寂

---

① 冯从吾:《都门语录自序》,《冯恭定公全书》续集卷 1。

② 关于明代中晚期的讲学特别是王学的讲学活动及其特征,可参看陈来:《明嘉靖时期王学知识人的会讲活动》,载《中国近世思想史研究》,第 374—3450 页;吕妙芬:《阳明学士人社群:历史、思想与实践》,北京:新星出版社,2006 年版;吴震:《明代知识界讲学活动系年(1522—1602)》,上海:学林出版社,2003 年版;陈时龙:《明代中晚期讲学运动(1522—1626)》,上海:复旦大学出版社,2007 年版。

下来，而无法与阳明后学的兴盛相比。不过，尽管如此，吕柟在整个明代讲学运动中的地位和作用却是不可忽视的，正如有学者所指出的："吕柟与湛若水的讲学，虽宗旨不同于阳明，然与阳明之讲学呈呼应之势，共同推动着明代中晚期讲学运动的发展。"[1]

具体来说，吕柟的讲学思想主要体现在以下几个方面：

一是反对喜同恶异。喜同恶异是讲学之大忌，也是讲学之大病，门户之争即与此有着极大关系。阳明后学的讲学固然使良知学为学者所熟知，但其讲学亦为人所诟病，当然，这其中的原因有很多，但在讲学中，喜同恶异，常常批评和攻击朱子学则是一个重要原因，如王龙溪就时常称良知学才是圣门嫡传、千圣绝学，而贬低朱子学为儒学支派、凑泊支离，如曰：

> 夫学有嫡传，有支派，犹家之有宗子与庶孽也。良知者，德性之知，性无不善，故知无不良。明睿所照，默识心通，颜子之学，所谓嫡传也。多学而识，由于闻见以附益之，不能自信其心，子贡、子张所谓支派也。盖良知不由闻见而有，而闻见莫非良知之用。多识者所以蓄德。德根于心，不由多识而始全，内外毫厘之辨也。颜子没而圣学亡，后世所传者，子贡、子张一派学术，沿流至今，非一朝一夕之故。先师所倡良知之旨，乃千圣绝学，孔门之宗也。
>
> 才有臆度，便属知解；才有凑泊，便落格套；才有庄严，便涉气魄，皆是义袭，王伯诚伪之所由分业。唐虞之际，所读何书？危微精一之外无闻焉。后儒专以读书为穷理，循序致精，居敬持志，隔涉几许程途。揣摩依仿，将一生精神寄顿故纸堆中，忘却本领工夫，谈王说伯，别作一项伎俩商量。晦翁晚年亦已自觉其非矣！……先师信手拈出良知两字，不学不虑，以直而动，乃性命之枢、精一之宗传也。[2]

如果不考虑这两段话所包含的思想，而站在一个较为客观的立场来看，也完全可以看出王龙溪所说比较偏颇，以及他对朱子学的轻视，而持有这种态度的阳明学者并不在少数。同样，以程朱学为宗者也常常攻击阳明学，斥其为禅。针对在讲学中常常出现的这种"喜同恶异"的现象，吕柟则坚决加以

---

① 陈时龙：《明代中晚期讲学运动(1522—1626)》，第60页。

② 王畿：《与陶念斋》，《王畿集》卷9，第225页。

反对,他在《赠玉溪石氏序》中说道:

> 古之人之于道也,同己者或知其恶焉,不以其同而私喜也;异己者或知其善焉,不以其异而私怒也。后世或不然,为陆氏之学者则嫉朱,曰:“何其支离乎!”为朱氏之学者则憎陆,曰:“何其禅寂乎!”今夫道岂有彼我哉?人自歧之耳。《咸》之九四曰:“贞吉,悔亡;憧憧往来,朋从尔思。”夫苟至于贞也,日往可也,月来可也,皆不失其为明焉;寒往可也,暑来可也,皆不病其为岁焉。苟惟喜同恶异,几何不蹈朋从之害哉![1]

吕柟指出,当世之学者,宗朱子者以陆王之学为禅,宗陆王者又以朱子之学为支离,“憧憧往来,朋从尔思”,而这全来自学者的喜同恶异之病。吕柟又以自己与王阳明的交往为例,指出:

> 予之学,不能阳明子之万一,而阳明子尝曰:“夫夫也,是可与语者也。”阳明子之道,予也鲁,未能从,然人之议之者,则辄语之曰:“予讲道之人,而索其过,非仁也。”今石氏为阳明子之学而取予,予未能为阳明子之道而心敬石氏至形诸寝食,则石氏非善为阳明子之学者乎?夫石氏苟不已其道焉,则他日虽日月生明可学也,寒暑成岁可学也,然则石氏自视亦不可细也。[2]

在这里,吕柟即指出自己与王阳明能够放下学术异同之见,而互相取予,并以此来告诫当世之学者。诚然如此,吕柟虽然以朱子学为宗,坚守着自己的学术宗旨,但他不仅在讲学时常常告诉弟子不能存有门户之见,强调:“晦庵、象山同法尧、舜,同师孔、孟,虽入门路径微有不同,而究竟本原,其致一也,亦何害其为同哉!学者不务力行而胶于见闻以资口耳,竟于身心何益!”[3]而且还以实际行动来维护王门之讲学。总之,在讲学中不喜同恶异与标榜门户是吕柟讲学的一大特点。

二是反对执泥己说。在吕柟看来,讲学之时要切忌执泥己说,自以为是。他说:“古人之学,绝无物我之私。他如朱、陆之辨,不免以己说相胜。以此学者不可执己见。”[4]吕柟认为,当时一些学术之争如朱陆之辨,常常是拘执己

---

① 吕柟:《泾野先生文集》卷6。

② 吕柟:《赠玉溪石氏序》,《泾野先生文集》卷6。

③ 薛应旂:《泾野先生传》,《方山薛先生全集》卷24。

④ 吕柟:《泾野子内篇》卷13,第122页。

见，以为自己所学才是孔门正学，得圣人惟精惟一之传，故学者不可执著己见。

问讲学。曰："切不可执泥己说。如此等人，则虽有善言，执而不悟，人亦不告之矣。学者须去此病，使听得四方九州之言，始于己有闻善之益。不然，则闻见狭，而遗乎善者多矣，恶在其为学！"

今日诸生相聚，皆四海九州之人。一旦于此讲学，非意气之孚不能若此。讲论道理，乃天下公共之理，若有未善，当极其辩论，以求其是，毋吾以也。

或问朋友讲论多不相入。先生曰："须要心气和平，使人听服。不然，则至争辩面颈发赤，虽讲之善，亦是不善也，所谓学安在哉！"①

从以上引文中可以看出：执泥己说、以己见为是是当时讲学的一个通病，故吕柟多次强调，若固执己见，就不会有闻善之益，学问也不会进步。另外，在辩论道理时，也要心平气和地说，若"至争辩面颈发赤，虽讲之善，亦是不善也"。可见，吕柟所说虽是常见的道理，但又确实是讲学中容易犯的错误，对于我们今天也有很大的启示。

三是强调躬行。强调躬行实践是吕柟讲学的另一个特点，他在与弟子的讲学中多次指出：

先生每语诸生曰："若等既以道义相聚，必皆意气相孚。务以平日之所讲者，发挥于言行之间，善相劝，过相规。有一言一行之善，即称劝之，以砺其志；有一言一行不善，即规正之，以速其改。如是便能兴起向道，庶不负此良会。"

问学不可不讲。曰："若徒取辩于口，而不躬行也无用。如今日看某句书，于心未稳，当行某事，心有未慊，须是与朋友相讲明，然后才得的当，才得自慊，即可坦然行之无疑。可见学要讲明做去。"②

对躬行的强调，前文已多有论述，这里只是从讲学的角度略述一二。讲而不行是讲学中存在的一个普遍现象，王阳明即指出："然世之讲学者有二：有讲之以身心者，有讲之以口耳者。讲之以口耳，揣摩测度，求之影响者也；

---

① 引文分别见吕柟：《泾野子内篇》卷10，第89页；卷10，第89页；卷10，第88页。

② 引文分别见吕柟：《泾野子内篇》卷10、卷13，第96、123页。

讲之以身心,行著习察,实有诸己者也,知此则知孔门之学矣。"(《传习录中》)对此,吕柟也明确指出,讲学不只是言语论说、辩论道理,还要能够笃行,"若徒取辩于口,而不躬行也无用"。因此学者应该将平日所讲者,措之于言行之间,善相劝,过相规,这才不负彼此相聚讲学之谊。

四是通过讲学来正学术,明人心,进而用之于经世。

诸友侍坐,因论及天下之事。诏问曰:"方今民穷财屈,有忧世之志者,当何所先?"先生曰:"莫先于讲学。""何谓也?"曰:"且如此数人者,讲学既明,果能同心同德,他日措以致治无难也。"诏曰:"学者必心术明,学术正,得行其志,则以干天下之治而济天下之民,诚有推之二自裕者。"先生曰:"然。"

先生语诸生曰:"民生不安,风俗不美,只是学术不正。学术不正,只为惟见功利一边,鲜知道义。所以贵于讲学者,又不在言语论说之间,惟在笃行道义,至诚转移而已。"①

在吕柟看来,"民生不安,风俗不美,只是学术不正",而学术不正则在于学者为学只见功利,不见道义,故讲学是为了讲明学术,使学者知其所向。吕柟认为,如果能做到这一点,再加之以躬行,"他日措以致治无难也"。

以上四个方面可以说集中反映了吕柟对讲学的认识。② 虽然吕柟关于讲学的思想并不是那么丰富,但他对讲学作用与讲学精神的认识和期待从一定程度上反映了明代讲学之风兴起的原因。

最后,顺便论及的是吕柟对于佛老的态度。吕柟在讲学中很少谈论佛老,从总体上来看,他对佛老持批评的态度,但这种批评主要集中在佛老对世俗风气、伦理道德的影响,而不是从义理上与之进行区别。而且在吕柟看来,要将佛与其徒分别开来,他认为,世俗教化的颓废,主要是佛之后学所为,他说:

夫佛,西方之贤哲也,幻妄人生,赘疣有为,阴浊世界,见病山河大地。此其学,虽非阴阳之正、仁义之中,然灭心以忘世,绝尘以逃生,指相以如来,则岂今日为之徒者可扪其墙哉?惟夫杖远公之锡,而三藐不闻;著达摩之衣,而一归未解;诵白马之经,而百诈丛生;昼

① 引文分别见吕柟:《泾野子内篇》卷10,第94、96页。

② 讲学主要是以义理探讨、道德修养为主要内容,而与当时士子普遍关心的科举作文存在一定距离,对此,吕柟有德业与举业为一的说法,详见第五章第二节内容。

祇园而夜花市，身比丘而心跖术。佛如有灵，亦忘慈悲之心而加丘山之谴矣，况吾孔氏之徒者哉！[①]

佛岂恶人哉！为其徒者之罪耳。吾何以不言乎？夫佛以寂灭治心，虽非精一之中，其视世之干没于利欲者远矣；佛以慈悲为教，虽非仁义之正，其视世之残贼相加、妬嫉相形者远矣。但佛贪生而恶死，儒有视死如归之处；佛以山河为赘疣，色相为滞碍，而吾儒所用力者，正使山河安而色相顺也。乃其徒小，不达其初，遂至捐人伦、别亲戚，或燃指焚顶以为玄施，或兴斋治醮以为广度，甚至毒风俗、昏教化，皆其徒之所为。佛如有灵，实弗忍也。吾可以不言乎？[②]

总之，吕柟对佛老的批评是比较温和的，而不像马理以及后来的冯从吾那么严厉，但从整体来说，虽然中晚明以来，“三教合一”“三教一道”之论比较流行，但就明代关学学者来说，似无有人有此种主张。

二、与晚明关中讲学的比较

嘉靖中后期，随着吕柟、马理等一批著名关中学者的相继离世，本已走向高峰的关中讲学又逐渐沉寂下来，数十年间没有出现较大的讲学活动，这一状况一直持续到万历二十年（1592）冯从吾在西安宝庆寺和关中书院的讲学才得以有较大改观。当时，冯从吾主讲的关中书院与无锡顾宪成、高攀龙主讲的东林书院、吉水邹元标主讲的江右书院、南直余懋衡主讲的徽州书院并称“海内四大书院”，四方从学者千余人，从而使关中讲学在晚明时走向一个新的高峰。

若与之前吕柟等人在弘治、正德、嘉靖年间的讲学相比，可以发现，冯从吾的讲学更具有主动性，如不再局限于一地之讲学，除关中书院之外，冯从吾还多次前往华阴的太华书院和三原等地讲学。更重要的是，这一时期关中学者对讲学的认识更加深刻。

首先，冯从吾明确指出，“吾儒讲学所以明道也”[③]，即主张通过讲学来“衍道脉而维道运”。他说：

夫道一而已矣，是说道脉；天下之生久矣，一治一乱，是说道运。

---

① 吕柟：《重修昭慧院记》，《泾野先生文集》卷15。

② 吕柟：《重修天王寺》，《泾野先生文集》卷15。

③ 冯从吾：《辨学录跋》，《冯恭定公全书》卷1。

> 道运有隆有替，道脉无古无今。今吾辈今日讲学，正所以衍道脉而维道运也，岂是得已！①

“明道”对冯从吾来说至关重要，因为在他看来，历史上如周公、颜子、孟子、韩愈、范仲淹、周敦颐、张载、二程、朱子、岳飞、文天祥等人便是由道而行，而曹操、王莽、司马懿、冯道、张邦昌、章惇、蔡京、秦桧、韩侂胄等人则是背道而行。二者虽然都有吉有凶，但在冯从吾看来，前者是“凶亦为吉，死亦犹生”，后者是“吉亦为凶，生不如死”，可见路径一错，关系不小。而讲学就是为了辨此路径，明此大道，而非泛然讲论。此外，冯从吾所说的“明道”还包括要辨明儒佛之不同，为此他专门作《辨学录》，极论儒佛宗旨不同，其曰：“何谓异端之学？佛老是也，而佛氏为甚。二氏非毁吾儒不遗余力，乃巧于非学之尤者，而讲学者多误信之，故不可不辨。”②

其次，冯从吾将讲学看作是学者修养身心、培养气节和提醒人心的一个重要途径。冯从吾指出，天下之事各有职分，不能越俎代庖，而道德修养则连越俎都不能说，因为这是人人都有分的，所谓“自天子以至庶人，壹是皆以修身为本”（《大学》首章），故无论富贵穷达都应该讲学，通过讲明圣贤道理来帮助自己进行道德修养。此外，讲学对于气节的培养也很重要，如同样看起来是气节表表，但有些人能够完名全节，而有些人最后却败名丧节，之所以如此，冯从吾认为这是因为前者的气节是从学问中涵养出来的，属“义理之刚”，就像孟子之“养浩然之气”；而后者不懂得用学问来涵养，故其气节只是一种“血气之刚”，自然不能长久，就像北宫黝、孟施舍之“养勇”。因此冯从吾指出，只有从学问涵养中来的气节才是真气节，而讲学就是要通过讲明学问来培养气节，使气节都从义理上来，而不是来自气质。对于人心的提醒，如有人提出父子君臣之义、忠君爱国之心原是人人本有的，又何必讲？针对这一质疑，冯从吾指出，讲学就像磨镜一样，越磨越明，人心亦是如此，需要反复不断地进行刮磨，才能不被习染和欲望等遮蔽。他说：

> 如是人人没有的，真不该讲，如磨砖求明，磨之何益？如原是人人有的，只被功名势利埋没了，岂可不讲？讲之者，正讲明其所本有，提醒其所本有者也，如磨镜求明，磨何可无？③

---

① 冯从吾：《疑思录·读〈孟子上〉》，《冯恭定公全书》卷2。

② 冯从吾：《辨学录跋》，《冯恭定公全书》卷1。

③ 冯从吾：《都门语录》，《冯恭定公全书》续集卷1。

第三，如果说吕柟的讲学还主要是一种精英教育，针对的对象也是以士人为主，而冯从吾的讲学对象除了士子学者之外，还有农工商贾之人，其讲学内容也不再局限于儒家的性理之学，还包括《乡约》和“太祖六谕”（即孝顺父母、尊敬长上、和睦乡里、教训子孙、各安生理、毋作非为）等。如冯从吾在《谕俗》中说：

> 千讲万讲，不过要大家做好人、存好心、行好事，三句尽之矣。因录旧对一联：做个好人，心正身安魂梦稳；行些善事，天知地鉴鬼神钦。
>
> 丙申秋，余偕诸同志立会讲学于宝庆寺，会凡旬月一举。越数会，凡农工商贾中有志向者咸来听讲，且先问所讲何事？余惧夫《会约》之难以解也，漫书此以示。若夫临时问答，各随其人，不具论。[1]

冯从吾在讲学上的这一变化既反映了晚明讲学的发展趋势，也与其对讲学的认识有关。他说：“与人讲学，是亦行其道也，不专在仕途才行得道。”[2]在冯从吾看来，讲学不仅是为了明道、修身，同时也是一种行道的方式。不过，他所说的“行道”，已不是北宋程颐、文彦博等人主张的“得君行道”了，而是“独行其道”。所谓“独行其道”，冯从吾解释说：“行其道是讲学，独不是离过人独做，只是不靠君相之命，不靠师友之倡率，各人独自个要做，故曰‘独’耳。”[3]可见，“独”意味着要有高度自觉的社会担当意识，其“行道”不再是靠君主之命，也不是靠做官来实现，而是通过讲学来达到移风易俗和救正人心即“行道”的目的，而这一目标的实现，就必须要求其讲学对象与讲学内容都需要相应的变化，绝不能只靠士子学者和讲论儒家性理之学就能完成。

最后，从讲学的具体内容（义理方面）来看，此前无论是王承裕的弘道书院讲学，还是吕柟、马理等人的讲学，所讲内容都是以朱子学为主，强调主敬穷理，主张读经与重视礼教。而到了晚明冯从吾这里，其讲学内容则发生了较大变化，所讲全以心性为主，发明孟子的性善之说和王阳明的良知之学，工夫上则强调静坐、戒慎恐惧与慎独，而对于先前关中学者所重视的格物穷理和经学学习以及礼教等则较少着意。[4] 可以说，这标志着明代关学终于完成

---

① 冯从吾：《谕俗》，《冯恭定公全书》卷6。

② 冯从吾：《都门语录》，《冯恭定公全书》续集卷1。

③ 冯从吾：《都门语录》，《冯恭定公全书》续集卷1。

④ 参见第二章第四节的内容。

了其心性化的转向。

第二节 关学特色

一、以礼为教

“以礼为教”是张载思想的一个显著特色，后来“学礼”便成为关学的传统学风。明末大儒刘宗周就说：“关学世有渊源，皆以躬行礼教为本。”清初著名理学家张履祥（杨园，1611—1674）也说：“关中之教，以知礼成性为先。盖学礼则功夫有准的，身心有所持守，自初学以至成德，彻上彻下，一以贯之而已。”[①]明初凤翔的张杰及后来三原王承裕的弘道书院讲学都表现出对礼教的重视，而马理更有“执礼如横渠”的称誉。

“重礼”同样也是吕柟思想中的一个特色，这既是对张载“以礼为教”的自觉继承，也有来自弘道书院和马理的影响，以及吕柟对“三礼”的认识，如他认为《仪礼》《周礼》乃是“周公传心之要”[②]，甚至认为《礼记》亦非汉儒所作，而是“孔门所流传者”[③]，等等。概言之，吕柟的礼学思想主要表现在以下几点：

首先，“执礼所以从义也”。吕柟指出，学礼犹如堤防之于水，能够检束身心，“若人无礼以堤防其身，则满腔一团私意纵横四出矣”[④]。他说：“衣服、饮食皆要见道理在。故无时非礼，则非辟之心无自而入。”[⑤]又说：“礼绝得妄交，无妄交则静定，足以进学。凡学者谨独不至，未有不入于淫荡者，再牵以无益之朋，其引之去不难矣。”[⑥]故学礼可以集义、可以养浩然之气，礼即是实学。

其次，礼能够经世。除了强调礼对于个体修身的重要作用之外，吕柟还继承了汉儒“通经致用”的观点，把《周礼》《仪礼》等书看作是经世之书，他

① 张履祥：《与何商隐》，《杨园先生全集》卷5，北京：中华书局，2002年版，第135页。

② 吕柟：《泾野子内篇》卷7，第54页。

③ 吕柟：《泾野子内篇》卷27，第274页。

④ 吕柟：《泾野子内篇》卷7，第58页。

⑤ 吕柟：《泾野子内篇》卷7，第60页。

⑥ 吕柟：《泾野子内篇》卷19，第191页。

说:“夫《周礼》行,天下无穷民。”[①]又说:“此(指《仪礼》)先王经世之书,废于后世久矣。学者不可不讲而习之,如《冠》《婚》《祭》《射》等篇,既讲究之,尤当习演其事。非惟检束身心,宛然可复见先王时景象。故尝语学者当先学礼。”[②]当然,吕柟所说的“以礼经世”主要是指通过对礼的学习和践行来改变当时的学风、士风,并进而由此达到对一方风俗的改变。例如吕柟在山西解州为官时曾建解梁书院,挑选民间俊秀子弟于其中歌诗习礼,并让人在每月朔望讲读《会典》诸礼。他还在当地推行《吕氏乡约》《朱子家礼》,“凡冠、婚、丧、祭,俾皆尊闻行知”;而在北京国子监任祭酒时,则让诸生“每月习礼二次,每日歌《诗》一次”,使国子监士风得以改观,故吕柟说:“知礼可以复民性。”[③]

第三,礼贵在适宜。虽然吕柟重视学礼、行礼,但他并不认为在任何时候、任何情况下都应执礼不变。在吕柟看来,礼莫大于宜,有时还需要变通,需要斟酌损益。他说:“夫礼因人情时事而为之节文者也,不可只按着旧本。”[④]强调对于礼,要“在得其意,不必泥其迹”,“《易》‘穷则变,变则通,通则久’,故行礼须要变通。先儒之言,亦有不可行者乎”[⑤]。

从以上吕柟关于礼的论述来看,显然远不如张载之详尽[⑥],但仍然可以看到吕柟对礼的重视,并不是因为其与科举考试相关,而是在于礼对修身、教化和治国的重要意义。

不过,如果与张载的礼学相比,二人仍然有所不同,这主要表现在张载的礼是与其“变化气质”的工夫论联系在一起的,如张载有两段关于“变化气质”的纲领性文字,一曰:“变化气质。孟子曰‘居移气,养移体’,况居天下之广居者乎!居仁由义,自然心和而体正。更要约时,但拂去旧日所为,使动作皆中礼,则气质自然全好。”[⑦]二曰:“修持之道,既须虚心,又须得礼,内外发明,此合内外之道也。”[⑧]这两段话都明确从心的涵养和礼的持守两方面来说明如何“变化气质”,这也就是张载说的“合内外之道”。另外,张载下面的一

① 吕柟:《泾野子内篇》卷1,第6页。
② 吕柟:《泾野子内篇》卷10,第91页。
③ 吕柟:《泾野子内篇》卷16,第159页。
④ 吕柟:《泾野子内篇》卷14,第135页。
⑤ 吕柟:《泾野子内篇》卷27,第276页。
⑥ 参见林乐昌:《张载礼学论纲》,《哲学研究》2007年第12期。
⑦ 张载:《经学理窟·气质》,《张载集》,第265页。
⑧ 张载:《经学理窟·气质》,《张载集》,第270页。

段话更是说明了礼与“变化气质”(成性)的关系:

某所以使学者先学礼者,只为学礼则便除去了世俗一副当世习熟缠绕。譬之延蔓之物,解缠绕即上去,上去即是理明矣,又何求!苟能除去了一副当世习,便自然脱洒也。又学礼则可以守得定。①

然而,对于礼与“变化气质”之间的紧密关系,在张载之后便逐渐发生了变化。如果说吕大临仍然继承了张载的礼的工夫论意义,亦即强调礼与“变化气质”的关系,那么到了明代,这种联系就已经非常薄弱了,关中学者开始转而强调对礼制的遵循与践行上,对礼的讨论与阐释也多是从制度、规范的层面来进行的。这一转变的一个表现就是更加注重对礼文的学习和把握,如针对有学者认为“横渠以礼为教,乃是圣门的传”,吕柟则指出:“然礼自有许多仪文度数,收人放心,不可不知。当时门人若吕与叔、苏季明、范育辈皆得其教,其余不能也,此学至今传者少矣。”②所以礼学的重点是要学习和认识礼仪制度。

到了晚明之时,冯从吾在进一步将关学引向心性之学的同时,对礼的关注也转向到其背后的价值根源,投注到心性之上。如冯从吾说:“礼仪三百,威仪三千,皆吾心自有之节文,非外假也。以其所自有而非外假也,故曰复。”③又说:“‘求’字不是在外边纪纲法度上求,只是在自家心上痛痒相关、一体不容已处求。于此处求,则纪纲法度一一皆从一体不容已处流出。”④人的“一念不容已”之心就是社会礼仪制度的价值之源,如果舍弃吾人的心性而只追求对外在礼文的遵从,就会将礼形式化,造成体(本心、本性)与用(礼)的割裂,从而导致道德实践缺乏必要的动力,故冯从吾说:“圣道在心不在迹。”⑤将心迹之辨看作是判断道德价值根源的关键所在。于是,礼与“变化气质”的关系被进一步被淡化,学礼、行礼也逐渐被戒慎恐惧、静坐、慎独、诚意等心性工夫所取代,张载的“以礼为教”在晚明关中再一次出现转折。

二、重视读经

虽然“以礼为教”是张载之学的重要特色,但其实重视读经也是张载思想

---

① 张载:《张子语录下》,《张载集》,第330页。

② 吕柟:《泾野子内篇》卷13,第126页。

③ 冯从吾:《疑思录·读〈论语〉下》,《冯恭定公全书》卷3。

④ 冯从吾:《疑思录·读〈大学〉》,《冯恭定公全书》卷2。

⑤ 冯从吾:《东游稿序》,《冯恭定公全书》卷13。

的一个显著特征，并成为后来关学的传统学风。张载对读书的重要性和意义有着许多论述，但他并不认为读书就是毫无目的的泛观博览，他对读什么书、如何读书是有着明确态度的，而不是无目的的泛观博览，如对于史书、医书、文集、文选、佛道之书，张载指出：

尝谓文字若史书历过，见得无可取则可放下，如此则一日之力可以了六七卷书。又学史不为为人，对人耻有所不知，意只在相胜。医书虽圣人存此，亦不须大段学，不会亦不甚害事，会得不过惠及骨肉间，延得顷刻之生，决无长生之理，若穷理尽性则自会得。如文集、文选之类，看得数篇无所取，便可放下。至于《道藏》《释典》，不看亦无害。既如此则无可得看，唯是有义理也。故唯"六经"则须着循环，能使昼夜不息，理会得六七年，则自无可得看。若义理则尽无穷，待自家长得一格则又见得别。

观书且勿观史，学理会急处，亦无暇观也。然观史又胜于游，山水林石之趣，始似可爱，终无益，不如游心经籍义理之间。①

而对于儒家经典，张载则说：

要见圣人，无如《论》《孟》为要。《论》《孟》二书于学者大足，只是须涵泳。

学者信书，且须信《论语》《孟子》。《诗》《书》无舛杂。《礼》虽杂出诸儒，亦若无害义处，如《中庸》《大学》出于圣门，无可疑者。《礼记》则是诸儒杂记，至如礼文不可不信，己之言礼未必胜如诸儒。如有前后所出不同且阙之，《记》有疑义亦且阙之，就有道而正焉。

《诗》《礼》《易》《春秋》《书》，"六经"直是少一不得。②

概言之，张载认为史书、文集、文选之类用处不大，可以少看，而佛道典籍则全无是处，"不看亦无害"。学者应当将精力集中于《诗》《书》《礼》《易》《春秋》，"少一不得"，而且要反反复复地看，当然，《论》《孟》作为了解圣人之学的切要之书，也要涵泳其中。

张载重视读经的思想到了明代仍然被关中学者所继承，如明初张杰居家讲学时就用"五经"来教授学生，名重一时，被人称为"五经先生"。而随后兴

① 引文分别见张载：《经学理窟·义理》，《张载集》，第276、278页。

② 引文分别见张载：《经学理窟·义理》，《张载集》，第272页、第277—278页。

起的三原学派更是重视经学的学习，如王恕于群经无不涉猎，尤熟于《书》《诗》。王承裕则要求弘道书院诸生每日须读经，且"五经各治一经，余四经亦当次第而观"。马理则著有《周易赞义》《尚书疏义》《诗经删义》《周礼注解》和《春秋修义》。此外，韩邦奇、杨爵以及晚明的王之士等人都有关于经学特别是易学的著述。可见，对经学的重视一直都是明代关学的特色，也是不同于当时南方阳明学的一个显著特点。同样，吕柟也很重视经学的学习，他自己就有许多这方面的论述以及相关著作，即《周易说翼》《尚书说要》《毛诗说序》《春秋说志》和《礼问》。

首先，对于《诗》《书》《礼》《易》《春秋》之作用的认识，吕柟有着自己的理解。虽然像许多儒家学者一样，吕柟也把"五经"看作是圣贤精义所在，但他认为"五经"所说的"道"是专就人事来说的。其中，《礼》最切于日用，《诗》则有"三教"："《风》言乎其俗也，《雅》言乎其政也，《颂》言乎其德也。故读《风》而知俗之美恶，取舍之教立矣；读《雅》而知政之正变，兴废之教立矣；读《颂》而知德之浅深，几微之教立矣。"[①]特别是《周南》《召南》皆言妇人之事，而"君子之道，造端乎夫妇"，故"所见不从此出则荒唐，一物无所见；所行不从此出则窒碍，一步不可行"[②]，由此可知《诗》的意义。至于《尚书》，吕柟认为，"天下之大经大法皆具于此，圣人之气象皆见于此"[③]，把《尚书》看作是为治的根本，"有天下者要思得之。不然，舍此别寻个路蹊，只是个小康，只是个杂霸"[④]。即使是《易》，也绝非仅是卜筮之辞，专讲吉凶祸福，吕柟说："《易》专言正心、修身、齐家、治国道理。后世以吉凶祸福言，便小看了《易》。《易》，变易以从道也。""盖《易》原非为卜筮作，不过假象说明天地间道理，使人知吉凶、消长之理，进退、存亡之道耳。"[⑤]所以吕柟强调学《易》要在象外学，在言、象之外了解《易》的道理，他举例说：

> 《易》之意，都在言外看可得。《旅》："射雉，一矢亡。"盖矢比利欲，雉比明德，如去利欲，便得明德。若只在象上拘泥，就看不

---

① 吕柟：《泾野子内篇》卷2，第19页。
② 吕柟：《泾野子内篇》卷7，第52页。
③ 吕柟：《泾野子内篇》卷11，第108页。
④ 吕柟：《泾野子内篇》卷20，第200页。
⑤ 吕柟：《泾野子内篇》卷8、卷12，第68、120页。

去了。[①]

《易》虽然不是为了卜筮之用，但它也并非是抽象的形而上之理。吕柟指出，所谓“言人即言天，言天即言人”[②]，《易》言天地变化、卦爻变化，实际上是为了说明人事之理，故曰：“天地变化草木蕃，卦爻变化仁义行。”[③]“《易》本日用浅近事，无往而非《易》，只是后人看得高远了。”[④]《春秋》也是如此，《春秋》所记录的日食、雨雹、水旱、霜雪，都是为了说明人世间的道理，离开人事而专求于渺茫的天道、阴阳，并不是圣人的本意。因此，“五经”都是切近时务之书，只是读经者不知道而已，才会被人讥笑为不懂时务、只好谈经的腐儒。如果人们一旦懂得经书中所说的人事道理，就必然不敢轻视或者背叛经书。可见，吕柟经学思想的重心是在人事上，他反对离开人事而谈论抽象玄远的天理，认为“求道于人事之外非道”[⑤]。

其次，针对当时学者多议论经书、另创新奇之说而言不顾行的现象，吕柟提出应该“以明经为重”“以守经为贵”。他说：

> 夫士之治经，凡以为学也，为学凡以求道也，求道凡以修身也，周汉之士大抵然耳。故曰：“经明则行修，士醇则政良。”乃若后世之士则弗然，议论新奇，或出先儒之上，顾其躬行，反不逮于前修。是故君子以行为先，以言为后，以明经为重，议经为轻。……虽然，学以守经为贵，而博取之功亦不可缺；道以砥行为先，而与比之义亦不可废。[⑥]

对于“六经”，陆九渊有一个非常著名的说法，即：“学苟知本，六经皆我注脚。”[⑦]后来王阳明发展了陆九渊的这个说法，提出“看经书，要在致吾之良知”和“‘六经’者，吾心之记籍也”。他说：“圣贤垂训，固有书不尽言，言不尽意者。凡看经书，要在致吾之良知，取其有益于学而已，则千经万典，颠倒纵横，皆为我之所用。一涉拘执比拟，则反为所缚。”[⑧]在王阳明看来，由于经书

---

① 吕柟：《泾野子内篇》卷8，第68页。

② 吕柟：《泾野子内篇》卷3，第25页。

③ 吕柟：《泾野子内篇》卷1，第8页。

④ 吕柟：《泾野子内篇》卷25，第259页。

⑤ 吕柟：《泾野子内篇》卷4，第34页。

⑥ 吕柟：《送费振伯语》，《泾野先生文集》卷33。

⑦ 陆九渊：《语录上》，《陆九渊集》卷34，北京：中华书局，1980年版，第395页。

⑧ 王守仁：《答季明德(丙戌)》，《王阳明全集》卷6，第214页。

存在着书不尽言、言不尽意之处，所以读经不能被经典所束缚，而是要使其“为我之所用”。对王阳明来说，为我所用就是指看经书要以致良知为本，他说：“四书、五经不过说这心体，这心体即所谓道，心体明即是道明。”（《传习录上》）王阳明的这种“以心解经”，以经典文本为依据而又超越经典文本的方法更体现在下面这一段话中：

“六经”者非他，吾心之常道也。故《易》也者，志吾心之阴阳消息也；《书》也者，志吾心之纪纲政事者也；《诗》也者，志吾心之歌咏性情者也；《礼》也者，志吾心之条理节文者也；《乐》也者，志吾心之欣喜和平者也；《春秋》也者，志吾心之诚伪邪正者也。君子之于“六经”也，求之吾心之阴阳消息而时行焉，所以尊《易》也；求之吾心之纪纲政事而时施焉，所以尊《书》也；求之吾心之歌咏性情而时发焉，所以尊《诗》也；求之吾心之条理节文而时著焉，所以尊《礼》也；求之吾心之欣喜和平而时生焉，所以尊《乐》也；求之吾心之诚伪邪正而时辨焉，所以尊《春秋》也。……故“六经”者，吾心之记籍也，而“六经”之实则具于吾心。……而世之学者，不知求“六经”之实于吾心，而徒考索于影响之间，牵制于文义之末，硁硁然以为是“六经”矣。……呜呼！“六经”之学，其不明于世，非一朝一夕之故矣。尚功利，崇邪说，是谓乱经；习训诂，传记诵，没溺于浅闻小见以涂天下之耳目，是谓侮经；侈淫辞，竞诡辩，饰奸心，盗行逐世，垄断而自以为通经，是谓贼经。若是者，是并其所谓记籍者而割裂弃毁之矣，宁复知所以为尊经也乎！[①]

王阳明指出，经典是吾心的记籍，读经的目的是为了明心体，而心体即是道，不是“徒考索于影响之间，牵制于文义之末”。当然，王阳明的这种“以心解经”的方法，把经学纳入到心学的范围内，视“六经”为“吾心之记籍”和“致吾心之良知”的看法，吕柟是不会同意的，这在上述吕柟关于“六经”的认识中就可以看到。另外，当有学生问治“六经”时，吕柟则回答道：“此皆圣贤精义妙道所在，学者非徒以资辩博也。盖圣贤前言往行，固有后学心思所不及，躬行所不到者，诵其言，将以广其知识，增益其所不能也。”[②]显然，这一回答

① 王守仁：《稽山书院尊经阁记》，《王阳明全集》卷7，第254—255页。
② 吕柟：《泾野子内篇》卷10，第93页。

与王阳明的说法截然不同,在吕柟看来,经典依然是外在的权威典范,是每个人应当遵循的原则。因此,吕柟对经典的解释虽然不是汉学式的训诂考据,也反对只是口耳记诵,但他并没有把"六经"当作发明本心或"致良知"的工具,看作是吾心之"注脚",而是偏重于传统意义上的"明经修行"。

况且,王阳明的解经方法如果稍不注意,就会产生以追求新奇为目的而胡乱议论经典的现象,所以吕柟强调读经是为了为学、求道、修身和经世致用,经书就是这一切的根据,因此学者应以"明经为重、议经为轻",先通晓经中的义理,然后将这些义理用之于身心修养和造福百姓上,即所谓"经明则行修,士醇则政良",而不能在没有真正理解经书道理的情况下就随随便便发表议论,另立新说。不过,吕柟又指出,明经、守经并不意味着就是要固守经说,主张复古,或者是除经书之外的其他书就不用读了。他强调,"博取之功亦不可缺""与比之义亦不可废",也就是说还要博学多闻和懂得变通。吕柟说:"学圣人,须师其意,不必泥其迹。"[①]经书中所记的一些事,包括威仪、饮食、衣服等,都是天理发见处,学者必先学此而后才能达之于道,但不应拘泥于此,所谓"《诗》《礼》当因迹以求用,《易》《春秋》当外言而求意"[②],否则虽多又有什么用。

第三,明经与躬行并不是一分为二的。读经不是为了口耳记诵,也不只是为了获得科举功名,而是要把经中的道理付诸于实践,用之于身心修养。吕柟说:"看经要体认玩索,得之于心,见之于行才是。若只读了,却是记诵之学,虽多亦奚以为!"[③]并指出:"今人读经书,徒用以取科举,不肯用以治身。即如读医书,尚且用以治身,今读经书反不若也。"[④]又说:"今之乱经者又多矣。以权者假,以术者贼,以功利者叛,以辞赋者荒,以章句者支,以记诵者浅,以静虚者玄,以俗者卑,以名者袭,故治经求之于心而放之于行者,鲜矣。"[⑤]在这里,"求之于心而放之于行"即强调学习经典除了要通晓经中的义理之外,还要体认躬行,况且,"道以砥行为先",义理的探究不比力行更具优先性。

---

① 吕柟:《泾野子内篇》卷19,第187页。

② 吕柟:《答王端溪子德徵书》,《泾野先生文集》卷20。

③ 吕柟:《泾野子内篇》卷27,第295页。

④ 吕柟:《泾野子内篇》卷8,第64页。

⑤ 吕柟:《送崔开州序》,《泾野先生文集》卷2。

最后要指出的是,吕柟甚至把经学看作是改变士风、对治学者之病的“良药”。他说:“况夫士习易于趋卑,犹水之易于就下,何也?盖各就其性之所近,以为所好而进耳。是故高者耽玄,卑者溺俗,治词者忘物,荣名者废实,喻利者损义。此五者,多士之病也。其药石皆具于‘六经’。是故经学者,士子之隄坊也。”[①]由此可以看出吕柟对经学的重视。[②]

① 吕柟:《赠张惟静提学序》,《泾野先生文集》卷7。

② 除了读经重礼之外,崇尚气节也可说是明代关学的一个特征,从王承裕、马理为代表的三原学派到吕柟、韩邦奇、杨爵、南大吉、冯从吾等关中学者,我们都可以看到其身上所体现出来的气节。虽然重视气节不独属于关学,但这种风尚能够集中体现在同一个地域的理学家群体身上也确属少见。

附录　吕柟简谱

明成化十五年己亥(1479)　　一岁

四月二十一日,吕柟生于陕西高陵县郭下里,初字大栋,后更字仲木。

马理《谿田文集》卷5《南京礼部右侍郎泾野吕先生墓志铭》(以下简称《墓志铭》):吕泾野先生者,讳柟,字仲木,高陵人也。学行世儒所宗,称为泾野先生云。……公生于成化己亥四月二十一日午时。

马理《泾野先生文集序》:吕子讳柟,初字大栋,渼陂王子敬夫谓理更字之曰仲木,号曰泾野,西安高陵人也。

按:渼陂王子即王九思(1468—1551),字敬夫,号渼陂,陕西鄠县(今户县)人,明代文学"前七子"之一。弘治九年(1496)进士,官至寿州同知。著有《渼陂集》《渼陂续集》《碧山诗余》《碧山乐府》《杜子美沽酒游春记》《中山狼院本》《鄠县志》等。传见李开先《闲居集》卷10《渼陂王检讨传》等。

吕柟家族据说出自西周吕望(姜太公)之后。在南宋理宗时有吕世昌者定居陕西高陵,此后世代为高陵人。其世系可考者如下:吕世昌……彬卿—八—兴—贵—鉴—溥—柟、梓、栖。

马汝骥《通议大夫南京礼部右侍郎泾野吕公柟行状》(以下简称《行状》):吕氏本太公望后,宋时有讳世昌者居高陵,故世为高陵人。又几世生彬卿,彬卿生八,八生兴,兴生贵,贵生鉴,鉴生溥,号渭阳。渭阳公配宋氏,生公。

《泾野先生文集》卷13《新昌吕氏家乘序》:泾野子曰:"柟亦齐吕之苗裔也。求其先止于宋理宗朝,其前无据也;访诸蓝田四吕氏之里,其族湮无闻也。"

父吕溥(1448—1516),号渭阳,是年三十二岁。母宋氏,瀋府教授宋玉之孙女,宋氏世代为高陵孝义里人,是年亦三十二岁。

康海《康对山全集》卷34《封儒林郎翰林修撰吕公墓碑》:公讳溥,字某,世家高陵人。……配宋氏,藩府教授宋公之孙女也。……公生正统戊辰五月十四日,春秋六十有九。安人与公同生,生七月二十一日,卒弘治乙卯五月八日,寿止四十又八。

韩邦奇生。

韩邦奇(1479—1555),字汝节,号苑洛,陕西朝邑(属大荔县)人。正德三年(1508)进士,官至南京兵部尚书。嘉靖三十四年(1555)十二月,在关中大地震中卒,赠太子少保,谥恭简。著有《苑洛集》《苑洛先生语录》《性理三解》《易学启蒙意见》《苑洛志乐》等。传见焦竑《献征录》卷42《南京兵部尚书韩邦奇传》、冯从吾《关学编》卷4《苑洛韩先生》等。

明成化十八年壬寅(1482)　四岁

正月十九日,弟吕梓生。

《泾野先生文集》卷23《吕仲桥圹志》:仲桥生成化壬寅正月十九日,殁正德己卯十二月五日,亦才三十八。

按:吕梓(1482—1519),字仲桥,吕柟大弟。

明成化二十一年乙巳(1485)　七岁

吕柟就学于邑人周尚礼,习《小学》之教。

薛应旂《方山薛先生全集》卷24《泾野先生传》:故先生七八岁时,敦厚颖敏如老成人,遣就傅于周丈人节之,闻《小学》之教。

杨九式《吕泾野先生续传》:先生资性颖悟,始就傅于周尚礼,习幼仪。郎中高选见而奇之曰:"此子他日必成大器,不但以科第先人。"

吕柟《(嘉靖)高陵县志》卷7:《小学》之教不行久矣。吾邑周先生自幼端谨庄重,以岁贡为国子生。家居授徒,殆百余人,皆邑之秀俊。先生之为教也,取古之孝悌、忠信、勤学、修身以及姻睦、友乡、才能、政治者,日讲一条,督令躬行,其他洒扫应对、出入起居,俱有法度,诸门人不敢违也,故一时及门之士多渐渍以成,其上者虽孔门可入矣。

按：周尚礼（1436—1508），字节之，号养浩轩，陕西高陵人，以岁贡为国子生，仕为山西垣曲县丞。传见《（嘉靖）高陵县志》卷7。

明成化二十三年丁未（1487）　九岁

马理入三原县学，从雷鸣学《易》，尊师重道。

薛应旂《方山薛先生全集》卷32《谿田马公墓志铭》：十四补县学生，受《易》于同学生雷鸣。后雷不第，公闻誉日起，执弟子礼唯谨，三原士人知尊师道实自公始。

李开先《闲居集》卷9《谿田马光禄传》：自开卷读书，即轻举子业不屑为，而励志圣贤之学，从庠生雷鸣授《易》。每遇雷，拱立道旁，待其过而后行。士人知尊重师道，实自先生始。

按：马理（1474—1555），字伯循，号谿田，陕西三原人，师从王承裕，是明代三原学派的重要代表。杨一清督学关中时，称马理与康海、吕柟为"天下士"。正德九年（1514）进士，官至南京光禄寺卿。曾先后讲学于三原的武安王祠和嵯峨精舍，以及商州（今属陕西商洛）的商山书院。天启初，追谥忠宪。有《谿田文集》《周易赞义》等著作传世。传见薛应旂《方山薛先生全集》卷32《谿田马公墓志铭》、乔世宁《丘隅集》卷14《马谿田先生墓碑》、李开先《闲居集》卷9《谿田马光禄传》、冯从吾《关学编》卷4《谿田马先生》等。

南大吉生。

南大吉（1487—1541），字元善，号瑞泉，陕西渭南人，王阳明弟子。正德六年（1511）进士，官至绍兴知府。在绍兴任上，修葺稽山书院，增建明德堂、尊经阁等，延请王阳明及其弟子讲学其中，并刻《传习录》于越。致仕后，在渭南建湭西草堂讲良知学，成为第一个在关中地区传播阳明学的学者。著有《瑞泉集》《（嘉靖）渭南县志》等。传见焦竑《献征录》卷85《绍兴府知府南大吉传》、冯从吾《关学编》卷4《瑞泉南先生》。

明弘治元年戊申（1488）　十岁

弟吕栖生。

《泾野先生文集》卷35《哭栖仲止文》:念去年之别尔也,尔谓我云:"兄之此去也,必作大魁。"今如尔言矣,尔未及闻而去,令我不哀?戊辰冬。

《泾野先生文集》卷23《吕仲桥圹志》:此吾弟仲桥梓之圹也。……季弟仲止二十一岁殁。

按:据文可知,吕栖(字仲止,1488—1508)生于是年。

是年,三原修复学古书院。

王恕《王端毅公文集》卷1《复学古书院记》:三原故有学古书院,在城西北隅。元延祐间义民李子敬暨其弟子懋创为之,延师儒以教乡人之子弟者。……至正十八年废,移其内所奉宣圣及颜曾思孟像于大成殿、学古书院碑于儒学。本朝永乐中,居民张秉等即其地建三官庙。……成化二十三年,余致事归,适提学宪副广信娄君谦来临吾邑,课试之余,访予于西园精舍。……以议复之,知县葛璋力不能为,且惑于浮议,不果复。是年冬,余被召至京师。明年是为弘治元年,娄君擢宪长,复下其事于西安府。太守广平徐君政慨然以兴复为任,乃遣使至县,撤去三官神像,即其殿宇奉安宣圣及四配像如故;移学古书院碑于内,仍以旧额榜其门。於戏!百十年已废之书院一旦复之!

按:学古书院在陕西三原县城西北,始建于元延祐七年(1320),为邑人李子敬与其弟李子懋所创建,延泾阳程瑁讲学其中。元至正十八年(1358)废。明永乐中,其地为三官庙。至此年修复,后成为明清两代陕西著名的书院之一。

明弘治三年庚戌(1490)　　十二岁

受陕西提学副使马中锡赏识,入高陵县学。

《泾野先生文集》卷22《明奉政大夫云南武定府同知龙湾先生高公墓志铭》:柟十二而入县庠,十三而先生来署高陵教谕。

杨九式《吕泾野先生续传》:提学东田马中锡异其文,收入县学。尚未总丱,即有志圣贤之学,危坐朗诵矮屋中,虽祁寒酷暑,不踰门限。

明弘治四年辛亥(1491)　　十三岁

在县学教谕高儔的帮助下,吕柟开始发奋读书。

《泾野先生文集》卷22《龙湾先生高公墓志铭》：柟十二而入县庠，十三而先生来署高陵教谕。当是时，柟蒙未有知也，逐诸童生，习白谈，或荡或孩，孺子戏状。先生曰："柟也，亦若此乎？"乃策使与优等生群。优等生业熟而行习，乃俾柟努力日夜追，勿敢后也。先生教人，作三册：六德六行，为上册；冠、婚、丧、祭、乡饮、乡射、乡相见礼，为中册；不能，为下册。生有一从焉，籍上册、中册，曰："慎毋以此自止！"生有一不从焉，籍下册，曰："均人也，若何不能上册籍？"既久，而诸学生数多免其下册籍。……于是懦者振其志，暴者消其悍，愚者发其业，敏者考其才，朴实者遂其德，高陵之士郁郁乎有可观者矣。

马汝骥《行状》：时未总丱，辄有志圣贤之道，乃夏居矮屋，衣冠危坐，虽炎暑烁金，不越户限。至冬月祁寒，则履藉麦草，诵读恒夜以继日。

按：高侍（1449—1521），字宗伊，号龙湾，又号钝庵，四川泸州人。弘治二年（1489）举人，历官高陵县教谕、云南武定府同知。传见吕柟《泾野先生文集》卷22《明奉政大夫云南武定府同知龙湾先生高公墓志铭》。

居高陵县东郊后土宫读书，与道士张道隆同舍异室二年。

《泾野先生文集》卷15《重修清真观记》：曩弘治辛、壬间，予同友人读书东郊后土宫，与道人张道隆同舍异室居二年。予治孔氏，道隆治老氏，道虽不相谋，居久则情亲。

弘治五年壬子（1492）　　十四岁

应试临潼，补廪膳生。

杨九式《吕泾野先生续传》：年十四，应试临潼，贫不能僦馆，投宿于新丰空舍内。夜梦老人自骊山下，谓曰："尔其励学，后当大魁天下。"明日试，补廪生。

马理《墓志铭》：年十四，应试临潼，贫不能僦馆，宿新丰空舍。夜梦老人自骊山下，谓曰："尔勉学，后当魁天下。"明日试，获超补廪膳生。

弘治六年癸丑（1493）　　十五岁

王承裕讲学三原，马理、秦伟、张原等人从之学。

冯从吾《关学编》卷3《平川王先生》:癸丑,第进士。会端毅公致仕,先生予告归,乃开门授徒,讲学于释氏之刹。

李开先《谿田马光禄传》:会端毅公致仕,子康僖以进士侍养,有余力,设教聚徒。先生即游其门,得尽览王氏家藏书。又因王氏父子,得习闻朝家故典,及儒先性理奥旨意,不徒虚事口耳,真能体验于身心。

按:端毅公即王恕(1416—1508),字宗贯,号介庵、石渠,陕西三原人。正统十三年(1448)进士,官至吏部尚书、太子太保。卒赠太师,谥端毅。王恕致仕后,有时亦为马理等人讲学。著有《王端毅公文集》《石渠意见》《玩易意见》等。传见《王端毅公文集》卷6《石渠老人履历略》。

康僖公即王承裕(1465—1538),字天宇,号平川,王恕之子。弘治六年(1493)进士,官至南京户部尚书,谥康僖。王承裕中进士后,即陪同刚致仕的父亲王恕返回三原,并在三原借僧舍讲学,取名"学道书堂",后建弘道书院,开创有明一代关中著名的三原学派。著有《进修笔录》《动静图说》等。传见马理《谿田文集》卷5《南京户部尚书平川先生王公行实》、冯从吾《关学编》卷3《平川王先生》。

杨爵生。

杨爵(1493—1549),字伯修,号斛山,陕西富平人。嘉靖八年(1529)进士,官至监察御史,殁赠光禄少卿,谥忠介。杨爵师从朝邑的韩邦奇,与杨继盛号称"韩门二杨"。曾因上疏获罪下狱,前后在狱中被羁押长达八年。著有《杨忠介集》《周易辨录》《中庸解》等。传见冯从吾《关学编》卷4《斛山杨先生》《明史》卷209等。

弘治八年乙卯(1495)　　十七岁

五月八日,母宋氏卒,年四十八岁,后赠安人。

薛应旂《泾野先生传》:安人为潘府教授玉之孙女。教授幼好书,人号"宋五经",以贤名于时。安人少习其教,先生孩竖时,即诵其祖教授公之遗行以教之。弘治乙卯,丁母安人忧,哀毁读《礼》,未尝轻出。

康海《封儒林郎翰林修撰吕公墓碑》:配宋氏,潘府教授宋公之孙女也。……公生正统戊辰五月十四日,春秋六十有九。安人与公同生,生七月二十一日,卒弘治乙卯五月八日,寿止四十又八。正德癸酉三月一日,以柟封公为儒林郎翰林院修撰,赠宋氏为安人,继室侯氏亦封如安人焉。

夜梦程颢、吕祖谦,就正所学。

冯从吾《关学编》卷4《泾野吕先生》:年十七八,梦明道程子、东莱吕氏就正所学,由是学益进。

马汝骥《行状》:母宋卒,公哀毁骨立。……尝梦见明道程子、东莱吕子,就正所疑,学益大进。

弘治九年丙辰(1496)　　十八岁

三原弘道书院建成。弘道书院的建立,标志着明代关中地区书院讲学之风的兴起,并为关中培养了大量的理学人才。

按:清代时,因避乾隆帝讳,改名为宏道书院。有关弘道书院的建设情况见明弘治十八年刻本《弘道书院志》(收入《中国历代书院志》第6册)。

陕西提学副使杨一清重建西安正学书院。正学书院的重建,对明代关中地区的讲学与理学发展具有里程碑式的意义。

王云凤《博趣斋稿》卷14《正学书院进士举人题名记》:三历取士之科,举于乡者八十一人,举进士者十人,乡举皆得解元,而进士得状元一人。……书院未十载,所得如此,亦盛矣!

按:正学书院始建于元代,本为北宋时"横渠张子倡道之地",后来元儒许衡亦讲学于此,于是元朝省臣遂创建书院,祀张载、许衡二人。至明初,书院为兵民所据。弘治九年,杨一清修建正学祠,重建正学书院,将陕西各地有才华的士子选入正学书院,并收集各府县学校的图书于书院之中,正学书院遂发展成为此后八十余年间陕西关中最著名的讲学书院。

春三月,杨一清在陕西凤翔府陇州(今陇县)创建岍山书院。

《(乾隆)重修凤翔府志》卷10《崇经阁记》:院(指岍山书院)肇于弘治丙辰春三月,阁成于戊午(1498)秋七月。倡其事者……按察副使杨君一清。

杨一清在陕西武功县建绿野书院。

按:弘治八年(1495),巡按御史李翰与提学副使杨一清命武功知县宋学通在北宋张载讲学之地绿野亭故址上建张载祠堂,并在祠堂后建讲堂、学舍。第二年建成,取名绿野书院。

弘治十年丁巳(1497)　十九岁

受《尚书》于高俦、孙昂。为提学杨一清赏识,入正学书院读书。

马理《墓志铭》:母宋卒,哀毁骨立。既祥,受《尚书》于高教谕俦、邑人孙行人昂,又请益于渭南薛氏。又屡为督学邃庵杨公、虎谷王公所拔,入正学书院,授以所学。复友诸髦士,由是闻益博。

弘治十一年戊午(1498)　二十岁

薛敬之自浙江金华府同知任上致仕,因事至长安,吕柟遇之于长安开元寺,师事之。

《泾野先生文集》卷22《明奉政大夫金华府同知进阶朝列大夫薛先生墓志铭》:初,先生致仕家居,以事入长安,柟获遇先生于长安之开元寺,柟由是知先生也,因叩先生而师事焉。

马理《明渭南思庵薛先生入陕西会城乡贤祠记》:时泾野吕宗伯仲木、九川吕巡抚道夫方学于正学书院,共出郊迎拜于所馆,以师礼事焉。理先闻先生于端毅公,后又闻二吕子言。弘治乙丑归自京师,过渭南就问《礼》焉。

按:薛敬之(1435—1508),字显思,号思庵,陕西渭南人。师事秦州(今甘肃天水)周蕙(字廷芳,号小泉),而上接河东薛瑄之传。成化二十二年(1486),以岁贡出知山西应州。弘治九年(1496),升金华府同知,居金华二年致仕。著作大多已佚失,仅见《思庵野录》传世。传见吕柟《泾野先生文集》卷22《明奉政大夫金华府同知进阶朝列大夫薛先生墓志铭》、冯从吾《关学编》卷3《思庵薛先生》《思庵野录·思庵薛先生行实》等。

约此年前后,开馆于长安开元寺,熊庆浩、李继祖从之学。

李开先《闲居集》卷9《泾野吕亚卿传》:拨入正学书院,授以所学,而闻见益博。……于时有熊、李二参政，闻其贤，欲延为塾师，先生以礼无往教辞之，乃遣其子就学于荒寺。未几，闻父疾，走还。二公以驿马追送，弗受。

冯从吾《泾野吕先生》：大参熊公、李公延教其子，先生辞不获，乃馆于开元寺。后闻父疾，即徒步归，二公以夫马追送不及。先生曰："亲在床褥，安忍俟乘为也！"父寻愈，构云槐精舍，聚徒讲学其中，二公仍遣子熊庆浩、李继祖卒业焉。

约此年，讲学于云槐精舍。

马汝骥《行状》：父疾寻愈，乃居云槐精舍，熊、李二生及多士皆来就学。公食谷面饼，有上客至，与共之。

《泾野先生文集》卷14《云槐精舍记》：邑郊东后土宫槐树匝陈溢塘……殿西有屋荫，当其下聚徒结庐，曰云槐精舍。屋凡三楹，萧然面渭，讨论古经，言萃于斯，曰讲经堂。堂含二室，东室曰仰华轩，西室曰望河庵。

按：云槐精舍在高陵县城距河门（东门）外之后土宫，以云槐树得名。吕柟讲学云槐精舍的时间，大约在1498年问学薛敬之以后到1501年中举之间。暂系于是年。

弘治十二年己未（1499）　　二十一岁

十一月，王云凤提学关中。王云凤在提学关中时建正学书院藏书楼，开设求道、读书、学文、治事四科，并增祀关中名儒李锦入正学祠，邀李锦门人刘玑主讲其中，从而加强了河东之学在关中地区的影响。

许宗鲁《资政大夫户部尚书近山刘公玑墓志》：是时，虎谷王公督学陕西，倡明道学，敦延先生居正学书院讲论性理，三秦学士翕然宗之。

《泾野先生文集》卷11《刻博趣斋稿序》：先生提学陕西，深受其开喻奖拔之益。凡先生之言语动静，恒以为师模，而一时西土士风亦骎骎乎复古矣。

按：王云凤（1465—1517），字应韶，号虎谷，山西和顺人，与乔宇、王琼并称"河东三凤"。其学源出薛瑄。成化二十年（1484）进士，官至右佥都御史巡抚宣府。著有《博趣斋稿》。传见吕柟《泾野先生文集》卷24《虎谷先生王公墓志铭》。

李锦（1436—1486），字在中，号介庵，陕西咸宁（今西安）人，与薛敬之同师事周蕙,传河东薛瑄之学。天顺六年(1462)举人,后屡试不第。成化二十年(1484),以岁贡出为直隶松江府同知,卒于官。传见冯从吾《关学编》卷3《介庵李先生》。

刘玑(1457—1533),字用齐,号近山,陕西咸宁(今西安)人,师从李锦。成化十七年(1481)进士,官至户部尚书。著有《正蒙会稿》等。传见许宗鲁《少华山人文集》卷9《资政大夫户部尚书近山刘公玑墓志》(又见焦竑《献征录》卷29)。

弘治十四年辛酉(1501)　　二十三岁

与韩邦彦、韩邦奇、韩邦靖兄弟三人同试于长安。吕柟中陕西乡试第十。韩氏兄弟中举者为韩邦靖,年仅十四岁。后韩邦奇于弘治十七年(1504)以《尚书》中举,韩邦彦则于正德二年(1507)中举。

马汝骥《行状》:弘治辛酉,乡举第十。

《泾野先生文集》卷23《福建按察司副使封中宪大夫莲峰先生韩公墓志铭》:初,弘治辛酉,柟与公之三子同试长安,邸一寺,朝夕游。三子者,今仪封知县邦彦、浙江佥事邦奇、工部员外邦靖也。时三子已灵俊度人,而工部年始十四即同柟举矣。

按:韩邦靖(1488—1523),字汝庆,号五泉,陕西朝邑人。正德三年(1508),与其兄韩邦奇以及吕柟同中进士,官至山西布政司左参议。著有《(正德)朝邑县志》《韩五泉诗集》。传见韩邦奇《苑洛集》卷8《韩邦靖传》、王九思《渼陂集》卷13《明故朝列大夫山西等处承宣布政使司左参议五泉韩子墓志铭》、唐龙《渔石集》卷3《五泉韩子墓表》。

中举之后,娶李氏。

《泾野先生文集》卷29《南京国子监典籍李舅之配魏氏岳母合葬墓志铭》:岳母魏氏者,户侯讳善翁第八女也。……女子子四人:长适柟,时举人也,及官至侍郎,封淑人云。

马理《泾野先生文集序》:弘治辛酉,子在辟雍,与理及秦西涧世观、寇涂水子惇均携妻子同邸居者数年,内外旦夕,以修齐之道相切磨相观法也。

按:吕柟中举后,第二年即参加会试,落第,随后入国子监读书,而由马理序文可知,吕柟在国子监读书时,其妻李氏亦在,故系于此年。

弘治十五年壬戌(1502)　　二十四岁

春,会试落第,入国子监读书。

按:是年会试,康海、王廷相、何瑭、何景明等中进士,康海为状元。

吕柟与三原马理、秦伟,榆次寇天叙,安阳张士隆、崔铣,林县马卿气谊相许,一起讲学于宝邛寺,相约:"文必载道,行必顾言,毋徒举业以要利禄,毋徒任重弗克有终。"

冯从吾《泾野吕先生》:明年,计偕不第,游成均,与三原马伯循、秦世观,榆次寇子惇,安阳张仲修、崔仲凫,林县马敬臣诸同志讲学宝邛寺。尝约曰:"文必载道,行必顾言,毋徒举业以要利禄,毋徒任重弗克有终。"日孜孜惟以古圣贤进德修业为事。

《泾野先生文集》卷5《送豀田西还小序》:昔在弘治间,予与豀田马子伯循及四五友朋入太学,同舍居肄业。或共窗读书,或一寺习礼,或面规其过,或阴让其善,或求法于祖宗,或问学于舜、颜。冬出,不辞沍寒;夏行,不惮祁暑。访友或于深夜,论世或至千古。坐则联席,行则接影。若是者,盖四年也。

吕柟遣弟吕栖师事马理。

冯从吾《泾野吕先生》:明年,计偕不第,游成均……遣弟栖师事伯循,其入学仪式京师传以为法。同邑高朝用时为地官郎,谓检讨王敬夫曰:"予邑有颜子,子知之乎?"敬夫曰:"岂吕仲木耶?"自是纳为厚交。

弘治十八年乙丑(1505)　　二十七岁

冬十一月,与马理一同返乡归省。

《泾野先生文集》卷22《马母李氏墓志铭》:马母姓李氏,云岩先生三原马公之次室,吾友伯循理之母。理早著文行,应弘治十一年省《春秋》第一举人。十五年,柟卒业太学,同舍居四年。十八年冬十一月,同归省。

少时之师孙昂卒于京师，其子不在侧，吕柟归葬于乡。

冯从吾《泾野吕先生》：乙丑……孙行人殁于京，遗孤不在侧，先生衰绖哭拜，吊者或曰："礼与？"曰："礼，丧无主，比邻为主，况师乎！"及返葬于乡，犹是服也。宿棺下三日，哭而相葬事。

按：孙昂（1467—1505），字廷举，陕西高陵人。弘治十五年（1502）进士，试事福建道。弘治十七年（1504），授行人，历官三月余卒，时在弘治十八年正月。传见《（嘉靖）高陵县志》卷7。

归高陵后，仍讲学于云槐精舍。

冯从吾《泾野吕先生》：既归，复讲学于精舍，从游者日众。

正德二年丁卯（1507）　　二十九岁

在高陵，讲学于云槐精舍。

正德三年戊辰（1508）　　三十岁

春二月会试，吕柟以《尚书》中第六名。时王鏊为主考官，湛若水为同考官，湛氏拟取吕柟为第一，因主考官反对而不果。

杨九式《吕泾野先生续传》：戊辰会试，以治《书》中第六名，据卷当居第一，主考欲取一《易》卷，本房力争不可得。……廷试读卷官见其笔画端楷，策冒仁孝字，正合题旨，遂以首卷进呈。武皇御览嘉赏，遂赐状元及第。湛甘泉为同考，批其卷云："卷虽佳，惜力微，不能首荐子，然子固已魁天下矣。"自乡试至是仅八年，已有成帙诗文集，其《春阴》《履霜》等作，不亚名诗。而《子畏于匡传》，甚高古，虽王渼陂《补周语》、李空同《拟赵高答李斯书》，无以逾也。

廷试第一，授翰林院修撰，为经筵讲官。权宦刘瑾以同乡之名致贺，拒之。

马汝骥《行状》：戊辰廷试，策对仁孝，武庙嘉之，赐状元及第。传胪之前，则钦赐冠服带履，至友人谓服习容观，公如言若固有之。明日，有中官横加贺礼，却之。

冯从吾《泾野吕先生》：正德戊辰，举南宫第六人，廷对擢第一，授翰林修撰。凡知先生者皆喜曰："今得其状元矣！"时阉瑾窃政，以枌榆故致贺，先生却之，瑾衔甚，自是逊避不与往来。

季弟吕栖去世，年仅二十一岁，作《哭栖仲止文》。

《泾野先生文集》卷35《哭栖仲止文》：念去年之别尔也，尔谓我云："兄之此去也，必作大魁。"今如尔言矣，尔未及闻而去，令我不哀？戊辰冬

《泾野先生文集》卷23《吕仲桥圹志》：此吾弟仲桥梓之圹也。……先季弟仲止二十一岁殁。

薛敬之卒，撰墓志铭。

吕柟《明奉政大夫金华府同知进阶朝列大夫薛先生墓志铭》：正德三年春二月二十七日，金华府同知渭南薛先生卒于家，柟友李锦以书报于京邸，柟为之悼痛焉。冬十一月，其子乾操迺自其家持南参政钊所撰状请铭。

正德四年己巳(1509)　　三十一岁

在京师。

正德五年庚午(1510)　　三十二岁

上《端大本以图治平疏》，请武宗还宫，御经筵，亲政事，疏入不报。刘瑾恶其直，欲杀之，吕柟遂辞病归乡。

《泾野先生文集》(明万历李桢刻本)卷31《端大本以图治平疏》：臣愚谓大本未端，终难平治。伏愿陛下念天命可畏，小民难保，乘维新之日，奋大有为之志，日临朝宁，即夜进宫，经筵日讲，无或停辍，躬亲政事，节省佚游，以德服远，风声传布，民志斯定。宗社之福，莫大于是，内臣外臣，亦得以久保富贵矣。如或不然，臣恐四海觖望，盗贼叛逆，纷纷然滋蔓，虽有良将精兵，亦不足恃，不可不重虑也。

杨九式《吕泾野先生续传》：逆瑾擅权窃政，附丽之者，骤迁显秩，先生虽

同乡,独不出其门,且却其贺礼,瑾已不堪。又因西夏拘乱,上疏请上入宫亲政事,则祸患潜消,内外臣工,可常保富贵,瑾更恶其直,欲杀之,先生遂与何柏斋相继引疾。何亦骨鲠,当时所不能容者。遣官校尾其后,俱不得其过,至半途返。先生抵家数月,瑾诛,刑及大冢宰,遗累陕之缙绅几尽。

正德六年辛未(1511)　　三十三岁

在高陵。

正德七年壬申(1512)　　三十四岁

春二月,出游武功,访康海于浒西庄,有《游浒西集》。

《泾野先生文集》卷1《游浒西集序》:壬申春,泾野子力疾出游,至对山康子浒西庄。浒西山水花鸟既中予赏玩,而武功师友耆旧又恋予不释,居五日焉。凡与康子赓和及予所自作,得赋三首,五言古诗五首,五言绝句六首,五言律诗四首,七言绝句五首,七言律诗五首,七言古诗一首,曰《游浒西集》。而康子之诗计亦若是也,别为一编,其自命曰《浒西集》云。

康海至高陵访吕柟,拜见吕父。

康海《康对山全集》卷34《封儒林郎翰林修撰吕公墓碑》:昔在壬申,拜公于庭。

暮秋,遣弟吕梓至鄠县访王九思。

王九思《渼陂集》卷1《吕子仲木遣其弟持书见访酬答来意》:佳人抱沉痾,高卧泾川浔。闭户理瑶瑟,寥寥稀赏音。……暮秋仲氏至,恍如颜色临。遗我尺素书,琤然璆与琳。上言长相思,乃在终南阴。再拜谢仲氏,此意良已深。我欲往报之,愧乏双南金。含情靡终极,坐晚枫树林。

王廷相上疏请起用吕柟,称其"学问渊粹,德性纯雅","使立清朝,必能振起休风,劝惩颓俗"。

王廷相《浚川奏议集》卷1《请起用修撰吕柟疏》:臣伏见养病修撰吕柟,

陕西高陵县人。……当瑾贼擅政，朝士侧目之时……惟本官不顾时忌，乃敢求归。逆探初心，似难尽知；据今形迹，实亦可取。且本官学问渊粹，德性纯雅，加以涵养之深，历练之久，必能裨补治源，赞翊化机。自告病以来，杜门谢客，读书耕稼，安贫守分，略不苟求。以斯介行，使立清朝，必能振起休风，劝惩颓俗。

冬十月，奉命入京。

《泾野先生文集》卷2《贺彭公平蜀序》：柟壬申冬应命入京，遇公于安肃，躬睹军容，如挟纩洎。

十月，至华州（今陕西华县），有《刘侯戮虎记》。

《泾野先生文集》卷14《刘侯戮虎记》文末有："泾野子至华闻之，正德七年十月记。"

由华阴前往朝邑拜见韩邦奇之父韩绍宗。

《泾野先生文集》卷23《福建按察司副使封中宪大夫莲峰先生韩公墓志铭》：公姓韩氏，讳绍宗，字裕后，号莲峰，同州朝邑之南阳洪人也。……壬申岁，病起赴京，始由华阴谒公于漆南，然严范鸿度，柟未见，汉汲孺、刘向也当亦不过是。

按：韩绍宗（1452—1519），字裕后，号莲峰，陕西朝邑南阳洪人。成化十四年（1478）进士，官至福建按察副使。吕柟与其子韩邦彦、邦奇、邦靖交好。传见吕柟《莲峰先生韩公墓志铭》、王九思《渼陂集》卷11《大明中顺大夫福建等处提刑按察司副使封中宪大夫莲峰先生墓碑》。

漆南，即漆水之南，这里指朝邑。

道过山西榆次（在今山西晋中）。

《泾野先生文集》卷14《答虎谷先生书》：壬申之冬，曾携家一过榆次，然榆次无官，几不能行。是时夫子亦在大同，故柏井驿有次韵之题，言不能进谒也，然自是再无榆次行，后期尚可求也。

十一月，在安肃（今河北徐水）遇彭泽，有七律《安肃道中遇少保彭公率

师征蜀作赠》。

《泾野先生文集》卷2《贺彭公平蜀序》：柟壬申冬应命入京，遇公于安肃，躬睹军容，如挟纩洎。

十一月二十日，抵京，仍官翰林院修撰、经筵讲官。

《泾野先生文集》卷20《与康太史德函书》：往日赴京时，匆匆不能拜别，至今怀恨。仗赖一路平安，十一月二十日抵京，含愧窃禄，足负知己。……承吾兄之教，日就柏斋，与化之效全未，思齐之心常存。若柏斋者，吾兄亦不可不念之也。伯循服已阕矣，可邀致浒西，与处数月，当大有益耳。道远情深，临纸不胜怅惘。

正德八年癸酉（1513）　　三十五岁

三月一日，封父吕溥为儒林郎翰林院修撰，继母侯氏为安人，赠生母宋氏为安人。

康海《封儒林郎翰林修撰吕公墓碑》：正德癸酉三月一日，以柟封公为儒林郎翰林院修撰，赠宋氏为安人，继室侯氏亦封如安人焉。

十月，进讲毕，因患腿疾，加以母病，分别于十一月、十二月两次具本致仕。

《泾野先生文集》卷20《与何开州粹夫书甲戌二月》：仆于去年十月二十二日进讲毕，是时已患腿疼不可履。至十一月得家书，家母病不下榻，兼自料贱疾无终瘳之势，意图速归，乃具本致仕，反惹诸公一大怒耳，其本立案不行。十二月间再具本养病，至今年二月初二日始准西归。

正德九年甲戌（1514）　　三十六岁

正月，乾清宫灾，上《应诏陈言以弥灾变疏》，陈言六事：一曰逐日临朝听政；二曰还处宫寝，预图储贰；三曰郊社禘尝，祗肃钦承；四曰日朝两宫，承颜顺志；五曰遣去义子、番僧、边军，令各宁业；六曰各处镇守中官贪婪，取回别用。疏上不报，引疾乞归。

《明史·武宗本纪》：九年春正月……庚辰，乾清宫灾。

马汝骥《行状》：时乾清宫灾，公应诏陈言，一曰逐日临朝听政；二曰还处宫寝，预图储贰；三曰郊社禘尝，祗肃钦承；四曰日朝两宫，承颜顺志；五曰遣去义子、番僧、边军，令各宁业；六曰各处镇守中官贪婪，取回别用。又累进讲，劝上举直措枉。疏后引疾乞归。友人崔后渠氏言于京曰："仲木去就，可谓必矣。"

按：吕柟奏疏见《泾野先生文集》（明万历李桢刻本）卷31。

二月初二日，致仕归乡。

《泾野先生文集》卷20《与何开州粹夫书甲戌二月》：仆于去年十月二十二日进讲毕……十二月间，再具本养病。至今年二月初二日始准西归。

在高陵县东门外筑东郭别墅，讲学其中。

冯从吾《泾野吕先生》：归而卜筑邑东门外，扁曰东郭别墅，四方学者日集。都御史虎谷王公荐其学行高古，乞代己任，不报。渭阳公病，先生侍汤药，昼夜衣不解带，履恒无声，如是一年，须鬓为白。

为山西河东书院确定从祀三晋名贤。吕柟认为："后世士论弗正，多崇言卑行，贵名贱实。故马融训诂，虽杀李固，犹祀孔庙；尹焞正学，虽贤如朱熹，亦短其致知。"主张从祀标准应该"惟取大节，不论言语"。

马汝骥《行状》：张仲修为御史，筑河东书院成，请定三晋应祀名贤。公既论定其祀，又答以书，为及"上之给命，正多贵言贱行。故马融训诂，虽附势杀固，犹祀孔庙；尹焞守死善道，如朱熹亦短其致知。以孔、颜之学观之，后儒失之远矣。故今定祀，惟取大义，不论文辞，俾学者知所趋向"。

《泾野先生文集》卷20《答张仲修书》：承命查定三晋名贤，奉祀河东书院。按史志，在古有若解州风后、平阳仓颉；在唐虞有若稷山后稷；在夏有若安邑关龙逢；在商有若夏县巫咸，平陆傅说，首阳伯夷、叔齐；在周有若平遥尹吉甫、介休介之推、晋阳羊舌肸、西河卜商；在汉有若介休郭泰、太原王烈、解州关羽；在晋有若晋阳郭琦；在隋有若龙门王通；在唐有若太原狄仁杰、闻喜裴度；在宋有若平阳孙复、夏县司马光、介休文彦博；在大明有若河津薛瑄。夫自周、汉以来，兹土名贤众矣，然多有瘢垢：智如士会，奔秦而计挠臾骈；信如荀息，事君而不明嫡庶；友如邓攸，位高颇媚权贵；忠如霍光，溺妻不正大义。王延之孝，仕于刘聪；柳宗元之文，党于叔文。他若董狐、祁奚、宫之奇、段干木、周续之、周党、王续、韩通、赵鼎辈，虽有懿行，不尽纯粹，皆不得与诸君子并。夫后世士论弗正，多崇言卑行，贵名贱实。故马融训诂，虽杀李固，犹祀孔庙；尹焞正学，虽贤如朱熹，亦短其致知。以孔、颜之学观之，后儒失之远矣。故今定祀，惟取大节，不论言语，俾学者知所趋向。

与张士隆讨论后稷是否应该从祀。

《泾野先生文集》卷20《再答张子书》：后稷之祀，初意如吾兄之意，寻谓“配天之事，出于我朝，则今甚不敢，出于前代，则今已罢祀矣”。若谓有当时配天之嫌，使后世遂绝祀焉，如之何其可也？且思文之诗，乃周家子孙追述之仁，一代之私情也，虽配天不为过。书院之祀，乃晋国乡土仰止之义，万世之公论也，虽释菜不为卑。洪武初，曾以后稷配先农，虽寻罢祀，其初亦不以曾配天而不少变也。今天下乡贤之祀，皆不请于朝，不列于祀典，非如所谓天地山川六宗，历代帝王截然而不敢犯者也，但出于其土，士人私尊之意，义起之礼耳。如皆取其贤之小者，去其贤之大者，以为不敢，则又何以为名教也？又如孔子，天下固祀以天子礼乐，而曲士小儒亦得家祭而屋祝之，人不以为僭也。故后稷，周先也，周灭不祀已非矣。后稷，晋产也，晋之乡人亦禁而不敢祀，何哉？若是，则稷山之庙，武功之祠，皆可毁矣。如礼可从，当自后稷至商叔齐为正位，其余以代而列左右。惟吾兄再与三晋礼士议之。

编成《泾野九咏》。

《泾野先生文集》卷2《泾野九咏序》：予素弗能诗，又不嗜作，年洽三旬，篋靡片稿。自戊辰入仕，抵今甲戌，七阅春秋，告病还山，两协十载尔。乃朋友之索问，事物之感触，道路之阅历，药饵之纷纠，会别之答述，卒然酬作，率拟前体。暇日翻览，闻之不足以感人，习之实足以荒志，追忆无诗，为雅多矣。第抽篇咏思，壮志未渝，而行多不逮，掩卷自悯，谁因谁极！又诸名家赠遗唱和，如珠玉璀璨，弃予弗忍尔，乃萃为一编曰《泾野九咏》，亦可以伤空言之苦，观实际之地也。

九月二十九日，岳父李崇光卒于南京，友人寇天叙、史宗道为其料理

后事。

《续刻吕泾野先生文集》(清道光杨浚刻本)卷6《南京国子监典籍李丈人墓志铭》:丈人讳崇光,字宗显……高陵西吴里人。……成化甲辰,遭纳粟监生例,受业于太学。正德庚午,授南京国子监典籍。……病疟且痢以卒,在甲戌九月二十九日,年五十六也。时丈人孤处南雍,柟有友曰南京大理寺正榆次寇君子惇、南京刑科给事中蒲州史君宗道与棺殓焉。

按:李崇光长女为吕柟之妻。

正德十年乙亥(1515)　　三十七岁

秋,张文锦来访于泾野草堂,有五律《秋日张户部闇夫过访泾野草堂索题乙亥》。

按:诗见《泾野先生别集》卷11。

张文锦,字闇夫,山东安丘人。弘治十二年(1499)进士。嘉靖元年(1522),以右副都御史巡抚大同。嘉靖三年,为乱卒所杀。谥忠愍。传见《明史》卷200。

父渭阳公病,侍汤药在侧。

马理《墓志铭》:渭阳公病,公侍汤药,夜不解带,履恒无声,历一年须发尽白。

冯从吾《泾野吕先生》:渭阳公病,先生侍汤药,昼夜衣不解带,履恒无声,如是一年,须鬓为白。

正德十一年丙子(1516)　　三十八岁

夏五月十六日,父渭阳公卒,年六十九。七月九日,合葬其父与母宋氏。

康海《康对山全集》卷34《封儒林郎翰林修撰吕公墓碑》:公以正德丙子五月十六日卒于家,七月九日葬于县北祖茔。当时,柟以海为公墓碑。……公生正统戊辰五月十四日,春秋六十有九。

《泾野先生文集》卷20《奉泸州高半山先生书》:柟自违教之后,罪恶日积,祸及先父,乃于十一年五月十六日弃不孝以卒。

马汝骥《行状》:丙子五月,渭阳公卒,公哀毁呕血。先母宋权厝城东,至是启圹,失一指,公号天痛苦,乃复得之,遂合葬。时大雨如注,公徒跣擗踊泥中,会葬者皆感泣称孝。

谢拒陕西镇守太监廖氏之馈赠。

马汝骥《行状》:既葬,庐于中门之外,旦夕号恸。时陕西镇守中官廖氏馈以金币诸物,却之。有客托交游以三百金求书,公曰:"人心如青天白日,不意视如鸟兽。"交游惭而退。

庐墓侧,与门人讲古今丧礼。

冯从吾《泾野吕先生》:既葬,庐墓侧,旦夕焚香号泣,门人感之,皆随先生居,乃与平定李应箕、同邑杨九仪辈讲古今丧礼。

正德十二年丁丑(1517)　　三十九岁

六月,刘玑至高陵祭拜吕柟之父,有《送近山先生司徒刘公还长安二首丁丑》。

按:诗见《泾野先生别集》卷9。诗云:"近山夫子悯孤穷,六月提鸡祭我翁。抆泪追随三十里,夜深明月渭河中。""海内零丁仅见予,孤坟六月迓尚书。舟移渭水南山近,我马北归谁倚闾。"

正德十三年戊寅(1518)　　四十岁

八月,讲学于东郭别墅,四方从学者众多,又筑东林书屋讲学。

冯从吾《泾野吕先生》:既禫,释服,复讲学于别墅,远方从者弥众。别墅不能容,又筑东林书屋居焉。

按:禫是除去丧服时举行的祭礼,在丧后第二十七个月举行。由"既禫,释服"可知吕柟复讲学于东郭别墅是在此年八月之后。

正德十四年己卯(1519)　　四十一岁

二月,康海至高陵访吕柟于云槐精舍,遇何景明来访。

按:《泾野先生别集》卷5《己卯三月诣汤泉再至武功同对山康子夜坐二首》其二有:“二月君访我,泾村无酒杯。”《康对山全集》卷5《仲木至夜坐作二首》云:“我前抵华原,访子云槐舍。偶值何仲默,清谈忘晨夜。”

三月,吕柟至武功访康海。

按:《泾野先生别集》卷5《己卯三月诣汤泉再至武功同对山康子夜坐二首》其二有:“二月君访我,泾村无酒杯。古道挑新荠,长杨坐绿苔。我来三月里,春尊次第开。”卷9有《和对山雨后小酌四首己卯》《三月还泾野和康子暖泉值雨之作二首》。

至周至,欲游终南山之楼观台、仙游寺、赤松岭等地,因当日大雨,未成行。

《泾野先生文集》卷3《五子游山集序》:去年,予从对山康子洗病于眉之汤泉,因欲眺楼观、览仙游、憩赤松岭,以毕终南之胜也,然是时天大雨,盩厔无官,不能借马,故其兴索然,至今怏怏焉。

十二月五日,弟吕梓去世,年仅三十八岁。

《泾野先生文集》卷23《吕仲桥圹志》:此吾弟仲桥梓之圹也。仲桥戆直不回,有外祖家风,格至剖决,予虽读书不逮,故予往来京师,家事胥赖焉。乃今彷徨无依。呜呼,痛哉!……仲桥生成化壬寅正月十九日,殁正德己卯十二月五日,亦才三十八。……予仅两弟,又亡。

正德十五年庚辰(1520)　　四十二岁

在高陵。

是年,马理讲学于三原武安王祠。

乔世宁《丘隅集》卷14《马谿田先生墓碑》:“庚辰,又送母归。”

薛应旂《谿田马公墓志铭》:“受廷杖,驾亦遂止。未几,送母刘太淑人还乡,乃设教于武安王祠。”

正德十六年辛巳(1521)　　四十三岁

六月,何景明因病致仕归乡,吕柟赶至临潼相送,未及相见,作《之临潼送何大复不遇留诗寄之》。

按:诗见《泾野先生别集》卷11。

七月十二日,葬弟吕梓。

《泾野先生文集》卷23《吕仲桥圹志》:此吾弟仲桥梓之圹也。……葬在正德辛巳七月十二日,圹在吾父墓南东二穴。

先前,剑州知州李璧之子李得与、李得友至高陵从学于吕柟,是年返回剑州,临行前吕柟为作《小学训序》。

《泾野先生文集》卷3《小学训序》:广西李得友年十四,其父剑州太守白夫遣随其兄得与来学于泾野。夫十四,年至少也,广西且勿论,即剑州至泾野,亦至远也。予嘉其笃志,羡其气清而质厚,惧其蒙养或未正也,于是取《小学》诸书分类训之今,日诵习焉。其篇曰扫洒,曰应对,曰视听,曰手仪,曰足仪,曰衣服,曰饮食,曰礼训,曰乐训,曰射训,曰御训,曰书训,曰数训,凡十三篇。然礼、乐训未卒而太守迁临安,二子南归,将会其父于剑州也。呜呼!得友于尔已训九篇矣,其四篇未厘者,可类推也。夫《小学》之教不行,则治身无法,治天下无具,得友其勿忘乎此哉!

按:李璧(1473—1525),字白夫,号琢斋,广西武缘(今武鸣县)人。正德十年(1515),为剑州(今四川剑阁)知州,有政声。正德十六年(1521),升云南临安府(今建水)同知。嘉靖四年(1525),任南京户部员外郎,在赴南京途中病殁。著有《剑门新志》《皇明乐谱》《剑阁集》等。

冬,诏起原官。

马理《墓志铭》:今上登极,起用,明年改元嘉靖。

嘉靖元年壬午(1522)　　四十四岁

正月,启程赴京。二月初,至华阴,韩邦靖自朝邑追送于华阴西岳庙。

《泾野先生别集》卷12《在华阴与汝庆吟闲刘远甫至足成篇》:“孟春之日起东行,二月初头犹此城。知是华山相缱绻,故教韩庆与相迎。”

《泾野先生文集》卷35《祭五泉韩少参文》:柟于元年入京,五泉追话于西岳庙中,当其志,虽天下可澄清也。

二月中旬,至河南孟津。

《泾野先生别集》卷12《宿孟津》:“二月中旬到大河。”

至河南怀庆,访何瑭。

《泾野先生别集》卷6《访何子柏斋南上村》:“春从关西起,言访南上村。村有何氏屋,萧然在乾坤。”

至河北保定,遇同年进士贾运,时贾运赴陕西按察副使任。

《泾野先生文集》卷24《副宪贾会期墓志铭》:束鹿贾会期与予同戊辰进士,予始未能知也。……嘉靖元年,予病起入京,会期已宪副陕西,遇于保定,敏而直,俭而度,又不善敛。

按:贾运(1472—1524),字会期,号静斋,河北束鹿(今辛集市)人。正德三年进士,嘉靖元年为陕西按察副使,次年被劾罢官,嘉靖三年卒。传见吕柟《副宪贾会期墓志铭》。

至河北定州,有《定州志序》。

《泾野先生文集》卷1《定州志序》:予山居时,倪公在丞嘉善,尝撰《嘉善志》寄我。……比过定州,公在又撰《定州志》示我,夫定州之志则又进乎《嘉善》矣。

三月二日,至京城。

《泾野先生文集》卷20《复周江陵克述书》:仆于三月二日到京复职,家眷俱未携,以舍弟梓殁,老母不欲遽离弟妻,则不忍独携妻子行耳。冬春间,谋欲迎取。

《泾野先生文集》卷20《与田宪副勤甫书》:自癸酉冬别,今且十年矣。……仆于三月二日到京,碌碌馆下,无益职业,犹畴昔耳,兼以久居山林,疏迂成癖，而往时盍簪之契，俱散处四方，孤与怅惘，莫可晤适，则又未尝不念泾干渭浒也。

复翰林院修撰职，入史馆，纂修《武宗实录》。

马汝骥《行状》：明年改元嘉靖，复馆职，纂修武庙《实录》。进讲《虞书》，适值仁祖淳皇后忌辰，公口奏存襂服之礼，罢酒饭之赐。

同年四十二人相会于学坊沈氏。

《泾野先生文集》卷3《同年三会序》：予戊辰同年三百五十人，其始未之能会也。辛未，初会于石碑胡氏，与会者二百余人，而予在告，未之能从也。丙子，再会于学坊沈氏，与会者八九十人，而予在告，未之能从也。今岁壬午，嘉靖改元，复于沈氏为第三会，与者止四十二人，而予病起获，与执爵之末矣。

是年，陕西提学副使唐龙在三原建嵯峨精舍，延马理主讲其中。

唐龙《渔石集》卷1《嵯峨精舍记》：三原马子伯循诵先生之法，希圣贤之轨，典刑所昭，风声斯被。其诸弟子员振衣承响，喁喁以从，其集如云，其立如林。马子敝庐不葺，环堵萧然，而弟子多至，无所栖止，是故来远而居弗宁也，教勤而习弗专也。佥事周子宗化行县而知之，怃然而恻，乃议构精舍以尊其教。前令王成章曰："此实下吏治缺也。西有浮屠氏之宫，丛秽伏奸，大隳世典，诚易置之，岂惟正之用昌，即邪亦于是乎黜矣，而况民俗罔不厘乎！"宗化曰："善。"乃亟命毁之，易地以为基，徙材以为宇，命之曰嵯峨精舍。

按：唐龙于嘉靖元年出任陕西提学，王成章于正德十五年（1520）至嘉靖元年（1522）任三原知县。故可知嵯峨书院当建于此年。

明嘉靖二年癸未（1523）　　四十五岁

为会试同考官。时当政者不喜王阳明之学，故会试策问有焚书禁学之议，吕柟力辨之。

马汝骥《行状》：癸未，充会试同考试官，取士二十余人，皆名士。

冯从吾《泾野吕先生》：癸未，分校礼闱，取李舜臣辈，悉名士。时阳明先生讲学东南，当路某深嫉之，主试者以道学发策，有焚书禁学之议，先生力辨而扶救之，得不行。场中一士子对策，欲将今宗陆辨朱者诛其人，火其书，极肆诋毁，甚合问目意，且经书、论、表俱可。同事者欲取之，先生曰："观此人今日迎合主司，他日必迎合权势。"同事者深以为然，遂置之。

按：癸未会试策问，有阴诋王阳明之意，阳明门人徐珊不答而出，欧阳德、王臣、魏良弼等发明师说不讳，亦进士及第。事见《王阳明全集》卷35《阳明年谱》"嘉靖二年"条。

欧阳南野举进士，吕柟阅其卷，赞其弘博醇实，欲置一甲，因遭主考官反对而不果。

《吕泾野先生文集》卷11《赠欧阳南野考绩序》：昔予校文癸未会试，尝见欧阳南野子试卷矣，叹其弘博醇实，当冠《易》房也。然欧阳子学于阳明王子，其为文策，多本师说。当是时，主考者方病其师说也。予谓其本房曰："是岂可以此而后斯人哉？"其本房执诤，终不获前，一时遇阅其卷者皆惜之。及欧阳子为司成，遂以其师说良知者日讲授诸生，益扩充而广大之，诚能仰师孟子并其良能者。

按：欧阳德（1496—1554），字崇一，号南野，江西泰和人。王阳明弟子。嘉靖二年进士，官至礼部尚书。有《欧阳德集》（点校本）。传见聂豹《双江聂先生文集》卷6《南野欧阳公墓志铭》、徐阶《世经堂集》卷19《欧公神道碑》。

五月，上疏请讲圣学。

冯从吾《泾野吕先生》：癸未……念新天子即位，上疏请讲圣学，略曰："学贵于力行而知要，故慎独克己，上对天心，亲贤远谗，下通民志，天下中兴。太平之业，实在于此。"不报。在史馆，与邹东廓友善。

嘉靖三年甲申（1524）　　四十六岁

夏，吕柟经筵面奏五月十二日是仁宗忌辰，君臣不宜华服。

郑晓《今言》卷4：经筵面奏，近世无闻。惟嘉靖甲申夏，吕修撰柟言五月十二日，献陵忌辰，是日讲筵，君臣不宜华服。

五月，吕柟以十三事上疏自劾，涉及大礼，下锦衣卫狱。时王阳明弟子邹

东廓亦在狱中，二人遂在狱中讲学不断。不久，吕柟降为山西解州（今山西运城）判官，邹东廓则降为广德州（今安徽广德）判官。

薛应旂《泾野先生传》：嘉靖甲申夏五月，上疏自劾不职者，凡十有三事，当路者谓此皆大臣宰相之职，不宜引为己责，谪判解州。

按：吕柟疏见《泾野先生文集》（明万历李桢本）卷31《奉修省自劾罢黜疏》。

邹东廓（1491—1562），名守益，字谦之，号东廓，江西安福人。王阳明弟子。有《邹守益集》（点校本）。传见耿天台《耿天台文集》卷14《东廓邹先生传》，宋仪望《华阳馆文集》卷11《邹东廓先生行状》。

七月，道过潞州（今山西长治），州人仇森邀至其家雄山镇东火村。

《泾野先生文集》卷24《明诰封亚中大夫宗人府仪宾玉松仇公墓志铭》：玉松讳森，字时茂，仇氏，别号玉松子，潞州雄山镇东火人也。……嘉靖三年七月，予自史馆谪判解州，过潞，时茂邀予至东火，遍观祠屋及有序、师俭诸堂，义学、乡约诸所，贞女、烈妇四氏祠，接见同会老幼二百余人。已而宴予于礼宾堂，诸弟侄子孙皆侍。

仇栏送吕柟至沁水县而返。

《泾野先生文集》卷5《送仇时闲北还序》：嘉靖三年七月，予自史馆谪解，过潞州，玉松子仇时茂邀予至其里雄山镇。……明日，予西行，时闲束布带，系麻履，引三仆以送予。山经太行极巅，水涉漳、沁二河，马行松橡之杪，仆探云雾之窟，或躐石徒步数里，或买浆共憩前村，崎岖万状，饥渴经时。予固以为坦途，而时闲或殒泣焉，则劝之曰：“子闭户不入城市者数年矣，乃为我劳勚至此，即请归乎！”时闲曰：“栏非以劳役泣，泣先生际圣明之世，而乃行路难也。”遂相随至沁水县，路且平，力请时闲东返，计程盖四百余里，乃作三诗以别，自是日怀时闲而未见者三年矣。

按：仇栏，字时闲，号石岩处士，以郡医官致仕隐居，治儒书，从吕柟学。

八月，至解州。

《泾野先生文集》卷34《解州乡贤祠传有序》：嘉靖三年八月，予至解。

《泾野先生文集》卷16《别解梁书院记》：予于嘉靖三年八月抵任，九月即谋斯举于前守林南江。

九月，建解梁书院。解梁书院初建时只有乡贤祠和礼和堂，后在河东巡盐御史初杲的支持下，完成解梁书院的建设。

《泾野先生文集》卷16《别解梁书院记》：予于嘉靖三年八月抵任，九月即谋斯举于前守林南江。当是时，止创乡贤祠一所，中祀州及五县名哲，工未完而南江逝矣，于后即祀之。前立礼和堂，延子中及扆文质、张师孔主教童蒙，兼率乡约善民，一时风行。……巡盐初公三至斯所，独怅然曰："斯不可洪而大之，以容诸耆寿俊髦乎？"即捐其赎罪米钱纸，计百余金，移州扩治焉。……于是扁仪门为"礼义相先之地"，扁先门为"解梁书院"。

按：解梁书院，在解州城北广慈寺旧址。

初杲，字启昭，号内滨，湖北潜江人，正德十六年（1521）进士，嘉靖四年（1525）巡按河东，官至云南参政。

与知州林元叙、弟子丘孟学同游桃花洞。

按：见《泾野先生别集》卷9《九日同南江子及丘孟学游桃花洞五首》、卷12《桃花洞口次南江子韵》。

王光祖、丘孟学、林幹等人从学于吕柟。

《泾野先生文集》卷18《明诚精舍记》：明诚精舍者，太学生解人王克孝光祖之所建也。初嘉靖三年秋，予自翰林谪判解州，克孝同诸士子从予游于水玉堂。……及予建解梁书院，克孝则同丘孟学日夜侍予于礼和堂。

《泾野先生文集》卷4《挽南江子诗序》：予之谪解也，南江子即遣子幹师事予，因以相共语论。

九月，与弟子丘孟学游王官谷。

《泾野先生文集》卷15《游王官谷记》：王官谷者，唐司空表圣隐居之地，今少参许君德征重修而增饰之。往时诸友多言其胜，泾野子至解之再月，偕丘孟学往游焉。

《泾野先生文集》卷18《新建王官书院记》：王官谷在蒲州临晋县之南六七十里，其谷逶迤深广，入其中，四山盘结壁立，如人院落。……盖唐司空表圣辞朱梁之诏,选兹胜地,隐居之所也。予谪判解州时,尝参表圣祠,过三诏亭,读《休休传》,问了了庵,登天柱峰,宿白云洞,坐钓贻溪,欣然忘反。

按:王官谷在今山西永济县中条山麓,为唐代诗人司空图隐居之地。

长子吕田(字幼耕)由陕西至解州。

《泾野先生文集》卷20《与杨叔用书》:解州地僻事简,堂尊亦颇相谅好处,有暇补葺旧学耳。小儿田新从陕西至解,然老母尚在家未到,此月若不至,当遣田又归也。

冬十月,校正东汉刘熙《释名》成。

《泾野先生文集》卷3《重刊释名序》:汉徵士北海刘熙著《释名》二十七篇,盖《尔雅》之绪也。……是书南宋时刻于临安,寻毁不传。今侍御谷泉储公邦抡得之于中丞石冈蔡公,乃托柟校正,付绛州守程君鸿刊布焉,其意遐乎!但《尔雅》先诂言训亲而后动植,近取诸身,斯远取诸物也。《释名》以天地山水为先,则濒乎玩物矣!故魏张揖采《苍雅》作《广雅》,辞类虽衍,犹为存《尔雅》之旧乎!

按:明嘉靖翻宋本《释名》吕柟序文末有"嘉靖三年冬十月乙卯高陵吕柟序"一句。

嘉靖四年乙酉(1525)　　四十七岁

四月十三日,解州知州林元叙卒。林元叙卒后,吕柟暂代州事,首恤穷民,又减轻解州丁役,劝农桑、兴水利、筑堤护盐池,并选民间俊秀子弟入解梁书院学习《小学》之仪,讲行《蓝田吕氏乡约》与《朱子家礼》,表彰孝子、义士、节妇,"于是士民各安其业,有古新民之遗风焉"。

《泾野先生文集》卷20《与林幼培幹》:呜呼,伤哉!敬讣幼培贤契:乃尊南江先生于四月十三日酉时,病不起矣。先病中时,令尊不欲报家知,恐惊幼培阖家大小。病革,又欲报,则已晚矣。

马理《墓志铭》:至解,值解守殁,公视篆,为理后事甚悉。乃首省穷民,以赎刑帛絮及米肉给之,又审丁徭重于他邑,力白当路均之。于时解及四方髦士从游者众,乃即废寺建解梁书院,祀往开来于中。又令诸父老讲行太祖皇帝教文及蓝田吕氏《乡约》《文公家礼》。又以《小学》之道养蒙于中。有孝子、义士、节妇,咸遵奉诏旨,题表其门。复求子夏之后,训诸学宫。建温公之祠而校序其集。筑堤以护盐池,疏渠以兴水利,桑麻以导蚕绩。于是士民各安其业,有古新民之遗风焉。

秋,长子吕田乡试中举。

马理《墓志铭》:生男子二,即:田,乙酉科举人;畇,蒙荫为国子生。

完成《解州志》(二十二卷)。

《泾野先生文集》卷4《解州志序》:予至解数月,秋官程君万里率解士夫同州守林君典卿来曰:"《解志》,教谕吕孟坚虽尝采辑,然尚未备且严也,兹惟泾野子托焉。"未几,巡盐雷石卢公亦曰:"判官可辍民事以具一方文献。"柟乃使解之二三子分门纂录,或访诸岩谷,质诸耆宿,征诸史志,稿且半。今年春,内滨初公巡盐继至,亦若雷石子之命也,且下檄同知张君敬之,令以州之无疑官资为工食费,《解志》因赖以就。……斯志之作,岂为工文而务博,实欲举古以化今。然风之自,则在仕乎其地者,以续皋陶、稷、益之政;俗之成,则在生乎其地者,以求风后、龙逢、巫咸、傅说之学也。《志》凡二十二篇。

按:《解州志》记解州旧志历修姓氏:明嘉靖四年,林元叙,临海人,知州;吕柟,高陵人,判官。

冬十月,校刻《义勇武安王集》(六卷)成。

《泾野先生文集》卷4《义勇武安王集序》:王集,元季巴郡胡琦已尝编刻,名《关王事迹》,国朝解郡守相继者又增刻二三次。然今板本模糊,文字缺谬,则已不可传远。间方理《解志》并厘王之世传,窃欲校刻此集,未能也。乃潜江初公巡按是地,爰有是命,又惧耗费损民,非王所欲,即以其香火余金充工食费。于是柟遂得申次其文,裁删其冗,采补其缺,或考诸蜀记,或质诸本史,或访诸《当阳志》,或问诸常平里,而王集成,凡六卷。

按:明隆庆元年刻本《重编义勇武安王集》吕柟序文末有"嘉靖四年冬十月既望,后学高陵吕柟撰"一句。

十二月,于河东书院校刊《司马文正公集略》(三十二卷)成。

《司马文正公集略序》(嘉靖四年吕柟刊本):《司马先生传家集》,柟在史馆得之于侍读安阳崔子钟,以简袠重大,取其要,急属吏抄出,曰《集略》,凡三十二卷。未及对读,崔子迁南大司成,柟谪判解州。今年秋,潜江初公见《集略》而爱之,曰:“温公致君泽民之道,尽在于是,不可以莫之传也,且解夏乃其故里,尤宜急行。”于是命柟校刊于河东书院。然是书既经吏手,字多讹漏,遍访蒲、解,皆无畜本,特以意见校正,付梓人氏。末复得是书于沁水李司徒及运城张学士家,欲全刊之,业已垂半,乃以类补附,亦少完矣。……嘉靖四年十二月乙酉,赐进士及第、平阳府解州判官后学高陵吕柟谨序。

按:此书为司马光《传家集》的节略本。吕柟序又见《泾野先生文集》卷4。

嘉靖五年丙戌(1526)　　四十八岁

春正月,刻《周子抄释》(二卷,附录一卷)于解梁书院。

清李锡龄惜阴轩丛书本《宋四子抄释·周子抄释序》:柟自幼诵濂溪周子一二言,即中心爱之,如睹其人。若当清风明月下诵之,更无他文字可好,第恨未多见其书耳。既举后,得全书刻本于宁州吕道甫氏,又恨编次失序,雅俗不伦。暇尝第其先后,因演其义于各章之下,分为内、外二篇。既谪解,而巡按潜江初公亦甚好焉,遂命刻之解梁书院。於戏!周子精义具载此书,盖入孔颜之门户也。虽微演亦可通,但始学之士因其演,味其言,即其意,思其人,则必不以文字焉视斯书矣。嘉靖五年春正月,后学高陵吕柟序。

按:明嘉靖于德昌刻本《泾野先生文集》卷4收有此序,题为《周子演序》。

三月,刻《张子抄释》(六卷)于解梁书院。

清李锡龄惜阴轩丛书本《宋四子抄释·张子抄释序》:横渠张子书甚多,今其存者止二《铭》《正蒙》《理窟》《语录》及《文集》,而《文集》又未完,止得二卷于三原马伯循氏。然诸书皆言简意实,出于精思力行之后。至论仁孝、神化、政教、礼乐,自孔孟后未有能如是切者也。顾其书散见漫行,涣无统纪,而一义重出亦容有之。暇尝粹抄成帙,注释数言,略发大旨,以便初学者之观省。谪解之第三年,巡按潜江初公恐四方无是本也,命刻诸解梁书院以广布云。嘉靖五年三月辛丑，后学高陵吕柟序。

按：明嘉靖于德昌刻本《泾野先生文集》卷4收有此序，题为《横渠张子抄释序》。据吕柟序文可知，当时因未见张载的《横渠易说》，故刻于解梁书院的《张子抄释》中没有此书。后吕柟于嘉靖十七年(1538)从他处获得《横渠易说》刻之，见《泾野先生文集》卷11《刻横渠先生易说序》。

三月，刻《二程子抄释》（十卷）于解梁书院。

清李锡龄惜阴轩丛书本《宋四子抄释·二程子抄释序》：二程子明斯道于宋室盛时，其言行多发孔孟之蕴，人若有良心未死者，读之未尝不忘寝食也。柟年十七八时，尝梦明道及吕东莱立泾野草堂之上，而柟升阶质疑聆其语论，虽梦中亦豁然以为东莱远不及也。以后动静起居，时复思见。但愧恨未学，实未有所得耳。既举后，得全书于安阳崔子钟氏。每讽诵之，益不能释手。但解说"六经""四书"之语，与门弟子问答行事之言，统为一书，则浩大繁博，初学观览不无难焉。暇尝抄出心所好者，集为八卷凡二十九篇，稍释其下，以备遗亡，而于诗、文亦抄出数篇，以为外卷。巡按潜江初公见之，命刻诸解梁书院，而以其赎罪金纸作工食费，则斯《抄释》其是也。柟何敢隐其非也，柟又何敢以掩哉。始学之士，倘因是而求二夫子之志，以溯孔孟之道，则亦其有小补乎。其传是书之门人姓氏名地亦叙列诸后。嘉靖五年三月辛丑，后学高陵吕柟序。

按：嘉靖于德昌刻本《泾野先生文集》卷4收有此序。

暮春三月，与巡盐御史初杲、储邦抡（号谷泉）等会于海光楼。

《泾野先生文集》卷4《海光楼别序》：丙戌春暮，寔惟首夏，内滨初公巡盐且满。于是，百愚马公来自蒲解，谷泉储公来自猗氏会饯焉，内滨子将宴之海光楼，三公皆命判亦来。……初会于河东察院之后室，再会于运学之明伦堂，其三会则在海光楼。

七月三日，至平陆，与初杲、储邦抡、刘羽中（号虞川）同谒禹庙、观黄河底柱。

《泾野先生文集》卷16《观底柱记》：底柱在平陆县东五十里，大河自蒲津西来，至是微折而南，是柱正当转曲之间。……今年三月内滨初公、谷泉储公及柟约往观之，期至秋初，盖谷泉子之行吉也。乃七月三日至平陆，同刘虞川四人缘河北岸崎岖而东，至其下登拜禹庙。……（五年七月五日记）。

底柱之游后，又与初杲、刘羽中同游傅岩。

《泾野先生文集》卷4《谒傅岩祠诗有序》：傅岩在平陆县东二十里，里曰商贤，有水曰圣人涧，为说版筑之所。……今年七月，送谷泉储公南还。已而随内滨子北谒岩祠，展拜既毕，登眺岗陵，顾瞻原隰，见群山四围，大河东绕，郁郁苍苍，浑浑灏灏。……内滨子乃命平陆知县王绅葺其祠坊，刻其诗于石。

七月，校刻《文潞公集》（四十卷）于解州。

《刊文潞公集略序》（嘉靖五年高陵吕氏刊本）：《潞国忠烈公文宽夫集》凡四十卷，盖其少子维申讨求追辑以成帙，而叶尚书少蕴所为序行者也。今版本不传久矣。沁水李司徒公叔渊家有抄本，字多差讹也。他日，巡按山西潜江初公启昭命柟校刊《司马文正公集》。李公曰："《文潞公集》亦不可以莫之传也。"乃以其本付解州，柟得而校正其十七八焉，初公遂命平阳守王子公济刊木以行。嗟乎！公之集诚不可以莫之传也。柟尝谓文行无二道，知行惟一理。其知真者，其行至；其行高者，其文实。……嘉靖五年秋七月，赐进士及第、平阳府解州判官、前翰林院修撰经筵讲官高陵吕柟序。

按：序又见《泾野先生文集》卷4。

八月，送初杲至平陆。

《泾野先生文集》卷4《古虞话别序》：内滨初公巡盐既满，柟送之平陆，以待南厓沈公之至。乃竹轩邓公方有三边查盘之差，行次陕州，遣使来讯。内滨子发吏走邀，竹轩子即星言巾车，辰过黄河，共止行台。内滨子开宴竹坞，吕子陪酌。……是宴片饷得诗七首。明日，虞川刘柱史亦至，柟宴诸河东精舍，得四首。又明日，内滨子送之金鸡堡，得诗六首。乃取卷书之，以赠竹轩子。

《泾野先生文集》卷4《古虞秋意诗序》：内滨初公巡盐既满，行次平陆，以俟南厓沈公。时沈公阻水稽程，公乃与虞川刘子及柟游览风物，立题赓联以待焉。……八月之末，送竹轩邓公至店头，有连城作。柟自解入平陆、过横岭，公自安邑入平陆、经石槽。二诗皆五言。

吕柟与蒲州知州华湘及谢豸、史鲁、刘一中、刘仕等人同游雷首山。

《泾野先生文集》卷4《竖首阳山东向石刻序》:夷、齐采薇处,自束发慕之而未至也。即过蒲,南畹华原楚约南山谢应宪、首山史宗道、龙谷刘贯道暨舍亲沮滨刘以学同谒祠墓。……南畹名湘,海陵人,以光禄少卿谪知蒲州。南山名豸,前按察佥事。首山名鲁,前给事中。龙谷名一中,前进士。皆郡人。沮滨名仕,刑部郎中,中部人,以减刑至是,而待予东来者也。

《泾野先生文集》卷4《丹心常在图序》:刑曹刘君以学以恤刑至山西,次至省台,时丙戌十月矣,台院诸葵已枯。以学宿十日,而葵复荣,红白碧紫,烂熳堦砌。

南大吉罢官回乡,在渭南讲良知学。

冯从吾《关学编》卷4《瑞泉南先生》:嘉靖癸未,知绍兴。……越丙戌,先生入觐,以考察罢官。先生治郡以循良重一时,当事者以抑王公故故斥之。……先生既归,益以道自任……阐明致良知之学,构湭西书院,以教四方来学之士。

按:南大吉回到渭南后,先后讲学于所居之地秦村以及启善寺和湭西书院,直到嘉靖二十年(1541)卒。其后继续在关中传播良知学的是其弟南逢吉。南逢吉在嘉靖十七年(1538)中进士之前即与其兄在家乡讲学,后来从山西按察司副使任上致仕后,又在渭南建姜泉书院讲良知学。

南逢吉(1494—1574),字元真,一字元命,号姜泉,南大吉之弟。嘉靖二年(1523),南大吉出任绍兴知府,随其兄于任,当时正值王阳明倡道东南讲良知学,遂与其兄一同师事之。嘉靖十七年(1538)中进士,官至山西副使备兵雁门。著有《姜泉集》《越中述传》《订注会稽三赋》等。传见马自强《山西按察司副使南公逢吉志铭》(见焦竑《国朝献征录》卷97)、张骥《关学宗传》卷21《南元真先生》。

嘉靖六年丁亥(1527)　四十九岁

二月,康海至解州访吕柟。

按:见《泾野先生别集》卷9《二月十九日迎对山康子于中条山南上作八

首》。

《泾野先生文集》卷16《别解梁书院记》:予于嘉靖三年八月抵任,九月即谋斯举于前守林南江。……然仰山堂成,而对山康子适至,题其前曰"彝伦攸叙",置对一首。……扁先门为"解梁书院"。……盖三年而始成。

冬,由解州判官转官南京吏部考功郎中,居柳湾精舍讲学。时邹东廓亦由广德州判官转南京主客郎中,此后三年,二人相互往来论学不断。

《泾野先生文集》卷5《送提学四川我斋蔡君序》:丁亥之冬,予南转考功,闻我斋适同僚宷,乃欣然就道,求偿素怀。比马过东葛,而我斋已遣吏迓予黄严山中。及解州江口,方兴邸舍之念,而我斋已遍国中为予问屋,得之柳树湾西,实予心所欲也。……他日,我斋方约期定程以讲学,而四川提学之报至矣。

冯从吾《泾野吕先生》:丁亥,转南吏部考功郎中。解梁门人王光祖谓"先生在解三年,未尝言及朝廷事"。为考功,躬亲吏牍。……时东廓亦由广德移南,盖相得甚欢云。

张时彻(号东沙)来访于柳湾精舍。

《泾野先生文集》卷7《赠张惟静提学序》:南京礼部仪制郎中东沙张君惟静既有江西提学副使之命,其僚秦懋功、吴宗仁来问言。泾野子曰:"昔者予之初渡江也,即劳东沙枉问予于柳树湾中,遂获与东沙游。……"

嘉靖七年戊子(1528)　　五十岁

二月,潞州仇栏至南京来访,询乡约、书院之事。

《泾野先生文集》卷5《送仇时闲北还序》:今年予官南都,二月之夕,灯已久张,有报时闲至者,予且信且疑,曳带以迎,则深衣幅巾,垂绅絇屦,已在门矣,曰:"甲申七月之会,于栏心终不忘,且柏斋、豁田二公,久仰之而未睹也。……"

《泾野先生文集》卷29《明义官仇君时淳墓志铭》:君兄弟三人:长楫,宿州吏目;季栏,郡医学训科,致仕隐居,专治儒书,尝从予游;君其仲也。……七年,改正本村东岳庙为里社坛,祀土谷之神,恐礼未允,乃遣医官之南都谒何柏斋、马谿田及予三人就正，兼询乡约、书院事宜，三人各有撰记。

秋，安徽歙县程惟时访吕柟于柳湾精舍。

《泾野先生文集》卷6《送别程惟信诗序》：戊子之秋，歙进士程惟时访予柳湾精舍，语论契合，别久怀思。

《泾野先生文集》卷33《赠程惟时语》：惟时于戊子之秋谒予柳湾精舍。比察其后也，守贫不谒公府，信经不惑异说，事母不以形声；遇同侪殁于途者，虽非其戚也，倡义棺敛，言于要路，使有所归；则于其弟惟信之死，心动而先驰，既殡而恒泣者，皆出因心之感，又非人所能与也。

王光祖（字克孝）自解州至南京，继续从学于吕柟。

《泾野先生文集》卷6《送王克孝还解州序》：昔予之判解也，克孝从予游且三年矣。……他日，予改官南都，克孝不忘往日之聚也，束装买舟，泛黄河，渡大江，屡濒于风波之险，以至金陵，谒予于柳湾精舍。当是时，予足病甚剧，方欲徙鹫峰东所也。

嘉靖八年己丑（1529）　五十一岁

三月，与友人同游南京燕子矶。

吕柟《十四游记·游燕子矶记》：己丑之岁三月丙辰，虚斋王子崇邀弘斋陆伯载及予同游于燕子矶，盖讲之去秋而今始践之者也。

三月之暮，与僚友潘颖、秦仪、李清、胡廷禄、顾梦圭、况维垣同游灵谷寺。

《泾野先生文集》卷17《游灵谷记》：三月之暮，五山潘子约诸僚同游于灵谷，予以足疾不能远焉，赁舆先往。盖灵谷之松亘四五里，周几十余里，东至木公山以为界。……往年同南桥李子日午而始往，不久即返，未尽其奇，于心恒不忘。……五山名颖，字叔愚，宁海人。双山名仪，字相之，临桂人。南桥名清，字介卿，龙阳人。在轩名廷禄，字原学，云南人。雍里名梦圭，字武祥，昆山人。郭山名维垣，字翰臣，高安人。

四月六日，邀诸友同游高座寺。

吕柟《十四游记·游高座记》:五山子既有灵谷之游,予欲南游高座寺,未有期也。乃四月五日,予适有斗酒、双鸡,欲邀诸僚于部选官厅,而予方查吏册未毕,毕则诸僚多归,尚获邀五山、在轩二君以共酌。……遂发请。明日,公退。南桥先至,予始至。未几,五山、在轩、郭山至。未几,雍里、双山至。……既乃北入永宁寺,上木末亭。……步过安稳寺……是寺僧皆衣蓝,言貌亦异,而游人绝踪。

四月九日,与诸友同游官署之竹林。

《泾野先生文集》卷17《游省中南竹坞记》:省中竹坞者,太宰厢房前之竹林也。……往年与江郎周子常饮歌其下。他日以告在轩胡子,胡子遂婴心焉,于四月九日欲召诸僚同酌是也。乃先邀至其司后堂,人为一席。……是时饭毕,在轩遂邀至南竹坞,列一席于竹间,乃言往者竹林七贤岂若此乎。

四月十二日,与诸友同游鸡鸣山。

《泾野先生文集》卷17《游鸡鸣山记》:鸡鸣山为南都之胜,久怀游览。改官南曹三阅年矣,未能以偿此愿也。予僚郭山况瀚臣于四月十二日公退之暇,邀诸僚同造焉,予策马以赴。

四月十七日,与诸友同游白鹤道院。先是约游梅花水,但是日大雨,遂改游官署附近的白鹤道院。

《泾野先生文集》卷17《游白鹤道院记》:四月十二日,鸡鸣山醉归,步过西华门,双山秦子曰:"十五日当请游梅花水。"云是日有堂上行,不坐部,可以出游也。……乃十五日有堂上,不果行,改十七日,双山亦又改至十七日。然是晨大雨,去梅花水实难,双山欲移游附近道院,云有故乡莲酒已开尊矣。……于是开宴于协律郎朱氏之白鹤堂。

四月十九日,与诸友同游牛首山,夜宿山中。

《泾野先生文集》卷17《游牛首山记》:牛首为金陵镇山,每登城中高处,辄见山之双角如牛状。往时僚友陈鲁南数言其胜,且言献花岩尤奇,示所撰志。抵南且三年半,未能一至。四月十九日,雍里顾子有牛首之邀。明日,南桥李子有献花岩之邀。……及期,予先出门,过承恩寺,憩僧白云方丈。

四月二十日，与诸友同游献花岩，夜宿花岩寺中。

《泾野先生文集》卷17《游牛首山记》：四月十九日，雍里顾子有牛首之邀。明日，南桥李子有献花岩之邀。……及期，予先出门，过承恩寺，憩僧白云方丈。

《泾野先生文集》卷17《游献花岩记》：南桥催赴献花岩，予与五山独先出禅林翠微以往，遇陡绝，则又下舆小步。……是时，日已近未，诸君先返，以赴来日坐部，予以倦病，不获同归。

五月五日，与诸友同游官署后堂之敬亭。

《泾野先生文集》卷17《游敬亭记》：五月五日，五山有敬亭之邀，而郭山顷亦折简来，云同五山子作端阳节饮也。至则吏已设席敬亭中西面矣。夫敬亭者，部后堂之题名亭也。……抵暮而后散。

夏，宜兴太学生杭封谒吕柟于柳湾精舍。

《泾野先生文集》卷6《杭泽西八十寿序》：己丑之夏，太学生宜兴杭锡贤封谒予于柳湾精舍。未几，持《日惺卷》以索题，予尝为之说上蔡以至曾子三省之学。

嘉靖九年庚寅（1530）　　五十二岁

升南京尚宝司卿。

雷礼《国朝列卿纪》卷45《南京礼部侍郎年表》：吕柟字仲木，陕西西安府高陵县人。……九年，升南京尚宝司卿。

同书卷165《南京尚宝司卿年表》：嘉靖九年由吏部考功司郎中任。

移居鹫峰东所讲学。

马汝骥《行状》：升南京尚宝司卿，乃复授学鹫峰禅寺，东南之士及门者益众。

马理《墓志铭》：升尚宝司卿。南士从游者益众，乃讲学于鹫峰寺中。

《泾野先生文集》卷6《送别程惟信诗序》：戊子之秋，歙进士程惟时访予柳湾精舍，语论契合，别久怀思。明年，其弟进士惟信亦获会焉，未稔也。又明年，移居鹫峰东所，惟信方业太学，乃数聚论学，情好亦笃。

夏，进贤章诏(字宣之)来学于鹫峰东所。

《泾野先生文集》卷8《章母朱氏七十寿序》：嘉靖庚寅之夏，宣之从予游于鹫峰东所，共学古道，暑不知扇，寒不知炉者，将三年也。

《泾野先生文集》卷33《别章宣之语》：章宣之自嘉靖庚寅六月移居鹫峰，当是时，宣之以满历不忍别予去，再处者又一年。今年七月七日，宣之以违母定省日久且还。

嘉靖十年辛卯(1531)　　五十三岁

四月，邹守益北上考绩，吕柟作《别东郭子邹氏序》，记述了与邹氏在南都论学的情景。

《泾野先生文集》卷7《别东郭子邹氏序》：予与东郭邹氏之在南都也，三年矣。每以居室之远，会不能数，然会必讲学，讲必各执所见，十二三不合焉。初会于予第，东郭曰："行即是知。譬如登楼，不至其上，则不见楼上所有之物。"予应之曰："苟目不见楼梯，将何所于加足，以至其上哉？"东郭亦不以为然。他日，同适太学，雪中行，已过长安街北矣，东郭曰："今之太学，非行安能知哉？"予指前皂曰："非斯人先知适太学之路以引马，予与子几何不出聚宝门外乎！"盖自是所讲数类此。……东郭且行，恐予犹懵然于是也，过予复论之，其爱厚之心甚盛也。然予终不能解，惟以前说宛转开陈，遂讲及执一之学、喜同恶异之弊，累数千言而后已，东郭子始少然之。恐东郭子别后，犹前说也，书之卷以赠。

按：邹守益于是年进京考绩，见宋仪望《邹东廓先生行状》、耿定向《东廓邹先生传》。

封吕柟继母侯氏为太宜人。

王九思《渼陂续集》卷下《明故诰封太淑人吕母侯氏合葬墓志铭》：嘉靖辛卯……天子郊祀，礼成，覃恩臣下，获封母为太宜人云。

八月，与友人再游南京燕子矶。

《泾野先生文集》卷18《重修义勇武安王庙记》：予尝两至燕子矶，谒王之祠庙于矶巅。其庙南面向江而开，尽收江山之胜，盖自隋唐以来有之。乃叹曰："王之灵，其妥于此乎！"……时同行者则前监察御史开州王公溱也，即为之转请，遂录其言以付之。在嘉靖辛卯之中秋日。

嘉靖十一年壬辰（1532）　　五十四岁

八月，休宁门人程爵刻《周子抄释》于由溪。

程爵《周子抄释序》：爵既刻《二程子抄释》，同门友曰："周子之书，孔孟之翼也，我师泾野先生释之，皆有益于圣学者，盖亦刻诸。"答曰："此爵之志也，惟愿诸友分读时，毋忘师所谓不以文字焉视之者，则爵不为虚刻矣。"诸友曰："然。"遂续刻诸由溪，原有内外二篇。嘉靖壬辰秋八月朔门人休宁程爵谨志。（见惜阴轩丛书本《宋四子抄释》）

八月二十一日，祁门谢顾与叔谢应熊来学于鹫峰东所。

《泾野子内篇》卷18《鹫峰东所语》：壬辰八月二十一日，顾与叔应熊谒先生于鹫峰东所，先生却其币。顾跪曰："'自行束脩以上'，学者之礼。"先生笑曰："拜即是礼，焉以币为？吾不能依本画葫芦也。"问学。曰："圣人教人，只是立志，志定则学成。"

九月六日，叶子大、黄日思、杨叔用、周宗道、倪维熙等至鹫峰东所，约吕柟游卢龙山（今南京狮子山），九月十四日成行。

《泾野先生文集》卷18《游卢龙山记》：嘉靖壬辰九月六日，叶子大暨黄日思、杨叔用、周宗道、倪维熙过鹫峰东所曰："泾野子僻居于此，久未远出，今登高节且至，盍为卢龙游，以续浴沂舞雩之风乎！"……遂于十四日至山，开宴于东道院老子堂中。……须臾，晚烟四起，皓月东升，遂偕诸友乘月而归，如前约。于是叔用次第其事，予览而正之，作《游卢龙山记》。

十月二十九日，门人陈昌积（字子虚）、胡大器（字儒道）告归，吕柟与诸弟子饯之于秦淮寺中，论知先行后。

《泾野子内篇》卷18《鹫峰东所语》:(十月)二十九日,陈子虚、胡儒道告归,先生及诸友饯之秦淮寺。……昌积又问:“昨见人谓‘意之发动处就是行’,如何?”先生曰:“固然,然知略或先些。如今日饯二友于寺,亦必先遣人来视客之有无,察地之污洁,容人之多寡,然后行无窒碍。使先不为之谋,则或为他人先入,宁不有误!”

十一月,弟子章诏将归省其母,问寿序,告之以孟子“扩充”之学。

《泾野先生文集》卷8《章母朱氏七十寿序》:今壬辰仲冬,宣之告归省,偕其友陈昌积拜曰:“诏即还进贤省吾母矣,吾母明年九月六日则七十之诞期也,欲请一言以为寿,可乎? ……”曰:“宣之无以予之不似子思而不以孟氏自勉也。孟氏之道,虽不外出于仁义,而其学则惟在于扩充。且即朱夫人之五德而充之,充其孝,则所以忠君者至;充其勤,则所以居业者备;充其恭,则所以事长者笃:充其慈,则所以子民者切;充其惠,则所以处僚寀朋友者周。是谓立身行道,以显父母,扬名于后世,将使朱夫人寿数千岁而未艾,上可与孟母仉氏等埒,顾不可乎?”

嘉靖十二年癸巳(1533)　　五十五岁

在南京。是年考绩,王廷相撰《送泾野吕先生尚宝考绩序》、欧阳德有《泾野吕先生考绩序》。

王廷相《送泾野吕先生尚宝考绩序》:士惟笃行可以振化矣,士惟实学可以经世矣。……余取友于天下,得有道者二人焉:河内何粹夫、高陵吕仲木是已。彼二子者,笃契往哲,几于圣轨,求诸今之世,盖绝无而仅有者也。……仲木为南京尚宝卿三年,将奏最于天官氏。

嘉靖十三年甲午(1534)　　五十六岁

春,以考尚宝卿绩进京,至真定,得升太常寺少卿之报,未至京而回,取道山西榆次,祭拜友人寇天叙。

《泾野先生文集》卷27《兵部右侍郎涂水寇公墓志铭》:公讳天叙,字子惇,姓寇氏,别号涂水,以其邑榆次之南有涂水云。……(癸巳)十一月二十六日终于宦邸之正寝，距生成化庚子，年五十有四岁。……阳卜明年嘉靖十四年二月某日葬公于城西祖茔之次。今年春，予以公务取道榆次以哭公。

《泾野子内篇》卷19《再过解州语》：先生考尚宝绩至真定，得迁太常报，未至京而回，哭寇司马于榆次。

至解州祭弟子王光祖。

《泾野子内篇》卷19《再过解州语》：先生考尚宝绩至真定，得迁太常报，未至京而回，哭寇司马于榆次。又痛王克孝之殁也，由弘芝抵龙居，哭其墓尽哀。克孝父经府君请即其家。……少焉，经府设席过劝，托以痰火不饮；与坐诸生皆起劝，再以痰火辞。及劝之力，方曰："我为克孝有一日之哀。同坐有能饮者，勿为我嫌。"诸生亦皆不饮，悲惨移时。

《泾野先生文集》卷18《明诚精舍记》：明诚精舍者，太学生解人王克孝光祖之所建也。……克孝既去之明年，予以公务北行，闻克孝卒矣。他日，路至真定而西取道，乃过哭克孝之墓。经府君乃邀予至其家，见明诚精舍，谒先师诸贤之祠，规模峻整，堂宇幽邃，宛然如与予所谈者。

至解梁书院。

《泾野子内篇》卷19《再过解州语》：乃南过州，居察院。诸生相谓曰："书院乃吾师所建，今日来，亦为书院之兴废，及我辈肄业其中者之勤惰耳，可复入院。请移居书院，以破诸生之愚。"其日夕，合用之物皆理葺完具以待。明日，将移居，先过谒乡贤祠。仍问各斋肄业者姓氏，乃坐考德堂。举才呈课业，看到诗，则说："作了这许多诗也，为学不宜多及此。"

至王官谷，谒司空表圣祠，夜宿白云洞。

《泾野子内篇》卷19《再过解州语》：先生西行诣王官谷，乡约、诸生后从。适临晋焦尹远迎至土乐庄，庄有薛生良佐，门人也。献饭已，出庄外，命乡约皆回。……诸生从至王官，谒表圣像。焦尹宴于聚仙堂。……先生寝白云洞。旦日，风雨交加阻行，焦尹尤恳留。仍坐聚仙堂，命吏持纸，书二绝赠焦尹。……先生西过蒲坂，诸生送至大河东岸，诸生乞留教。先生曰："六月当会于陕州，尔等其勉力哉！其勉力哉！"遂把棹，再揖而去。诸生临流瞻望，舟过河西登岸乃退。然多有泣下者，无异往日初里解之时也。

《泾野先生文集》卷18《新建王官书院记》:王官谷在蒲州临晋县之南六七十里……今年甲午,予再过此谷,不觉且十年矣。乃临晋焦尹毁寺拆观,请诸提学曹公改为王官书院,且请予作牌坊,并题表圣祠扁,而又以书院记请予为之。……书院落成在嘉靖十三年某月某日。

六月,至武功贺康海六十之寿。

《泾野先生文集》卷5《寿对山先生康子七旬序》:对山先生康子先岁之六旬也,柟适过家,约作寿序一首。

按:康海(对山,1475—1540)生于成化十一年(1475)六月二十日,是年六月六十岁。见《泾野先生文集》卷32《对山先生康公墓表》。

升南京太常寺少卿,迎继母侯氏来南京。

王九思《明故诰封太淑人吕母侯氏合葬墓志铭》:甲午夏,泾野君迁南京太常寺少卿,乃奉母于南,以地多卑湿,乃逾年而归。

雷礼《国朝列卿纪》卷45:(嘉靖)十三年升南京太常寺少卿。

按:吕柟升南京太常寺少卿的时间,马理《墓志铭》记为嘉靖十一年壬辰(1532):"壬辰,升南京太常寺少卿"。马汝骥《行状》亦记为壬辰。由上述所引材料可知马理、马汝骥所记有误。

在太常寺,禁道士俗装,革太常之弊。

李开先《泾野吕亚卿传》:往时太常会饮皆役乐籍,更有杂差,先生悉与宽免。禁革道士俗装。每月朔望,令演乐二次。

冯从吾《泾野吕先生》:迁南太常少卿。往太常讌乐甚亵,先生悉革之。

讲学于太常南所,四方从游者日众。当是时,讲学日盛,然或未免空谈,吕柟主张既要探讨"四书""五经"中的义理,还要身体力行之。

薛应旂《泾野先生传》:及迁尚宝卿,历太常少卿,吏事简省,四方从游者日众,先生乐于成人,应接不倦。是时海内讲学者相望而起,然或未免空谈,先生与诸生约,每会即以"六经""四书"质正,就于其中探讨精义,勉其体认践履。……闻着多感发兴起。其训释经籍,皆躬行心得之言,有程朱所未发者,故所至学徒如云滃雾集。

冯从吾《泾野吕先生》:先生在南都几九载,海内学者大集。初讲于柳湾精舍,既讲于鹫峰东所,后又讲于太常南所。风动江南,环向而听者前后几千余人。

嘉靖十四年乙未(1535)　　五十七岁

夏,讲《论语》于太常南所,建昌王子难来学。

《泾野先生文集》卷19《世德流光堂记》:嘉靖乙未之夏,予讲《论语》于太常南所,时建昌王子难来谒。未几,予改官太学,子难同诸友送至扬州,时子难微恙,予苦劝还南都,然予心犹日惓惓然未惬。

《泾野先生文集》卷12《赠周怀玉之任序》:乙未之夏,予讲《论语》于太常南所,尝论仲弓之敬简非止坤道,颜子之不迁怒贰过可至位育。

七月,升国子监祭酒。

《国榷》卷56:嘉靖十四年七月,南京太常寺少卿吕柟为国子祭酒。

雷礼《国朝列卿纪》卷45:十四年升国子监祭酒。柟笃实率人,勤于训迪,每有条约,动遵古义,经书子史,博读详玩,并有发挥。门下环向请益,耳听口授无倦容,无择言。

继母侯氏因南京气候过于潮湿,难以适应,于是年归高陵。

王九思《明故诰封太淑人吕母侯氏合葬墓志铭》:甲午夏,泾野君迁南京太常寺少卿,乃奉母于南,以地多卑湿,乃逾年而归。

在北京国子监,见监规松弛,作《监规发明》,又让诸生讲习礼乐,"国子诸生自是知所检束,而弦歌之声,礼让之俗,洋洋于京师首善之地矣"。

马汝骥《行状》:乙未,升国子监祭酒,首发明《监规》,教人以正心为本,忠孝为先。取《仪礼》及为《诗乐图谱》,俾诸生讲肄。每试,刻文之优者,以式多士。复申明《监规》五事,上皆允行。公在监,诸生有疾,必问而医;有死者,必哭而归骨其乡;有丧,必吊且赙;有孝廉着闻者,则识诸簿榜以旌之,又先拨历示劝。仍奏减历,以通淹滞。于是两厅六堂诸属皆观法清慎,诸生皆以德行道义相先,而礼乐并行,声容俱美。诸公侯子弟皆率教乐学,诸观政进士及历事举人数就而问业，中官沈东亦时至听讲。

《泾野先生文集》卷11《监规发明序》：《国子监规》乃太祖高皇帝为诸监生作也。……故诸生入监者，必先读《监规》而后治余书。近见诸生率艰于背诵，又或择其易读者，舍其难读者，于是《监规》虽已行，实未为诸生有也。……柟自莅任以来，深惧浅薄不胜其职，以负我圣皇委任之意，乃日诵《监规》，条释其下，详演推广，如异代诸儒笺注"五经""四书"者，使诵读之顷，因传以求经，不以为难，又知字字句句皆道之所在，不可有所择而或舍之也，因名曰《监规发明》云。

有人以"敬敷在宽"加以规劝，吕柟指出，"师严然后道尊，道尊然后民知敬学"。

薛应旂《泾野先生传》：乙未，进比国子祭酒。时监规久弛，先生发明揭示，动以身教。一二贵游子弟有不率者，即绳之以法，不少假借。于是咸知所从事而乞差争拨之蔽风顿息。或有以"敬敷在宽"规先生者，先生曰："宽非纵驰之谓，乃日刮月劘以要其成，而不责效于旦夕，故谓之宽。然云敬敷，则不可不谓之严矣。古称师严然后道尊，道尊然后民知敬学，其意正谓是也。今人才渐不如古，岂真古今人不相及哉？内则祭酒，外则提学，皆有师道，而以教人为识者，率多姑息假借，而不知人才之日流也。甘临希悦，违道干誉，且非治民所宜，矧以之教士哉。"规者不以为然，而先生持之愈坚。国子诸生自是知所检束，而弦歌之声，礼让之俗，洋洋于京师首善之地矣。

嘉靖十五年丙申（1536）　　五十八岁

七月，编刻《仪礼图解》。

《泾野子内篇》卷23《太学语》：七月中，编刻《仪礼图解》书成。

《泾野先生文集》卷11《仪礼图解序》：近蒙圣恩，误授今官，图报靡称。伏睹圣皇以礼乐为治，而太学尤礼乐所先之地。用是仰承德意，旁求《仪礼》图本，偕其僚童公思与在监习礼公侯伯及诸士子演行，使知揖让进退之节，以沐圣上《菁莪》《棫朴》之教，而效雍熙太和之化也。

八月，编刻《诗乐图谱》。

《泾野子内篇》卷23《太学语》:八月中,编次《诗乐图谱》书成。

《四库全书总目提要》卷38《钦定诗经乐谱》:又考嘉靖十五年国子祭酒吕柟著《诗乐图谱》共六集,分为六谱,以教六馆诸生。

八月,完成《朱子抄释》。

清惜阴轩丛书本吕柟《朱子抄释序》:予在江南日,徽中士从予游者请刻《朱子抄释》,予诺之,未有以应也。比守太学,徽士戴冠辈十余人复以是请。予乃取朱子门人杨与立所编《语略》者,遗其重复,取其切近,抄出一帙,释其下,以便初学阅览。……嘉靖十五年丙申秋八月己丑国子监祭酒吕柟序。

八月,刻《宋四子抄释》。

清惜阴轩丛书本吕柟《宋四子抄释总序》:宋四子者,濂溪周子、明道程子、伊川程子、横渠张子、晦庵朱子也。朱子曰:"程氏兄弟二人,其学既同,其言无异,遂统称程子云。"故曰"宋四子"也。……比予既守太学,其诲诸士,每称四先生之言为入"五经""四书"之门户也。于是徽中戴冠、胡大器、黄卷、汪云、黄本静、汪克俭、洪钊、胡其仁、黄登诸士侍侧曰:"是刻诸江南者之三子书也,冠辈尚能诵之,但恨未能博及天下之士耳,愿暨同志友曹颢、罗琼、吴时叙、黄锡、吴文达、汪凤梧、汪櫓、汪一中,自为校写重刻,并请《朱子》者以加诸梓,使海内游太学者,皆得诵习四先生之言,以求为孔子之道,当见士风可正,民俗可移,不尤愈于一由溪、江都之行乎!"予然其言,遂并《抄释朱子》以附之。于是冠辈持是书,请博士南海萧子日强、莆田郑子汝舟重加校正,遂入诸木,曰《宋四子抄释》云。嘉靖十五年秋八月己丑国子监祭酒吕柟序。

按:《宋四子抄释》即《周子抄释》《张子抄释》《二程子抄释》《朱子抄释》,此次为第一次合刻。

八月,升南京礼部右侍郎。

《国榷》卷56:嘉靖十五年八月,国子祭酒吕柟为南京礼部右侍郎。

雷礼《国朝列卿纪》卷45:十五年,(吕柟)升南京礼部侍郎。

王世贞《弇山堂别集》卷56《卿贰表・南京礼部左右侍郎》:吕柟,陕西高陵人,由状元十五年任右,十八年致仕。

讲学于南京礼部南所。

冯从吾《泾野吕先生》:东南学者喜先生复至,益日纳履其门,乃复讲于礼部南所。

十月,皇太子生,赠吕柟之祖与父为南京礼部右侍郎,赠封祖母、生母、继母及妻李氏为淑人,次子吕畇荫入太学。

马汝骥《行状》:时皇太子生,以覃恩得赠祖及父如己官,祖妣、妣、继母及妻俱得赠封淑人,次子畇荫入太学。

李开先《泾野吕亚卿传》:皇太子生,蒙恩阶通议大夫,父祖俱赠礼部侍郎,魏、刘二祖母、生继二母及其配俱封赠淑人,荫次子畇为国子生,署吏部事。

按:皇太子指庄敬太子朱载壡,于是年生,嘉靖三十一年(1552)病逝。见《明史》卷一百二十。

嘉靖十六年丁酉(1537)　　五十九岁

二月,弟子胡大器将吕柟在解州与南京时所写游记合编为《十四游记》并进行刊刻。是书包括《游王官谷记》《游龙门记》《观底柱记》《游傅岩记》《游雷首山记》《游涑水记》《游燕子矶记》《游灵谷记》《游高座记》《游省中南竹坞记》《游鸡鸣山记》《游牛首山记》《游献花岩记》《游卢龙记》,并附录诗31首。

胡大器《十四游记序》:《十四游记》者,我师泾野先生政暇游山随所至而记之者也。前六篇在解州作,而条山、黄河之胜具见之矣。后八篇在南都作,而钟阜、长江之灵具见之矣。……器遂梓以传,曰:"将使漫游者知所儆也。"其诗亦附刻于后。嘉靖丁酉春二月门人休宁胡大器顿首书。

六月,在高陵,修筑先人墓茔。

《泾野先生文集》卷19《茔芝记》:嘉靖丁酉七月十六日,予自高陵发程南来。……六月中,予筑先茔垣,仰思予祖、予考:"凡役用人力,禁取在官者。"予承其意,出所积俸金,就土工以从事,县大夫发来夫丁,皆遣去。

按:吕柟曾于是年三月因公事入京,《泾野先生文集》卷19《云章楼记》:

"云章楼者,今春坊谕德渐山屠君文升居第之楼也。……问记在嘉靖十六年之三月,以予因公事入京也。"故此次回乡应为三月入京返回时而便道归省。

七月初,至鄠县祝贺王九思七十寿辰。

王九思《美陂续集》卷下《次男渭墓志铭》:嘉靖丁酉……其年秋,予寿七袠,对山康先生、泾野吕先生皆至。

按:据《泾野先生文集》卷19《茔芝记》:"嘉靖丁酉七月十六日,予自高陵发程南来。"可知吕柟前往鄠县的时间当在七月初。

八月,上《庆贺皇第六子生疏》。

《泾野先生文集》(万历李桢本)卷31《庆贺皇第六子生疏》:臣等接到邸报,伏睹圣谕:嘉靖十六年八月二十八日,皇第六子生,钦此。

上《公荐举以备任用疏》,推荐将才数人。

马汝骥《行状》:署南京吏部印,乃疏荐时贤备任用,又荐将才数人。

按:吕柟奏疏见《泾野先生文集》(万历李桢本)卷31。

冬,次子吕畇入太学读书。

《泾野先生文集》卷19《茔芝记》:嘉靖丁酉七月十六日,予自高陵发程南来。……是年冬,畇赴太学去。今年二月,畇自京师回,遂图画前芝寄南都。……芝图至南都在今戊戌年三月初四日,因记之以示来世。

十二月,上《庆贺皇第七子生疏》。

《泾野先生文集》(万历李桢本)卷31《庆贺皇第七子生疏》:臣等接得邸报,伏睹圣谕:嘉靖十六年十二月二十九日,皇第七子生。

嘉靖十七年戊戌(1538)　　六十岁

刻《横渠先生易说》(三卷)。

《泾野先生文集》卷11《刻横渠先生易说序》:予访《横渠先生全书》有年矣,往在解州刻其《东》《西铭》《正蒙》《理窟》《语录》并《文集》一二卷,其他未之见也。去年,苏州举人黄省曾谒予,言及之,获此《易说》。暇尝披阅,其言简质实,于发经、开物、修身、教人甚切也,当为先生之书无疑矣。予窃谓《易》本为人事而作,虽历四圣,其究一揆,非专说天以道阴阳也,故孔子以君子行此四德,解《乾》元亨利贞,示诸卦爻,皆此例耳,今以质诸《易说》益笃焉。太学生刘椿、程爵谒,见此书,好爱之。椿请入梓,爵同校正,则先生之《易》固与程《传》、朱《义》并行于世不泯也。

按:根据今存嘉靖十七年吕柟刻本《横渠先生易说》可知刻于是年。

王承裕卒,年七十四。

按:王承裕,见弘治六年癸丑(1493)条。

嘉靖十八年己亥(1539)　　六十一岁

春,先后上《陈愚忠以重礼教疏》与《慎重山陵大礼疏》,请世宗停止亲视山陵及慎重大礼。

马汝骥《行状》:己亥春,累疏乞停止亲视山陵,及慎重大礼,上悉纳。

李开先《泾野吕亚卿传》:上将躬视承天显陵,累疏劝止,俱留中未出。

按:吕柟奏疏见《泾野先生文集》(万历李桢本)卷31。

五月,入京师进表,道经河南,见饿殍盈途,嘱所在郡县葬之。

马汝骥《行状》:五月,复进圣节表,道过河南,见饿殍盈途,语所在郡县墐之。

《泾野先生文集》卷19《许昌新建乡约所记》:嘉靖己亥之夏,予自南都捧表北上,道出汴梁,许州守运司张幼养方以公差在汴,谒予于行署。

李舜臣《刻泾野先生文集序》:己亥,捧表入贺皇太子正东宫位。

七月,上疏致仕。

马汝骥《行状》:抵京,值奉先殿灾,例自陈,上允其致仕。公既与阁臣忤,及入京,乃阁臣先来见,馈之酒肉,语款而礼勤。已,乃得致仕,阁臣意也。

王九思《明故诰封太淑人吕母侯氏合葬墓志铭》:己亥秋,泾野君致仕归于家。

《国榷》卷57:嘉靖十八年七月丙子,南京礼部右侍郎吕柟自陈致仕。

归后,建北泉精舍讲学。

冯从吾《泾野吕先生》:归而讲学北泉精舍。

《泾野先生文集》卷13《寿对山先生康子七旬序》:今岁庚子,先生年已六旬又六,且望七旬矣。……去岁还山,辱先生枉问予北泉精舍,予同友人饯之西郊。

按:据《寿对山先生康子七旬序》所述可知北泉精舍建于此年。

康海来访于北泉精舍。

《泾野先生文集》卷13《寿对山先生康子七旬序》:今岁庚子,先生年已六旬又六,且望七旬矣。……去岁还山,辱先生枉问予北泉精舍,予同友人饯之西郊,因论及用人事。

嘉靖十九年庚子(1540)　　六十二岁

二月,赴三原,与康海会寿马理。

《泾野先生文集》卷13《寿对山先生康子七旬序》:今岁庚子,先生年已六旬又六,且望七旬矣。……今岁二月,会寿于豁田马子,因举所闻浚川王子与栢斋何子书论圣人有变通不执泥。

十二月,康海卒,吕柟与马理至武功吊唁。

《泾野先生文集》卷32《大明前翰林院修撰对山先生康公墓表》:对山先生讳海,字德涵,姓康氏,西安府乾州之武功人也。……其殁也,予从豁田公会哭问后事,同诸弟检诸箧笥,止百余金。……先生生成化乙未六月二十日,卒嘉靖庚子十二月十四日,寿六十有六岁。卒时命以山人巾服殓。

嘉靖二十年辛丑(1541)　　六十三岁

四月,次孙吕师伊病卒。

《泾野先生文集》卷19《泾野吕翁之次孙永宝圹砖记》:其次孙师伊永宝,

则次子监生畇娶邑人张耆老公兰之女金所生者也。……今年三月，生二岁又九个月，将三岁也。……既旦，则四月二日，宝已乱，不能言，辰巳之间殁矣，予深悔疮曳之时未能救也。……至六十，同南都九卿冬至节会于礼部，诸老多言寒甚，有钱尚书者言潞紬可作小袄，老人骨寒，宜用之。予自是始置一紬袄，今服之四年未易也。

《泾野先生文集》卷19《与渼陂先生书》：初拟季春拜谒，请领教益。未几，次孙出痘，入四月而殁。五月中，老母病泄泻，至今尚未已。数约豀田马公当华诞日称觞拜贺，今又未能及矣，补贺不知在何日？然亦不敢过孟秋也。

五月，友人崔铣卒，赴河南安阳祭拜。

《泾野先生别集》卷6《吊崔后渠子》：悠悠来渭水，凄凄吊后渠。……明日奔彪涧，東辞拜墓除。

按：崔铣（1478—1541），字子钟，又字仲凫，号后渠、洹野，河南安阳人。弘治十八年（1505）进士，官至南京礼部右侍郎，谥文敏。其学以程朱为宗，曾斥王阳明为“霸学”。著有《洹词》《彰德府志》等。

七月二十三日，继母侯氏卒，年七十四岁。

王九思《明故诰封太淑人吕母侯氏合葬墓志铭》：己亥秋，泾野君致仕归于家。逾三年，太淑人病，病且殆，顾谓泾野君曰：“多累汝，多累汝！”言讫而逝，其年嘉靖辛丑七月二十三日也，距生成化戊子七月十四日，寿七十有四岁。

马汝骥《行状》：归事继母侯，孝养备至。侯病头风，畏寒，亲为艾褥进，乃安。……辛丑春，侯卒，公哀毁殡殓如礼。

按：马汝骥《行状》记侯氏卒于是年春，当误。

五月，所纂《（嘉靖）高陵县志》（七卷）刊刻于高陵。

吕柟《高陵县志序》：县久无志，旧志虽美，亦多疏略。弘治辛酉，予忝乡举，即事斯志。往来京师，箧载以行，入翰林后，秦晋之越历，海河之奔驰，稿或未忘，垂三十余年，斯编粗就。今春，学博杨子时亨以诸友之请，使数士来誊此稿，予以未真，不敢从命，乃恳以请，发箧与之。誊将终编，徐侯宗义时以蒲城儒学教谕升知高陵，莅任未久，即念斯《志》，请加诸梓，予兹固辞。门人杨九式等曰："我国家百七八十年，县志不著，岂非缺典？况遇明侯，欲行仁政，多用教化，适今不梓，后复如先矣。"予始诺之。……嘉靖辛丑夏五月壬辰泾野吕柟谨序。(《(嘉靖)高陵县志》，明嘉靖二十年刻本)

按：吕柟序又见《泾野先生文集》卷13。

是年，南大吉卒。

按：南大吉见明成化二十三年丁未(1487)条。

杨爵因上封事而获罪下狱，从此被羁押达八年之久。在狱中，杨爵与先后下狱的钱德洪、刘魁、周怡等阳明学者讲学不断。

按：见冯从吾《关学编》卷4《斛山杨先生》。

嘉靖二十一年壬寅(1542)　　六十四岁

五月，弟子胡大器自安徽休宁来访于北泉精舍。

《泾野先生文集》卷19《胡氏族谱记》：岁壬寅，胡孺道自休宁来吊予于北泉精舍，乃留东厢以居。……昔予官南都考功郎中，木斋翁即遣孺道学于柳湾精舍，孺道事予如事木斋翁，朝夕不忍离予也，窃尝私喜，以为孺道有所得矣。及戊戌，予将北上还家，孺道曰："他日大器必至高陵。"当其意，虽颠沛患难有所不避。然而山川之险，跋涉之劳，何足为孺道艰哉！予亦谊其必至矣。既而孺道果至，在夏五月也。

六月，吕柟左臂患病。

马理《墓志铭》：壬寅六月，公左臂患痈。

七月一日，卒，享年六十四岁。

马汝骥《行状》：壬寅六月，公左臂病，至七月一日卒。距生则成化己亥四月二十一日，享年六十四岁。卒之日食时，复有大星流光震陨之变。远迩吊者以千计，大夫士及门人悲痛如私亲，皆走巷哭，为罢市三日。解梁及四方弟子闻讣，皆为位哭。

嘉靖二十三年甲辰(1544)

《泾野先生别集》刊刻于是年。

按:《泾野先生别集后序》末题“嘉靖甲辰岁秋七月望日门人河东张良知谨识”。

嘉靖三十二年癸丑(1553)

门人谢少南刻《泾野先生五经说》二十一卷。

按:《刻泾野先生五经说序》末题“嘉靖癸丑十月朔门人江左谢少南识”。

嘉靖三十四年乙卯(1555)

门人编辑成《泾野先生文集》三十六卷,于德昌刻之于河北真定。

按:见嘉靖于德昌本《泾野先生文集》李舜臣、马理、徐阶所作序。

隆庆元年丁卯(1567)

追赠礼部尚书,谥文简。

参考文献

一、古籍文献

〔汉〕班固．汉书[M]．北京:中华书局,1962.

〔南朝〕范晔．后汉书[M]．北京:中华书局,1965.

〔唐〕韩愈．韩昌黎文集校注[M]．上海:上海古籍出版社,2014.

〔宋〕张载．张载集[M]．北京:中华书局,1978.

〔宋〕程颢,程颐．二程集[M]．北京:中华书局,2004.

〔宋〕吕大临．蓝田吕氏遗著辑校[M]．北京:中华书局,1993.

〔宋〕朱熹．朱子全书[M]．上海:上海古籍出版社;合肥:安徽教育出版社,2002.

〔宋〕朱熹．四书章句集注[M]．北京:中华书局,1983.

〔宋〕黎靖德．朱子语类[M]．北京:中华书局,1986.

〔宋〕陆九渊．陆九渊集[M]．北京:中华书局,1980.

〔宋〕黄震．黄氏日抄[M]．景印文渊阁四库全书(第708册).

〔明〕薛瑄．薛瑄全集[M]．太原:山西人民出版社,1990.

〔明〕陈献章．陈献章集[M]．北京:中华书局,1987.

〔明〕王恕．王端毅公文集[M]．四库全书存目丛书(集部第36册).

〔明〕王恕．石渠意见[M]．四库全书存目丛书(经部第147册).

〔明〕王承裕．少保王康僖公文集[M]．清道光十八年李锡龄、王稷刻本.

〔明〕薛敬之．思庵野录(附行实)[M]．清咸丰元年渭南武鸿模重刻本.

〔明〕王守仁．王阳明全集[M]．上海:上海古籍出版社,1992.

〔明〕湛若水．湛甘泉先生文集[M]．四库全书存目丛书(集部第56、57册).

〔明〕罗钦顺．困知记[M]．北京:中华书局,2013.

〔明〕王廷相．王廷相集[M]．北京:中华书局,1989.

〔明〕吕柟．泾野子内篇[M]．北京:中华书局,1992.

〔明〕吕柟．泾野先生文集[M]．明嘉靖三十四年于德昌刻本.

〔明〕吕柟．泾野先生文集[M]．明万历二十年李桢刻本.

〔明〕吕柟．(嘉靖)高陵县志[M]．明嘉靖二十年刻本.

〔明〕邹守益．邹守益集[M]．南京:凤凰出版社,2007.

〔明〕王畿．王畿集[M]．南京:凤凰出版社,2007.

〔明〕罗洪先．罗洪先集[M]．南京:凤凰出版社,2007.

〔明〕马理．谿田文集[M]．四库全书存目丛书(集部第69册).

〔明〕马理．谿田文集[M]．清道光二十年三原李锡龄本.

〔明〕韩邦奇．苑洛集[M]．景印文渊阁四库全书(集部第1269册).

〔明〕韩邦奇．苑洛先生语录[M]．四库全书存目丛书(子部第7册).

〔明〕韩邦奇．性理三解[M]．清嘉庆七年重刻本.

〔明〕杨爵．杨忠介集[M]．景印文渊阁四库全书(第1276册).

〔明〕来时熙．弘道书院志[M]．明弘治十八年刻本.

〔明〕唐龙．渔石集[M]．四库全书存目丛书(集部第65册).

〔明〕寇天叙．涂水集[M]．四库全书存目丛书(集部第65册).

〔明〕薛应旂．方山薛先生全集[M]．续修四库全书(第1343册).

〔明〕萧良幹,张元忭．(万历)绍兴府志(中国方志丛书)[M]．台北:成文出版社,1983.

〔明〕焦竑．国朝献征录[M]．续修四库全书(第530册).

〔明〕马自强．马文庄公文集选[M]．四库禁毁书丛刊补编(第66册).

〔明〕顾宪成．小心斋劄记[M]．台北:广文书局,1975.

〔明〕冯从吾．冯恭定公全书[M]．清光绪二十二年刻本.

〔明〕冯从吾．关学编(附续编)[M]．北京:中华书局,1987.

〔明〕张舜典．鸡山语要[M]．民国二十四年关中丛书本.

〔明〕刘宗周．刘宗周全集[M]．杭州:浙江古籍出版社,2007.

〔清〕黄宗羲．黄宗羲全集[M]．杭州:浙江古籍出版社,2002.

〔清〕黄宗羲．明儒学案(修订本)．北京:中华书局,2008.

〔清〕黄宗羲、全祖望．宋元学案[M]．北京:中华书局,1986.

〔清〕李颙．二曲集[M]．北京:中华书局,1996.

〔清〕张履祥．杨园先生全集[M]．北京:中华书局,2002.

〔清〕范鄗鼎．理学备考[M]．四库全书存目丛书(史部第121册).

〔清〕赵吉士．(康熙)徽州府志[M]．清康熙三十八年刊本.

〔清〕纪昀．四库全书总目提要[M]．海口:海南出版社,1999.

〔清〕岳冠华．(雍正)渭南县志[M]．清雍正十年刊本.

〔清〕达灵阿．(乾隆)重修凤翔府志(中国方志丛书)[M]．台北:成文出版社,1970.

〔清〕焦云龙,贺瑞麟．(光绪)三原县新志(中国方志丛书)[M]．台北:成文出版社,1976.

〔清〕吕懋勋,袁廷俊．(光绪)蓝田县志(中国地方志集成)[M]．南京:凤凰出版社,2007.

〔民国〕张骥．关学宗传[M]．西安:陕西教育图书社排印本,1921.

二、今人论著

丁为祥．学术性格与思想谱系——朱子的哲学视野及其历史影响的发生学考察[M]．北京:人民出版社,2012.

冈田武彦．王阳明与明末儒学[M]．上海:上海古籍出版社,2000.

邓克铭．理气与心性:明儒罗钦顺研究[M]．台北:里仁书局,2010.

王俊彦．王廷相与明代气学[M]．台北:秀威咨询科技股份有限公司,2006.

古清美．明代理学论文集[M]．台北:大安出版社,1990.

牟宗三．心体与性体[M]．长春:吉林出版集团有限责任公司,2013.

刘述先．朱子哲学思想的发展与完成[M]．台北:台湾学生书局,1995.

刘又铭．理在气中:罗钦顺、王廷相、顾炎武、戴震气本论研究[M]．台北:五南图书出版公司,2000.

刘学智．儒道哲学阐释[M]．北京:中华书局,2002.

吕妙芬．胡居仁与陈献章[M]．台北:文津出版社,1996.

吕妙芬．阳明学士人社群:历史、思想与实践[M]．北京:新星出版社,2006.

陈荣捷．朱学论集[M]．上海:华东师范大学出版社,2007.

陈俊民．张载哲学与关学学派[M]．台北:台湾学生书局,1990.

陈来．有无之境——王阳明哲学的精神[M]．北京:人民出版社,1991.

陈来．朱子哲学研究[M]．上海:华东师范大学出版社,2000.

陈来．宋明理学[M]．北京:生活·读书·新知三联书店,2011.

陈来．中国近世思想史研究[M]．北京:生活·读书·新知三联书店,2010.

陈时龙．明代中晚期讲学运动(1522—1626)[M]．上海:复旦大学出版社,2007.

李存山．气论与仁学[M]．郑州:中州古籍出版社,2009.

李存山．中国气论探源与发微[M]．北京:中国社会科学出版社,1990.

吴震．明代知识界讲学活动系年(1522—1602)．上海:学林出版社,2003.

杨儒宾,祝平次．儒学的气论与工夫论[M]．上海:华东师范大学出版社,2008.

张学智．明代哲学史(修订版)．北京:中国人民大学出版社,2012.

张卫红．邹东廓年谱[M]．北京:北京大学出版社,2013.

金宁芬．明代中叶北曲家年谱[M]．北京:中国大百科全书出版社,2012.

侯外庐,邱汉生,张岂之．宋明理学史[M]．北京:人民出版社,1997.

祝平次．朱子学与明初理学的发展[M]．台北:台湾学生书局,1994.

赵忠祥．归一与证实:罗钦顺哲学思想研究[M]．保定:河北大学出版社,2012.

彭国翔．良知学的展开——王龙溪与中晚明的阳明学[M]．北京:生活·读书·新知三联书店,2005.

黎业明．湛若水年谱[M]．上海:上海古籍出版社,2009.

三、期刊论文

王昌伟．求同与存异:张载与王廷相气论之比较[J]．汉学研究,2005,23(2).

刘学智．冯从吾与关学学风[J]．中国哲学史,2002(3).

李存山．“造化先识”:张载的气本论哲学[J]．中国哲学史,2009(2).

陈时龙．明代关中地区的讲学活动[J]．政治大学历史学报,2007(27).

杨儒宾．两种气学,两种儒学[J]．台湾东亚文明研究学刊,2006,3(2).

杨儒宾．检证气学——理学史脉络下的观点[J]．汉学研究,2007,25(1).

杨儒宾．罗钦顺与贝原益轩:东亚近世儒学诠释传统中的气论问题[J]．汉学研究,2005,23(1).

林乐昌．张载礼学论纲[J]．哲学研究,2007(12).

林乐昌．张载答范育书三通与关学学风之特质[J]．中国哲学史,2002(1).

钟彩钧．罗整庵的理气论[J]．中国文哲研究集刊,1995(6).

钟彩钧．吕泾野思想研究[J]．中山人文学报,2004(18).

钟治国．明儒邹东廓的良知学简述[J]．中国哲学史,2010(2).

后 记

本书是“十二五”国家重点图书出版规划项目《关学文库》丛书中的一种,自2011年2月开始启动以来,至今已有近四年的时间。记得当初我的导师刘学智教授要我承担《吕柟评传》的撰写与《泾野先生文集》点校工作时,即将博士毕业的我还初生牛犊不怕虎,就满口答应下来,当时本以为用四年左右的时间完全可以写好评传与做好文集的点校,但却没有想到毕业后,由于教学的繁忙和科研的需要,再加上一有时间就忍不住要看看自己感兴趣的书籍,做一些研究,故没有完全把精神投注在这两本书上。没想到四年的时间很快就过去了,等到要写后记的时候,心里十分惶恐与不安,因为我知道,这本书有太多的不足,许多内容尚未展开,特别是对吕柟思想的理解总觉得还不够深入,还不能很好地将吕柟在当时思想界以及在明代关学史上的重要地位体现出来,但这一切只有留待日后的研究了。

有幸的是,在这四年的时间里,我得到了很多老师和同学的关心与帮助,使我获益良多。首先,感谢我的导师刘学智教授,从硕士到博士,一直对我循循善诱,不仅引导我走上追求学问之路,让我找到了求索的目标和坚持的信心,还将这么重要的任务交托于我,使我能够以此为契机,对明代思想特别是明清关学有了进一步的理解。

感谢本丛书的总主编之一、西北大学的方光华校长和山西大学历史文化学院的赵瑞民教授、陕西人民出版社的袁刚老师,他们在百忙之中仔细阅读了本书,并提出了许多宝贵的意见和建议,纠正了书中的不少错误,使我能够对此书不断加以完善。同时,还要感谢西北大学出版社的马来社长、马平老师、黄伟敏老师等人,他们为本书的出版付出了大量心血和提供了多方面的支持,特别是出版社的朱亮编辑仔细帮我核对了本书的全部引文,并指出了书中的一些不妥之处。

另外,西藏藏医学院的魏冬博士、陕西师范大学的曹树明博士、宝鸡文理学院的张波博士、西北大学的刘宗镐博士等人为本书的写作也都提供了良好的建议和帮助,在此一并致以衷心的感谢!

最后,我还要特别感谢我的爱人雷天琴女士,从认识到结婚,她始终在精神上鼓励我、在时间上支持我,使我能够顺利完成博士学业和本书的写作,她的辛勤付出和殷殷期望一直是我不断前行的动力。

我知道,这本书的完成,仅仅只是我学术生涯的开始,而且正如前面所言,由于作者水平有限,其中的错误及纰漏之处在所难免,敬请读者批评指正。

米文科

2014 年 12 月

图书在版编目(CIP)数据

吕柟评传/米文科著. —西安：西北大学出版社，2014. 12

（关学文库/刘学智，方光华主编）

ISBN 978-7-5604-3541-1

Ⅰ. ①吕… Ⅱ. ①米… Ⅲ. ①吕柟（1479～1542）—评传 Ⅳ. ①B248. 92

中国版本图书馆 CIP 数据核字(2014)第 312684 号

出品人 徐 晔 马 来

篆　　刻 路毓贤

出版统筹 张 萍 何惠昂

吕柟评传 米文科 著

责任编辑 刘秀玲 朱 亮 **装帧设计** 泽 海

版式统筹 刘 争

出版发行 西北大学出版社

地　　址 西安市太白北路 229 号 **邮　　编** 710069

网　　址 http://nwupress. nwu. edu. cn **E - mail** xdpress@ nwu. edu. cn

电　　话 029-88303593 88302590

经　　销 全国新华书店

印　　装 陕西向阳印务有限公司

开　　本 720 毫米×1020 毫米 1/16

印　　张 15

字　　数 230 千字

版　　次 2015 年 1 月第 1 版 2016 年 3 月第 2 次印刷

书　　号 ISBN 978-7-5604-3541-1

定　　价 30. 00 元